U0555810

山南海北话邮驿

仇润喜 著

燕山大学出版社
·秦皇岛·

图书在版编目（CIP）数据

山南海北话邮驿 / 仇润喜著. —— 秦皇岛：燕山大学出版社，2025.4. ——（燕山史话丛书）. —— ISBN 978-7-5761-0764-7

Ⅰ.F632.9-49

中国国家版本馆CIP数据核字第2025WJ6690号

山南海北话邮驿
SHANNAN-HAIBEI HUA YOUYI

仇润喜 著

出 版 人：陈　玉		图书策划：陈　玉　耿学明　董世非	
责任编辑：张文婷		版式设计：柳　萌	
责任印制：吴　波		封面设计：吴　波	
出版发行：燕山大学出版社		电　　话：0335-8387555	
地　　址：河北省秦皇岛市河北大街西段438号		邮政编码：066004	
印　　刷：涿州市般润文化传播有限公司		经　　销：全国新华书店	
开　　本：880 mm×1230 mm　1/32		印　　张：11.125	
版　　次：2025年4月第1版		印　　次：2025年4月第1次印刷	
书　　号：ISBN 978-7-5761-0764-7		字　　数：220千字	
定　　价：89.00元			

版权所有　侵权必究

如发生印刷、装订质量问题，读者可与出版社联系调换

联系电话：0335-8387718

总　序

燕山大学出版社与本丛书主编共同推出的"燕山史话丛书",选题新颖,涵盖广泛,是一套普及性的学术丛书。

"骏马秋风冀北,杏花春雨江南",道出南北地理文化巨大的差异。读赏古代诗歌名作,"燕山"地名给读者留下三个深刻印象。一是北方边塞的风雪奇寒,如唐李白《北风行》:"燕山雪花大如席,片片吹落轩辕台。"二是与北方游牧民族相邻,如北朝乐府《木兰诗》:"旦辞黄河去,暮至黑山头,不闻爷娘唤女声,但闻燕山胡骑鸣啾啾。"三是北方边塞战场的代名词,如唐李贺《马诗二十三首·其五》:"大漠沙如雪,燕山月似钩。何当金络脑,快走踏清秋。"与"燕山"同类的文化地理名词是"冀北"和"辽西",常用来摹写征人思妇的刻骨思念之情,如唐高适《燕歌行》:"少妇城南欲断肠,征人蓟北空回首。"唐金昌绪《春怨》:"打起黄莺儿,莫教枝上啼。啼时惊妾梦,不得到辽西。""冀北""辽西"在历史上都曾在燕国的版图之内。

"燕山史话"写作的地域范围就限定在燕赵大地,即今天的京津冀地区。

一、胡焕庸线、400毫米等降水量线、燕山长城与京津冀文化

中国地理学家胡焕庸在 1935 年提出划分中国人口密度的一条对比线,被地理学界称为"胡焕庸线",这条线是从黑龙江省瑷珲(今黑河市南)到云南省腾冲之间划一条连线,大致为倾斜 45 度直线。这是中国人口发展水平和经济社会格局的分界线,不仅是中国气候环境的过渡带,还对中国人口分布和区域发展具有重要约束作用,把全国划分为东南半壁和西北半壁:前者占全国国土面积 36%、占总人口 96%,以平原、水网、丘陵等地貌为主要地理结构,自古以农耕为经济基础;后者人口密度极低,占有全国国土面积的 64%,却只有全国人口的 4%,乃草原、沙漠和雪域高原的世界,自古以来是游牧民族的天下。胡焕庸线在某种程度上也成为中国城镇化水平的分割线:这条线的东南各省区市,绝大多数城镇化水平高于全国平均水平;而这条线的西北各省区市,绝大多数城镇化水平低于全国平均水平。

在中国地图上,将年降水量为 400 毫米的点连起来,大兴安岭西坡—张家口—兰州—拉萨—喜马拉雅山脉东部,气象学界称

之为"400毫米等降水量线"。这条重要的地理分界线,是半湿润区和半干旱区的分界线,也是森林植被与草原植被的分界线。

翻开当代地图,我们会看到,京津冀地区恰好处在胡焕庸划分出的东南半壁,而明代燕山长城几乎就落在400毫米等降水量线上。这惊人的吻合,说明古人睿智地知晓农牧交错带的位置,正因如此,他们才将长城这道防御工程建在这里。

在中国历史上,京津冀是农耕、游牧两大文明系统之间碰撞、交流与融合的地区,也是多民族文化发展的重要区域,历史文化悠久而丰厚。先秦时期,燕地在原有燕氏族文化的基础上,吸收融合了东胡、山戎等北方部族文化,形成了燕文化。从魏晋南北朝到隋唐时期,北方少数民族大举南下,入主中原,幽蓟地区轮番被北方民族和中原政权占领,致使胡汉杂居的社会文化现象更为突出。

另外,京津冀地区是中国近现代工矿、交通、商贸重要的发源地之一,是中国近现代学术、教育、思想、文化最活跃的区域之一,也是近代史上众多具有划时代意义的重大历史事件的发生地。在工业方面,有天津机器局、直隶模范纺纱厂、唐山机车厂、启新洋灰公司等;矿业有开平矿务局、井陉煤矿、磁县煤矿、平泉铜矿等;现代交通则有京承铁路、京汉铁路、京奉铁路、京绥铁路等。京津冀地区是近代学术文化最活跃的区域之一,众多高校云集，如燕京大学、清华大学、北洋大学、南开大学；也是众多学术大师汇集之地，如清华"国学四大导师"、胡适、蔡元培等。京津冀地区还是近代革命活动及重大事件的发生地，五四运动、一二·九运动、七七事变、北平和平解放、开国大典等事件均发生于此。

二、燕山山脉与燕山文化

燕山山脉位于北京市、天津市和河北省的北部，为中国北部著名山脉之一。它西起北京市的关沟地区，东至渤海湾畔秦皇岛市。其西翼支脉别称军都山，潮白河河谷以东为燕山主脉。海拔在400—2200米之间，主峰雾灵山在河北省兴隆县境，海拔2116米。滦河切断山体，形成峡口——喜峰口，潮河切割，形成古北口等，自古为南北交通孔道。

燕山山脉，山势陡峭，地势西北高，东南低，北缓南陡，沟谷狭窄，地表破碎，雨裂冲沟众多。以潮河为界分为东、西两段，东段多低山丘陵，海拔一般1000米以下，西段为中低山地，一般海拔1000米以上，山脉间有承德、平泉、滦平、兴隆、宽城、延庆、宣化、遵化、迁西等盆地或谷地，为燕山山脉中主要农耕地区。

燕山沿山脊筑有长城，地势险要。居庸关、古北口、黄崖关、喜峰口、山海关是燕山长城的重要关隘。在古代与近代战争中，燕山是兵家必争之地。燕山山脉最东端的山海关，是沟通东北、华北两地的咽喉，自古以来就是由东北地区进入华北地区的重要通道。燕山地区水资源丰厚，蓄水量超过20亿立方米的大型水库有三座：密云水库、官厅水库和潘家口水库。

南北气候的差异在燕山南北形成迥然不同的地理特征和社会文化模式。山之北，高原苦寒，干旱少雨，游牧民族逐水草而居，马背上的民族，迁徙不定；山之南，农耕社会安土重迁，肥沃的山林和平原适宜五谷百果的生长。处于山北的社会力量，常存跨越燕山掠取南面土地的觊觎；而护卫家园，抵御入侵，则是山南政权长期面临的考验。几千年来，炊烟与烽火、干戈和玉帛，在这片山脉中交替呈现。

燕山山脉是华北平原北部的重要屏障，自西周北京地区建立燕国（都城在今北京房山）、蓟国（都城在今北京城区）时，直到宋代，都是中原统一王朝的北部边疆，是抵御北部草原民族、东北地区少数民族南侵的天然屏障。因此，历代朝廷极其重视燕山的"天险"作用，为防御北部少数民族的侵扰，保障有序往来，在燕山山脉大规模修建长城，设立关口，直到明代。长城是燕山山脉现存最大规模的世界文化遗产。

自金代在北京建都（金中都）之后，经历元明清三代，北京一直为帝王专制王朝的国都。明代，皇家陵寝选在离都城不远的北偏西方向，被认为风水极好的燕山浅山地区，即明十三陵。清代，皇帝在北京的东北方向燕山北侧（今承德地区）设围场，一方面用于打猎练兵，另一方面为与北部草原蒙古族交融交好，在承德选址建造行宫，以方便处理朝政外交和避暑休闲——这就是承德避暑山庄。

京津冀地区有19个国家级地质公园，包括两个世界地质公园，燕山山脉就有7个，占1/3以上；京津冀地区有12处世界文化遗产，燕山山脉就有4处（项），占1/3；京津冀地区有21家5A级景区，燕山山脉就有8家，占1/3以上。由此可见，燕山山脉集聚了京津冀1/3地质地貌和历史文化的顶级旅游资源，是呈现燕赵文化、长城文化、京畿文化、直隶文化、京津冀文化的典型文化景观。

三、传统的燕赵文化

古燕赵文化区包括今河北省以及陕西、山西、河南、山东、内蒙古的部分地区。北京是燕文化的中心区域，与河北省南部以邯郸为代表的赵文化共同构成了燕赵文化区。元明清三朝定都北京，对河北燕赵大地的政治地位、经济发展、社会生活以及风俗民情等等，都产生了直接而深远的影响。此前作为游牧与农耕文化接合部的河北大地，由游牧部族入侵中原的跑马场，变成了京师文化辐射的京畿地区。河北地域在承继燕赵历史文化传统与精神的同时，又不断吸收京师文化内涵，融入皇权文化、精英文化和满蒙文化的诸多要素。

燕赵文化，是战国时期在燕国和赵国疆域内产生的一种区域文化。其四至范围是：南以黄河、东以渤海、西以太行、北以燕山为界。燕赵区域属于平原地区的农耕文化。燕文化形成，以燕昭王延揽人才、报复伐齐和燕太子丹谋刺秦王为主要标志，形成慷慨悲歌的文化特征；而赵文化则以赵武灵王胡服骑射为代表，体现注重实用、勇于改革的精神。胡服，指西北戎狄之短衣窄袖的服装，与中原汉族宽衣博带长袖大不相同。骑射，指周边游牧部族的马射（即骑在马上射箭），有别于中原地区传统的步射（徒步射箭）。从此，赵国军装改进为短衣窄袖，轻便灵活；相应的战争方式由步射转为骑战，这种大刀阔斧的改革为国家的稳固和发展奠定了基础。

从地理环境和生产方式上看，燕赵文化与其相邻的三晋、关中、中原、齐鲁等区域文化大体趋同；但从文化特征上看，燕赵文化的典型特征就是慷慨悲歌、豪气任侠。这种独特的文化特征形成于战国时期，至隋唐时期仍为人所称道，到明清时期其遗响仍存在，形成悠久而稳定的文化传统——既不同于中原文化、关陇文化，又与齐鲁文化、江浙文化大异其趣。太行山和燕山山脉是燕赵区域的西界和北界，成为除黄河以外界定燕赵区域重要的地理标志。

四、京畿文化的渊源

清代直隶省以今京津冀地区为主，作为畿辅重地，因地理位置的特殊，加之复杂的人口构成和人文环境，其治理难度远超其他省份，故直隶总督又称"八督之首、疆臣领袖"。其辖域范围和行政职能，正如设在保定的直隶总督署大门楹联所书：北吞大漠，南亘黄河，中更九水合流，五州称雄，西岳东瀛一屏障；内修吏治，外肄戎兵，旁兼三口通商，一代名臣，曾前李后两师生。其中"曾前李后两师生"指曾经担任直隶总督的晚清名臣曾国藩和李鸿章师生二人。

"京畿"本义是指国都及其附近的地区，特指以我国古代金、元以来都城北京为核心的周围地区，大致相当于今天北京、天津、河北三省市所在的区域。京津冀地区人口加起来有1亿多，土地面积有21.6万平方千米。地缘相接、人缘相亲，地域一体、文化一脉，历史渊源深厚，完全能够相互融合、协同发展。

从历史沿革上分析，天津曾与京、冀同属燕国、幽州、冀州等行政区划。明永乐二年（1404年），始设天津卫；至清雍正九年（1731年），单立为府。至清咸丰十年（1860年）英法联军强迫清政府签订了《北京条约》，天津被迫开埠，使本与京冀同体的文化板块受到巨大冲击，外来的异质文化元素不断逐渐融入，形成南北交融、中西合璧、雅俗共赏、别具一格的津沽文化。

天津与河北，你中有我，我中有你，血脉相通，难以切割。从1912年至今，百余年间河北省省会迁移多次，天津曾三次作为河北省的省会，长达24年之久，时长远超保定（10年）。另外，1973年，由河北省划入天津市的武清、宁河、宝坻、静海、蓟州等区县，从2000年至2016年分别升格为武清区、宁河区、宝坻区、静海区、蓟州区。这对天津市的政治、经济、文化均产生了重大的影响。

五、天津"开埠"，推进直隶经济的时代转型

天津开埠后，直隶经济变迁开始明显加剧，突出表现在近代工商业的发展与农业趋新等方面，而传统经济形态转型也日益明显。三口通商大臣崇厚，在处理口岸贸易政务的同时，在天津筹设军火机器局（后称"天津机器局"），及至李鸿章任直隶总督兼北洋大臣后，接手该局并着力改进和发展，使之成为北方最大的官办军工厂。李鸿章在光绪初年主持筹办官督商办企业——开平矿务局（开平煤矿），在招商集股、雇佣工人、生产模式、运输营销和经营管理等环节上凸显"新型"因素,并发挥明显的示范辐射、连带衍生效应。在李鸿章任上,天津电报总局的设立、新型邮政业的开启,标志着天津近代文化呈现引领天下的新气象。到袁世凯任直隶总督时,正值清末新政实施期间。他对经济较为重视,特别善用现代经济管理的行家里手,使新型的工业、商业、金融业等在辖区内全面发展。如直隶工艺总局,"为振兴直隶全省实业之枢纽",在其带动之下,直隶省诸多州县的工艺局(厂、场、所)纷纷设立,典型地体现出由传统经济向新型经济过渡发展的时代进步性。

六、京津冀协同发展战略

北京市、天津市、河北省,虽分属于三个不同的行政区划,但在自然空间上却紧密相连为一体,在漫长的历史上同为一个整体,在文化根脉上属于同源共生。在太行山以东、渤海海岸以西的辽阔的国土上,在辽之前,一直以燕赵文化为主导;另外,还包蕴着平原文化与高原文化、内地文化和海洋文化、农耕文化与游牧文化、华夏文化与胡夷文化等,在不断碰撞、交融中,逐渐趋向融合。

在京津冀协同发展战略实施10周年之际,《京津冀地区主要历史文化资源分布图》发布。该图展示了京津冀地区主要历史文化资源的空间分布情况：截至 2023 年，中国有 57 项世界级的文化遗产，其中京津冀地区有 8 项，分别为长城、明清故宫（北京故宫）、周口店北京人遗址、承德避暑山庄及其周围寺庙、北京皇家祭坛——天坛、北京皇家园林——颐和园、明清皇家陵寝、大运河。该图还展示了全国重点文物保护单位以及中国历史文化名城、名镇、名村等。截至 2023 年，京津冀地区共有 8 个中国历史文化名城，10 个中国历史文化名镇，38 个中国历史文化名村。在国务院已公布的 8 批共 5058 处全国重点文物保护单位中，京津冀地区有 474 处，包括北京的故宫、皇史宬、居庸关云台、北京大学红楼等，天津的独乐寺、千像寺造像、北洋大学堂旧址、平津战役前线司令部旧址等，河北的隆兴寺、保定钟楼、西古堡、西柏坡中共中央旧址等。

京津冀地区历史文化资源形成多个聚集区，分别为：北京及周边历史文化资源聚集区，天津历史文化资源聚集区，保定历史文化资源聚集区，张家口历史文化资源聚集区，正定、石家庄历史文化资源聚集区，承德历史文化资源聚集区，秦皇岛（北戴河、山海关）历史文化资源聚集区，以唐山、丰润为中心的京东历史文化资源聚集区，蔚县历史文化资源聚集区，邯郸及周边历史文化资源聚集区。京津冀地区历史文化资源聚集区，除北京、天津两大都市外，基本以河北省重要的地级市为内核，体现了历史形成的区域行政中心对历史文化产生的凝聚作用。

七、"燕山史话丛书"的创意和写作宗旨

历史决定思维的深度,地理决定视野的广度。"燕山史话丛书"以"燕山"这个广义的历史地理概念为中心,旁及燕赵文化、京畿文化、直隶文化等,以京津冀地域文化特征贯穿全套丛书,包括人文历史的演变、区划沿革、地域特色、文化个性、文化艺术成果等较为丰富的内容。

"燕山史话丛书"的写作原则,概括为六个字:科普、史话、燕山。科普是丛书性质,史话是写作文体,燕山是地域范围。"科普",即强调科学性,知识须准确;要求普及性,即深入浅出,通俗易懂。"史话",即以历史事件为主要内容,以成语、典故、人物为媒介或基础,讲好故事,传播知识,赓续文化。"燕山",即以燕山地域为中心(涵盖燕赵大地、京畿地区、直隶省、京津冀等地理范畴),并旁及相邻或相关的其他地域。

北京出版社1963年出版的《燕山夜话》,是当代政论家邓拓的杂文集,可谓家喻户晓。生活·读书·新知三联书店2020年出版的《燕山诗话》,是著名报人罗孚对当代文人旧体诗作的评论集,在知识界影响很大。两书均以"燕山"冠名,皆因创作并出版于北京。本丛书亦以"燕山"冠名,一是以京津冀地区为

史话题材的地域范围；二是书名与出版机构——燕山大学出版社重合；三是表达对《燕山夜话》《燕山诗话》两书的敬意，并抒发瓣香前贤、与有荣焉的心境。

"燕山史话丛书"每一辑由四五部书稿组成，分别从京津冀地区的经济、政治、军事、史学、文学、艺术、饮食、服饰、交通、建筑、礼俗等不同的方面，作比较全面系统的介绍。各类书稿，按计划有条不紊地逐年推出。在强调有较强的学术性、科学性的基础上，表述方式力求通俗易懂，雅俗共赏，突出个性，形成系列。

希望本丛书能多专题、多角度、多层次地反映京津冀文化的主流和特点，使读者能够从中认识和了解中华文化的精神实质。欢迎各位读者对本丛书提出批评和建议，使之趋于成熟和完善。

谭汝为、周醉天

写于 2024 年 7 月 30 日

目 录

| 第一章 | 立国之基 置邮传命 | 001 |

从头说起 003
说"邮" 007
置邮传命 011
从"诽谤之木"到"声光"通信 015
木牍家书 020
秦代邮传的不世之功 026
烽火报警 031
从"公车上书"说起 035
"督邮"浅说 042
信幡、"黄耳"、"千里牛"及其他 047
"一驿过一驿,驿骑如星流" 052
荔枝·马嵬驿 058
陈桥驿:赵匡胤黄袍加身处 063
宋代最完整的一部邮驿法规
——《金玉新书》 068

"私书附递"合法化	073
鸿雁传书：不仅仅是传说	078
元代"站赤"通天下	083
明代名驿说"高邮"	088
千金一诺九驿通	094
水、陆两首驿站歌	099

第二章　燕赵大地　驿通天下　　105

全国驿路的总枢纽——皇华驿	107
北京邮驿概说	113
四通八达的燕赵驿路	120
古北口的汉站与蒙古站	125
榆林驿战火	130
"山望鸡鸣势入云"	135
"折花"者家乡的驿站——张家口	140
赤城、龙门两相宜	146
卢龙塞外亭堠列——承德驿站	151
秦皇岛的烽燧与驿站	157
"插羽不时传"——山海关驿站	163

戚继光与《传烽歌》	169
"渔阳鼙鼓"驿传来	175
百年小驿——公乐驿	181
"津门首驿"河西驿	185
杨村岸头驿使回	190
桃红柳绿杨青驿	195
从杨家将说到静海驿	200
道边邮亭连古堠——涿州邮驿	205
易水边上说驿站	211
从金台顿到保定驿	217
万里长城龙泉关	223
燕赵之间说定州	229
正定出了个赵子龙	235
荣登邮票小型张的井陉古驿道	241
沙丘：曾经的历史名城	247
邢台驿里替人愁	253
信陵君窃符救赵	259
从邯郸道中说到丛台驿	264

| 第三章 | "邮"胜劣汰 裁驿归邮 | 271 |

张居正治驿 273

蒲松龄为驿站"冒死陈情" 278

陉山驿八苦详文 284

红旗报捷 290

中国近代邮政诞生 294

《河西驿日记》：邮驿制度没落的

历史记录 301

台湾全省改驿为邮 305

胡燏棻大声疾呼：创邮政以删驿递 311

晚清驿站的末世光景 316

围绕裁驿的反复较量 322

无可奈何花落去 326

后　记　　　　　　　　　　　　331

主要参考书目　　　　　　　　　333

第一章 立国之基 置邮传命

我国古代通信，源远流长。置邮传命，国脉所系。从无到有，凝聚前人智慧。传承发展，见证历史进程。

第一章 立国之基 置邮传命

从头说起

水有源，树有根。中国邮驿，须从头说起。

关于中国国家通信之源，传统的说法是邮驿起源于周朝。唐代高适《陈留郡上源新驿记》："周官行夫，掌邦国传递之事，施于政者，盖有彰焉。"元代黄刚大《山阳驿壁记》："驿馆之设，其来久矣。昔成周盛时，三十里有宿……""历代相因，而损益随其时。"自宋、元直至民国，诸家有关邮驿类的志书，大都采用此说。代表性的如《中华民国十年邮政事务总论》"置邮溯源"写道："夫邮递之发轫，考之世界史乘，古代即有国立邮传之制……至于中国邮传之法，较诸设邮最先之国，尤早于一二世纪。当周之时，即有官邮，号为'邮置'，步传、马传递送简书。"1928年9月中华书局出版的谢彬的《中国邮电航空史》也持此说。

随着时代的推移和邮驿方面史料的不断发掘，一些专家学者开始质疑：如果说中国邮驿起源于周，那么周以前的夏商就没有通信吗？在长达千年的历史长河中人们不需要通信吗？代表性的著述是著名邮政史学家楼祖诒先生于 1940 年出版的《中国邮驿发达史》,楼先生力排众议,明确提出:"世所谓邮驿起于周朝,一若周以前,即无邮驿可言者。斯亦昧于文明进化,由渐而来之义。周以前之典章如何,现在因乏书籍考证,自未可争辩。但以殷墟甲骨文字之最后出土,今古经文争讼,与夫伪经伪史之层见叠出,以前臆说,渐已根本动摇。即以邮驿而论,谓周以前因乏书籍,不可考则可;若谓周以前无邮驿则不可。"

1958 年,楼先生在《中国邮驿史料》一书中,根据郭沫若先生《卜辞通纂考释》指出:"偮(敨,qī)为殷代的最早的通信兵的起源",并解释:"最早的邮政通信,主要是带有军事性质。"

到 20 世纪后期,我国的考古工作和历史研究取得重大突破。夏,作为一个王朝,其存在被证明是无可争辩的事实。同时,我国早期的国家通信起源于夏朝,也成为一个可信的命题。

夏王朝是我国历史上第一个奴隶制国家,存在于约公元前 21 世纪至约公元前 16 世纪,前后约五百年。它的建立,标志着我国从原始社会过渡到奴隶制社会,存在几千年的阶级社会从此开始。

根据河南安阳殷墟出土的甲骨文,史学工作者得出结论,《史记·殷本纪》中商代世系的记述基本上是真实可靠的,进而推论

第一章 立国之基 置邮传命

出《史记·夏本纪》亦然。

研究指出,夏代建立了奴隶主统治的国家。国家的最高统治者称"后",即是发布政令、统治万民的"国王"。夏王朝的统治者为了维护其统治,除了依靠军队、法律、官僚机构等国家机器外,还必须建立国家的通信组织,以保持政令畅通,对其管辖的民众实行有效的统治和管理。具体说来,大致有:

第一,夏朝政令、信息的传播,口头传达是最重要的手段。国有大事,"王命众悉至于庭",就是把百姓召集在一块,开会传达。前些年出土的夏宫殿遗址,殿堂前的广庭平整宽阔,面积约四五千平方米,容纳万人开会当不成问题。

第二,夏王朝设有"宣令之官"。国王用龟筮(shì,占卜)决定政事后,要派官员宣布或传达。据《尚书·夏书》记载:"遒人以木铎徇于路。"意即每年春三月,由"遒人"手执木铎,在各交通要道宣布政府号令。这是我国早期下达国家公文的方式。杜预注:"遒人,行令之官也。"行令之官即宣令之官。"行令之官"令人想到后来的"传宣政令"。

第三,传说夏代已能造车,马车作为运输工具,当然也可为"宣令之官"服务。《左传·僖公二十七年》载:"《夏书》曰,'赋纳以言,明试以功,车服以庸'。"大意是,普遍听取他们的言论,认真考核他们的功绩,然后用车马和衣物奖励他们。夏代设车正管理车旅,设牧正管理牲畜,设庖正管理膳食。"三正"都与交通和通信有关。《史记》中记载,夏禹治水时"陆行乘车,水行乘舟,泥行乘橇,山行乘檋(类似滑竿的乘具)"。

第四,夏代通信还有另一种方式,即通过各种契刻符号来完成。比如在陶器、骨器、龟甲或石器上,刻画某种符号,表达约定俗成的意思。这些契刻是不是最早的文字,目前尚无定论。

总之,在夏代,国家及民间通信已经存在,只是没有明确称作"邮传"或"通信"而已。如是,说中国的国家通信至今已有四千多年的历史,大体不错。

说"邮"

说到邮（繁体作郵）字，想起20世纪80年代初的一则故事：某邮政支局写一份业务告示，落款处"邮政支局"写作"陲政支局"，引得人们议论纷纷。有的人说，堂堂的工农兵大学生，"邮"字都不会写，怎么进的邮局？也有的不以为然，不就是"垂"字与耳朵换位了吗，没啥了不起……

关于"邮"字的起源，专家多有考证。较为一致的看法，"邮"字最早见于《礼记·郊特牲》，其中有"飨农及邮表畷"一语。飨，奉献祭品，祭祀。联系上下文来看，这句话的大意是，祭祀农神要以禽兽作祭品，到被称作"邮表畷"的地方去。它反映的是中国极其古老的农业祭奠。"邮表畷"是什么？清代孙希旦《礼记集解》："邮，田间庐舍也。表，田间道路。《国语》所谓'列树以表道也'。畷，疆界相连缀也。邮表畷，谓始创庐舍，表道路，分疆界，以利人者也。"清代阮元《释邮表畷》有云："所谓邮表畷者，'邮'乃为井田上道里，可以传书之舍也。'表'

乃井田间分界之木也。'畷'乃田两陌之间道也。凡此皆古人飨祭之处也。而'邮表畷'之古义，皆以立木缀毛裘之物垂之，分间界行列远近，使人可准视望止行步而命名者也。"由此看来，邮，乃田间庐舍，或许是简易的棚屋，或许是神龛，笼统可称作房子。这种房子是按照一定的距离、标准，建在田间路边，立木饰以毛裘之物作标志，供祭祀用。

《说文》称："邮（郵），竟上行书舍，从邑、垂，垂，边也。""竟"通"境"。"境"有多个义项，主要有边境、境域、疆界，区域、处所，境地、处境，等等。这里，它主要指古代部落（或国家）之间，部落（或国家）内阡陌之间划分的边境、疆界或区域。行，流通，传布，运行。书，即书写、文字、书籍等，引申的义项主要有三：一是告示鬼神的书策，如《左传·昭公五年》："以书使杜泄告于殡。"二是文书，文件，如《汉书·刑法志》："昼断狱，夜理书。"三是盟约，如《孟子·告子下》："葵丘之会，诸侯束牲，载书而不歃血。""行书"本义应为传递公文。舍，有房屋、住宅、客舍，住宿、休息、停留等义。颜师古曰："行书舍，传送文书所止处。"这样，"竟上行书舍"就可理解为，井田疆界或边境上或区域内传送公文（包括书信、书策、盟约等在内）的房屋。

邮，原本是标志明显、供祭祀用的庐舍，用来作传送公文歇

第一章 立国之基 置邮传命

息或停止之处：在部落内是中继站，在部落边界上，则是终至处。

"舍"字还有另一释义：行军三十里为一舍，如《国语·晋语》："晋楚治兵，会于中原，其避君三舍。"《左传》："退三舍辟之，所以报也。"避君三舍，今作退避三舍。于是，三十里一舍，使"邮"这个带标志的房舍就有了距离上的概念，后世两个驿站之间的距离往往就在三十里左右。

邑，是古代的区域单位。奴隶社会井田制的划分，所谓"九夫为井，四井为邑，四邑为丘，四丘为甸，四甸为县，四县为都"的规定。那时候，把长宽各百步称为一"田"，为一个成年劳动力耕种土地的面积。然后九块"田"摆在一起恰好是个"井"字，于是有了"九夫一井"的说法。"四井为邑"，当然是三十六块"田"的面积。《史记·五帝本纪》又说："一年而所居成聚，二年称邑。"如是，则"邑"即泛指人群聚居的地方，有县邑、封邑等。

垂，边疆、边境，后作"陲"，引申为"旁边"。汉王粲《咏史》诗曰："妻子当门泣，兄弟哭路垂（陲）。"另据考证，垂，初义是指以垂叶植物为图腾。在尧舜初时，有一个以"垂"为图腾的垂族。周人借"垂"为祈年灵物，于是，有了周人礼俗上的邮表畷。有趣之处在于，左"邑"右"垂"为"陲"，"边陲"之"陲"，表"旁边"之意；左"垂"右"邑"为"邮"，有了诸多的说法。而被引申为"旁边"的"垂"成了这个字的"核儿",而人群所居之"邑"却"靠边站",成了陪衬。是故有人说"垂""邑"换位没什么大不了,大错矣!

综上所述,一个"邮"字的关键词似可归纳为:部落(国家)、田间、距离、道路、边境(边界)、公文、标志、房舍、祭祀等等。中华汉字的博大精深,于此可见一斑。但需申明,这还不是"邮"字的全部解释,后面还会遇到它。

顺便说一下,提及我国古代通信,人们往往用"邮驿"一词。"驿"是什么?《说文》:"驿,置骑也,从马,睪(yì)声。""驿"在古代指传递官方文书的马或车。周秦以后,邮驿的称呼不断变化。周代称"传"或"驲(rì)",春秋战国时称"遽"、称"邮"、称"置",秦代统一叫"邮",汉代叫"驿",魏晋时"邮""驿"并称,唐时又把"驿"叫作"馆",宋时出现了"急递铺",元代又称"站赤",明代再称"驿",清代将"邮""驿"合二为一。如今,人们习惯上将古代的官方通信称作"邮驿""邮传"或"驿站"等。

置邮传命

网络上有句时髦语：从前车马很慢，书信很远。岂不知，在古代（也就是"从前"），负责传递官方公文书信的车马，恰恰是"快捷"的代名词、参照物。证据何在？证据即一句古成语：置邮传命。它出自《孟子·公孙丑章》。学生公孙丑向老师请教怎样治国，孟子回答："孔子曰：'德之流行，速于置邮而传命。'"孔孟两位圣人为后世传承了"置邮传命"这一政治史、通信史上的经典表述。

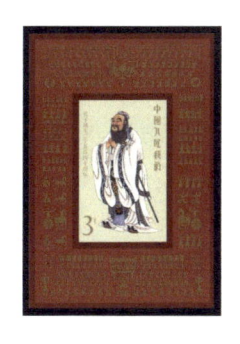

1989年9月28日，邮电部发行《孔子诞生二千五百四十周年》邮票小型张。

置邮传命，所论为以德治国：道德的流行比置邮传命还要快捷。显然，"邮"是作为"快慢"的参照物来讲的。其实，置邮传命自古就是国家政权的重要组成部分。治国理政，政令畅通，政通人和，等等，都离不开它。换言之，内政外交，国计民生，缺它不行。

置邮，即设置邮驿，包括设置规划、网路组织、交通工具、人员配置、日常管理等一系列典章制度。"传命"之"传"是传达、传递，"命"即王命、君命、诏书、政令、奏章等。"传宣政令，飞报军情"，"政令""军情"都是"命"。

"置邮"之"置"，历史上说法不一。宋代朱熹《四书集注》云："置，驿也；邮，驲也。"明代杨慎有"置缓邮速，驿迟驲疾"一说，意即"置"慢"邮"快，"驿"慢而"驲"快。清代焦循《孟子正义》进一步说："置邮传"三字同为传递之称。将"置邮"解释为"置"与"邮"并列，可谓谬种流传。

"置"字有多个义项，固然有"驿站""驿马"等释义，但其本义为建立、设置。《老子》六十二章："故立天子，置三公。"《史记·高祖本纪》："下河内，虏殷王，置河内郡。"此两处的"置"毫无疑问是设置。"置邮"与"传命"，两个动宾结构，整齐对仗。朱熹的解释，"置邮传"即"传"，然后缀一"命"字，结构别扭不说，还有违常理。

其实，孔子还讲过与"置邮传命"相类似的话，即"以邮传命",见《吕氏春秋》:"通乎德之情,则孟门、太行不为险矣。故曰德之速,疾乎以邮传命。"大意是,通晓了道德的实质,那么连孟门、太行山都算不上险阻了。所以说,德教产生的效果之快,超过了用驿马传递命令。如果朱熹看过这段话,估计就不会节外生枝,闹出笑话了。

"置邮"与"传命",前者是手段,后者是目的。历朝历代,"传命"是一个政权亘古不变的需求,无时不在,"邮"却常常随政权的更迭"改名换姓"。

驿。《说文》:"驿,置骑也。""驿"字在汉代大量涌现。据《格致镜原》卷十九:"六十里有驿,驿有饩给,即候馆之遗事也。汉自郑庄置驿,以迎送宾客。""师古曰,传者若今之驿,古者以车,谓之传车,其后又单置马,谓之驿骑。"汉代"邮""驿"并称,唐代驿又称作驿馆。后世遂有邮传、驿传、邮驿等不同叫法。

驲。《说文》:"驲,传也。""传"即以车传递。车是春秋时的主要交通工具,分为两种:一曰"传车",二曰"驲"。驲是专供级别较高的官员乘坐的一种急行车,常用于通信。晏子出奔,齐国国君追至边境将其请回;为营救大臣叔向,晋国老臣祁奚紧急晋见范宣子。二者当时所乘都是驲。后来,驲与传车不分;再后来,驲被附会为"驿"的简化字。

传。与通信的关系最为密切,最能反映通信的本质特征。传命、传书、口传、马传、邮传,不一而足,皆指通信活动。通信史上另有读 zhuàn 音的传车、传舍、传符等。传车，传递信息或运送使客的车辆。一般用四匹马拉，另有"六乘传"（即六匹马拉）、"七乘传"等特等车。传舍，传车停留之处。《释名·释官室》释"传"为"人所止息而去"之所。传符，亦称符传，是传者通过关津、传舍时所持的凭证。《太平御览》引《释名》云："过所，至关津以示之，或曰传。"

此外，敄、邌（zhì）、亭、徒、遽、铺、站等，也是"邮"家族成员。

置邮传命的"命"，也有多种解释。命，古代帝王对臣下的命令性文辞，大曰命，小曰令，用以授官、封爵、赏赐等。秦始皇时改"命"为"制"，汉代则将"命"分为四类：一曰策书，二曰制书，三曰诏书，四曰戒敕。汉以后，沿袭秦制，"重诏而轻命"。由"命"又派生出训命、诰命和笺命等。训命，即皇上发布的训谕、命令，后演变为上级机关对所属下级机关的训谕与命令。诰命，皇帝赐爵或授官的诏令。自宋代开始，凡文武官员升迁或改任职秩均用诰命。明清两代，对五品以上官员授诰命，对六品以下授敕命。笺命，古代授官的文书，自魏晋时始用。

"邮"的名称可以千变万化，但在此过程中，它的内涵也在不断地丰富、发展、传承。置邮传命，在通信史上是非常具有生命力的。

第一章 立国之基 置邮传命

从"诽谤之木"到"声光"通信

大禹治水"三过家门而不入"的典故,人们从小学课本上都读过,可谓家喻户晓。就是这位大禹,他是上古时期夏后氏首领、夏朝开国君主,亦称"夏禹"。据传说,协助大禹治水的一大功臣,就是商部落的始祖契,在舜部落联盟为司徒。从契开始到成汤灭夏,建立商朝,历经十四世,曾八次迁徙。成汤曾经是夏的属臣,但此君并不安分,不断吞并周围的部落。待到倒行逆施的夏桀腐败透顶,招致天怒人怨之际,成汤乘机起兵,与夏大战于鸣条(今河南封丘东)之野。经过一番苦战,最终夏桀战败南逃,死于南巢(今安徽寿县东南),夏朝遂亡。于是成汤建立商朝,定都于亳(bó,今河南商丘,一说今郑州)。此乃我国历史上的第二个王朝,时在约公元前17世纪。

"殷鉴不远,在夏后之世。"成汤建国后,汲取夏亡的教训,注重顺天应人,使商王朝的疆域逐渐辽阔,最终远远超过夏王朝。《诗经·商颂·殷武》上说:"昔有成汤,自彼氐羌,莫敢不来享,莫敢不来王,曰商是常。"大意是说,从前商汤时,连远在西方的氐人和羌人都不敢不来进贡和朝拜,都说汤是他们的君王。汤定都亳以后,经过五次迁徙,盘庚时定都于殷(今河南安阳)。此后,商王朝走向鼎盛时期,在发展生产的基础上,交通也有了较快的发展。

当时,以国都(今安阳)为中心,向北,沿太行山东麓,经今河北省北部,可直达今辽宁省西部地区;向东,可达今山东省境内,再向南进入今江苏省北部;向西,沿太行山南麓可进入今山西省南部。而随着交通的发展,相应的交通工具也较前朝更为发达。一般在陆地上,使用车,包括牛车、马车和辇(niǎn,人力挽车)。且已开始重视装饰,有车辕、车厢和车篷;水上交通工具则开始用舟,即小船。

交通和通信是人类社会由野蛮进入文明的重要因素。商代是文明发达程度相对较高的奴隶制社会。特别是盘庚迁殷以后,农业、商业、畜牧业和青铜冶炼、制陶、缫丝、漆器等手工业生产均有了较大发展。这些都极大地促进了交通与通信的发展。交通和通信,二者互为表里,互相促进。发达的交通设施道(路、工具、网络等)是通信赖以存在的物质基础,而通信的畅通又是发展交通的重要条件。

我国古代通信,由来已久,说来话长。据《古今注》记载,尧曾经"设诽谤之木"。《说文》载:"放言曰谤,微言曰诽。"也就是说,公开表达不满叫作谤,私下表达不满叫作诽。在交通要塞竖立木桩,做一块形似后世华表的木牌,横挂在木桩之上,既可作为路标,又可供人们在上面书写对统治者的谏言。这大约是我国最早文字记载的向上表达意见的一种方式,被当代专家认为是上古时代原始的"上书"形式。到舜的时代,这种以"诽谤之木"听取意见的方式,形成政治制度,并且设有专司其事的官员。据司马迁《史记》载,舜曾设置称作"纳言"的官员二十二名,以"明通四方耳目"。这些官员"夙夜出入",到各地搜集意见的同时,把舜的意图传达给大家,被称作"喉舌之官"。纳言制度,即上下沟通的有组织的通信活动。

公元前21世纪夏王朝时,我国中原地区进入奴隶制社会,交通及交通工具较前代发达。古书记载有"夏后氏二十人而辇",即是指用二十个奴隶拉的大车子。这样一辆大车,若是没有宽阔的道路是无法通行的。《左传》引用上古文献《虞人之箴》说:"芒芒禹迹,画为九州,经启九道。"意即大禹在治理水患后,把全国划为九个州,修整了九条宽广大道。以后,夏朝统治者还规定了定期整治清理大道的制度。据《夏小令》载:"九月除道,十月成梁。"即每年九月全国清扫道路,十月则修治桥梁。因为重视交通管理,才有了道路的通畅,从而保证了夏朝命令的迅速下达。《史记·夏本纪》说，夏王朝统治区东到大海，西至大漠，"声教讫于四海"。

古代神话中，关于商纣王使用烽火的记载，把我国早期的"声光"通信，提前到大约三千年以前。据晋王嘉《拾遗记》载，昏暴的纣王想要吞并邻近诸侯国，命令宠臣飞廉到附近邻国去搞颠覆活动，以在当地点燃烽燧为号向纣王报告。纣王登台如看到烽火，即立刻兴兵前往，灭其国，俘其民，掠其妇女，供己淫乐。此种伤天害理、倒行逆施的想法引起天神愤怒，于是天神即派神鸟下凡，口中衔火，如星之照耀，以惑乱飞廉的烽火之光，致使纣王找不到目标，茫然无措，此项罪恶活动只好中止。此种"声光"通信技术，较后来周幽王烽火戏诸侯要早四百多年。

另据甲骨文记载，商纣王时，音传通信手段已经普遍使用。郭沫若和陈梦家两位先生曾在自己的甲骨文专著中，几次引到"敔"这个字。郭老说其字形像鼓，好像旁边有人跪而戍守之。陈梦家进一步解释说，这是古代的击鼓之人。通过响亮的鼓声，"边地诸侯报告敌国之入侵"。这是古代的一种边报。此字的频繁出现，说明商代末年已出现了有组织的音传通信活动，并在当时的边境地区广泛使用。

从夏到商，信息传递有了较快发展。对此，甲骨文里多有记载。如，商王武丁的王妃妇好是位著名女将，常带兵出征。武丁不放心，往往用卜辞问"妇好有信？"或"妇好无信？"。这里的"信"字，据考当时是指信使传书。另据考古学家发掘，商都城内城外，有宽广大道十一条，纵横交错，四通八达。其中，专供车马行驶的"马道"，可直达城墙之上。另据甲骨文提供的材料考证，商王都通往各地的道路，主要干线有四条：一条通往今徐淮地区，一条通往今湖南、江西，其余两条，一达西边的渭水流域，一达西北部今陕北甘肃一带。

另外，为了旅途方便和防止不测，在通衢大道沿线，商朝政府设立了许多据点和止宿之处，此可以看作是商朝最初的驿站。起初，这些据点称为"堞（dié）"，系用木栅墙筑成的防守工事，约五十里设置一处。后来这些堞发展成为"次"。次即止舍安顿之意，是后来的旅舍之雏形。当时有霍次、齐次、淮次等名目，即指在霍、齐、淮地止宿的临时客舍。再后来，又在此基础上建立"羁（jī）"，即"过行寄止者"。实际是商王朝专为商王、贵族建筑的道边旅舍，被后世学者认为是中国最早的"驿站一类的特别设置"。

另据对甲骨文的考证，商朝已有专门传递信息的信使，甲骨文写作"遽"。商王出行，身边都要跟随几个，供其随时发号施令。甲骨文里常有"王其田，遽往""孟田，其遽"等，意思是商王去田猎，有信使跟随左右。商时地方有许多附属于商的方国与部落，他们也往往派信使向商王汇报情况。

总体上看，距今三千多年的商朝，其"驿传"已初具规模。

木牍家书

睡虎地秦墓群位于湖北省云梦县城关镇西郊，因这里地势高峻，形如卧虎，故名。1975年，震惊世界的云梦秦简在这里出土，使沉睡了2000多年的文字墨迹得以面世，更使云梦这个美丽梦幻的名字驰名天下。云梦睡虎地秦墓群第十一号墓中出土的有字竹简多达1155枚，近4万字。四号墓中出土的两封秦国军士的木牍家书，是秦楚战争末期"黑夫"与"惊"二人从他们当时的驻地淮阳（今属河南）写给家乡安陆（今湖北云梦县）的兄长"衷"的。两封家书被认为是迄今发现的我国最早的家书实物。

1996年9月2日，邮电部发行《中国古代档案珍藏》特种邮票一套4枚，其中第2枚为《简牍档案·汉代木牍》。

据记载，这两件木牍都削得很薄，一件保存完好，长 23.4 厘米，宽 3.7 厘米，厚度仅为 0.25 厘米；另一件保存状况较差，下段残缺，长约 16 厘米，宽 2.8 厘米，厚 0.3 厘米。两件木牍的正面与背面均有墨书文字，字体为秦隶，共 527 字，绝大部分字迹清晰可辨。如今，这两封家书珍藏在湖北省博物馆。

关于两封木牍家书的写作时间，据黄盛璋先生考证，为始皇帝二十四年（前 223 年），即秦始皇统一中国的前两年。

两封木牍原文及大意如下：

木牍甲正面：

二月辛巳，黑夫、惊敢再拜问中，母毋恙也？黑夫、惊毋恙也。前日黑夫与惊别，今复会矣。黑夫寄益就书曰：遗黑夫钱，毋操夏衣来。今书节（即）到，母视安陆丝布贱，可以为襌裙襦者，母必为之，令与钱偕来。其丝布贵，徒（以）钱来，黑夫自以布此。黑夫等直佐淮阳，攻反城久，伤未可智（知）也，愿母遗黑夫用勿少。书到皆为报，报必言相家爵来未来，告黑夫其未来状。闻王得苟得。

大意：

二月辛巳日。黑夫和惊恭祝大哥安好，母亲身体还好吧？我们兄弟俩都挺好的。前几天，我们两个因为作战没在一起，今天终于又见面了。黑夫再次写信来的目的，是请家里赶紧给我们送点钱来，再让母亲做几件夏衣送来。见信之后，请母亲比较一下安陆的丝布贵不贵，不贵的话请母亲一定要给我们做几件夏衣，和钱一起送来；要是家乡的丝布贵，那就只送钱来，由我们在这边买布做衣服。我们马上要投入淮阳之战了。攻这座叛逆之城的战事不知要持续多久，说不准会发生什么意外，希望母亲给我们用的钱别太少了。收到信后请马上回信，一定要告诉我们官府给家里授予爵位的文书送到没有，如果没送到也跟我说一声。大王说只要有文件就不会耽搁。

木牍甲反面：

毋恙也？辞相家爵不也？书衣之南军，毋……不也？为黑夫、惊多问姑姊、康乐孝须（婴）故尤长姑外内……为黑夫、惊多问东室季须（婴）苟得毋恙也？为黑夫、惊多问婴记季事可（何）如？定不定？为黑夫、惊多问夕阳吕婴、匽里阎诤丈人得毋恙……矣。惊多问新负、婴得毋恙也？新负勉力视瞻丈人，毋与……勉力也。

大意：

家里都好吗？授予爵位的文书送到没有？信和衣物寄到南方军营时千万别弄错了地方。替我们问候姑姑和姐姐、康乐的孝姐姐，特别是大姑……替我们再问问东屋的婴记季还好吗？我们和他商量的事情怎么样了？定下来没有？还有，代我们问候夕阳吕婴、匽里阎诤两位老先生，身体还硬朗吧？……惊特别问候他的新媳妇、妪一切都好吧？新媳妇要好好照顾老人，别跟老人置气……大家尽力吧。

木牍乙正面：

惊敢大心问衷，母得毋恙也？家室外内同……以衷，母力毋恙也？与从军，与黑夫居，皆毋恙也……钱衣，愿母幸遗钱五、六百，緆布谨善者毋下二丈五尺……用垣柏钱矣，室弗遗，即死矣。急急急。惊多问新负、妪皆得毋恙也？新负勉力视瞻两老……

大意：

惊衷心地问候大哥衷，母亲身体好吗？家里家外……全靠大哥了。母亲真的没事吧？自从我从军以来，与黑夫在一块儿，都很好……寄钱做衣服的事儿，希望母亲能寄五六百块钱来。布要仔细挑选品质好的，至少要二丈五尺……我们借了垣柏的钱，都用光了，急死人了。急急急。我非常惦记新媳妇和妪，她们都还好吧？新媳妇要尽力照顾好爹妈……

木牍乙反面：

惊远家故，衷教诏妪，令毋敢远就，若取新（薪），衷令……闻新地城多空不实者，且令故民有为不如令者实……为惊祠祀，若大发（废）毁，以惊居反城中故。惊敢大心问姑秭（姊），姑秭（姊）子产得毋恙？新地人盗，衷唯毋方行新地，急急急。

大意：

我出门在外，娭就拜托大哥你来教育管束了。如果要打柴，一定不要让她去太远的地方，大哥你……听说新地城中的百姓大都逃空啦，而且让他们干什么他们都不听招呼……为我求神祭拜时如果得到的是下下签，那是因为我身在叛逆之城的缘故。我问候姑姐，她和她儿子都还好吧？新地城中盗贼很多，大哥一定不要去那里。急急急。

从两封家书的内容来看，写信人"黑夫"和"惊"是兄弟俩，信从淮阳寄往安陆。第一封信由两兄弟合写，第二封是"惊"写的。两封信的内容，除问候母亲及家人之外，主要是要钱和布料做夏衣（襌裙襦）。第一封说"攻反城久"，第二封说"居反城中"，说明反城（淮阳）已攻下。这是历史上秦灭楚的战争。

两封家书，人们可以读出很多内容。其中较为集中的一点就是，秦国战事频繁，两兄弟同时上了前线。但是在前方为国家浴血征战的军人，竟然连衣服都要自己准备！该换季了，没有衣服可换，只好向家里伸手，且一连三个"急"字，急得不得了。

而笔者更关注的是关于两封家书的传递。当时秦国的邮传未至发达期。邮路邮差，肯定有。但官办邮传不传递私人信件，尽人皆知。派人专送，兄弟俩没有那个资格与资金。唯一的可能，就是托人捎带。托什么人？无非是顺路的乡亲，同乡中服役期满或负伤回乡的士卒。但他们是在前线打仗，顺路的乡亲哪那么容易寻找？先后两封信，又不可能是同一个服役期满或负伤的士卒捎带。信件的传递方式至今是一个谜。

秦代邮传的不世之功

公元前231年,秦王嬴政发动统一六国的战争,前后用了十年时间,完成了统一六国的大业。秦朝是我国历史上第一个高度统一、中央集权的封建王朝。

接下来,秦始皇颁布法令,废封建、设郡县、修驰道、开灵渠、书同文、车同轨,在此基础上统一了全国的邮传,其网路遍布全国。尽管历史上秦王朝存续的时间并不长,但其一整套包括组织管理、文书传递、典章制度、通信法令等邮传制度,为整个封建社会的驿传制度奠定了基础,对后代影响深远,堪称不世之功。

首先是驰道建设。驰道是秦朝道路网的主干。它以首都咸阳为中心,不仅"东穷燕齐,南极吴楚,江湖之上,滨海之观毕至"(《汉书·贾山传》),并且驰道标准颇高,十分壮观:"道广五十步,三丈而树,厚筑其外,隐以金锥,树以青松。"驰道遍布全国的同时,还有直道。据《史记·蒙恬列传》记载:"始皇欲游天下,道九原,直抵甘泉,乃使蒙恬通道,自九原抵甘泉,

第一章 立国之基 置邮传命

堑山堙谷,千八百里。"九原,今内蒙古包头市西南。堑山堙谷,即挖山填谷。甘泉,即甘泉宫,故址在今陕西淳化西北甘泉山上。这是专为抵御北方匈奴而修建的从咸阳至九原的直道,长一千八百余里,意义重大。此外,在南方还修了到两广和西南的"新道"。这样,一个纵横交错的交通网在全国形成。

其次是组织管理。在中央,秦始皇推行高度集权、完全受命于皇帝一人的官僚机构。在地方,全国遍设郡县,长官由中央直接任免。在此种体制下,邮传组织在中央由丞相负总责,在地方则由郡守县令兼管。秦代中央政府内设尚书,负责收授章奏,转发诏令;另设中书令,负责将起草好的诏书盖玺施印,发交使者,行令天下。在地方,公文传递程序规定为:由郡、县、乡、亭逐级下达。

再次是公文和邮件递送。秦制三十里一传,十里一亭,亭设有供住宿的馆舍。按秦法,亭应及时负责信使的传马给养、行人口粮和蔬菜等,供应粮食的升斗、蔬菜的数量,都有严格的规定。

最后是统一邮传的称呼。春秋战国时代,各国对邮传通信的称呼并不统一。为此,秦帝国对列国邮传的种种机构及称呼进行了合并统一。把"遽""驲""置"等一概统称为"邮"。从此,"邮"便成为通信系统的总称。"传"呢?"传"也纳入"邮"的范畴,如"传舍""传车"等。统一之后的"邮",负责较远地区的公文与书信的传递任务,"近县令轻足行其书,远县令邮行之"。(秦墓竹简《田律》)在传递方式上,秦代大都采用政府规定的固定路线,接力传送。

关于通信干线,秦帝国大致辟有如下几条:

第一,直道。包括北路干线——从关中向北直达塞外九原;河东干线——从蒲津渡河经平阳、晋阳以通云中。两条直道主要用于军事目的,其规模和耗费的人力物力都不亚于修筑同样长度的长城。

第二,由咸阳东出函谷关,经洛阳以达临淄的东路干线。该线横贯关中和山东(今华北),是政治、经济、军事大动脉。

第三,由咸阳南出武关,经南阳以达江陵(即南郡)的南路干线。它是关中联系江南的重要孔道。

秦代邮传的一个重要贡献,在于颁布相关法律,以法治邮,涉及公文传递、乘传廪(lǐn)给、车马与传舍管理,及对乘传官员的约束等。

第一,公文传递。《行书律》明确,无论发文和收文单位,必须登记收发文的日期及具体时间;收文单位收到文件要及时报告;如有文书丢失必须立即报告;老弱及不可信赖的人不能担任文书传递工作。《田律》规定,距离近的县,文书由快卒专程递送,距离远的县则派"邮"传送。《法律答问》规定,有投寄匿名信的，不得拆看，见后立即烧毁；拆看伪造的文书，未能察觉，罚二甲（两副铠甲的成本）。

第二，传递时限。《行书律》将文书分为急行文书和普通文书两大类。急行文书包括皇帝诏书，必须立即传送，不能有片刻稽留。普通文书也规定当日送出，不许积压。律文中说："行命书及书署急者，辄行之；不急者，日毕，不敢留。留者以律论之。""不敢留"即不许耽搁。

第三，保密规定。特别重要的文书，规定由特殊人员传送，而且所经之处，任何人不得阻拦。为保证途中不泄密，作出若干规定。比如，不同的文件用不同的文字书写：简册用大篆小篆，符传用刻符，印玺用缪篆，幡书用鸟书，公府文书用隶书等。另外，还规定简书一般都在绳结处使用封泥，盖上玺印，以防途中被私拆。

第四，邮传馆舍为过往官员提供饮食的规定，即《传食律》。主要内容包括：

按《仓律》，到军中和属县办事，应自带口粮，不得以符传向所到的县借取；按月领取口粮的人员，因公出差则由沿途馆舍供给饭食。

按秦简，"公使有传食"，对地位较高的公使，由传舍提供饮食；对一般使者，传舍提供饮食但不是无偿的；对级别更低者，不提供饮食，须自带口粮。

第五，传马喂养。据《仓律》，每次驾用传舍的马匹，喂食一次粮食，回程再喂食一次。

第六，传车维修。据《金布律》，传车、大车的车轮发生歪斜应及时修理。

第七，传舍管理。《工律》规定，在都邑服徭役和因有官府事务居于官舍，如借用官有器物，借者死亡，应令服徭役的徒众或其舍人负责。《法律答问》规定，在馆舍居住，如失火，房屋被烧，其中虽有官有器物，不令赔偿。

第八，传符。据《法律答问》，假冒啬夫（古官吏名）封印，按例以伪造官印论罪；丢失记书、符卷、官印、衡器，受到处罚，后自己又找了回来，亦不能免除处罚；丢失作为凭证的文件，即以造成危害论处。

第九，其他。包括官车、马车、军马、吏马、乘马规定等共九条。

第一章 立国之基 置邮传命

烽火报警

烽火报警，是古代利用烟火传递信息的通信方式。历史上最著名的，当数公元前771年周幽王时期的那一出闹剧。据《史记·周本纪》载，周幽王的宠妃褒姒，年轻貌美，却不爱笑。"幽王欲其笑万方，故不笑。"一次，周幽王带她到桥东的城楼上，为博其一笑，竟命人上烽火台点燃烽火——这是敌人入侵的信号。于是，不长时间，各路"诸侯悉至，至而无寇，褒姒乃大笑"。见此，幽王非常高兴，马上赏赐出主意的虢（guó）石父一千金，并对诸侯挥挥手说：你们回去吧，我点燃烽火是在逗妃子玩呢！拿国家安全当儿戏，最终不仅亡国亡命，还留下千古骂名。

我国自商代开始使用"击鼓传声"传递军情的通信方式。自西周开始使用烽火报警，即为防御外族入侵，从边境至首都，每隔一定距离，就在较高的地方筑一座烽火台，当时称边亭，配亭长或亭尉管理。遇有敌人入侵，就击鼓或举烽。邻亭得到信息后，相继击鼓或举烽。如此接力相传，很短时间内就把战争信息传出百里、千里之外，直至国都。秦汉时代，烽火通信日臻完善，且颇具规模："五里一燧、十里一墩、三十里一堡、百里一城寨。"

烽火台一般设在高爽空旷、便于瞭望而附近又有水源的地方。传递警报的信号有表、烟、苣火、积薪四种。表是用缯布做成的颜色鲜明的旗帜，遇有情况，将旗帜升在表竿上。烟是在高竿上安装一只小笼，需要时点燃它以示警。表和烟常常在白天并举，也叫"烽烟"。又因报警烧的常常是狼粪，因而又叫"狼烟"。夜晚的信号是苣火，特别紧急时则将积薪点燃，让熊熊火光传递警报。烽火报警报的主要是军情，所以，烽火常被作为战争的代名词。

还说周幽王。那次烽火博笑之后，他命虢石父为卿，国人皆怨。"石父为人佞巧善谀好利"，幽王却重用之。其后，他又废申侯，去太子，一味地倒行逆施。对此，申侯的父亲联合缯国和犬戎，发兵攻打镐京（今陕西西安）。幽王见敌来袭，赶忙令人点燃烽火，向诸侯求援。然诸侯们以为幽王又在拿他们找乐儿，一路救兵也未到。结果，镐京被攻破，"杀幽王骊山下，掠褒姒，尽取周赂而去"。西周灭亡。

"周幽王烽火戏诸侯"导致亡国亡命的教训，妇孺皆知。与此形成鲜明对照的是，战国赵国良将李牧谨守烽火台，力保多年不发生任何差错，为人称道。

据《史记·廉颇蔺相如列传》载，李牧，常居代雁门（今山西西北部宁武以北），以防匈奴入侵。他有权根据实际需要自行设置官吏，市镇税收皆入司令部，以充军费。他对军士们很好，时不时地犒赏他们，要他们练习骑马射箭，"谨烽火"（小心把守烽火台），并派出人员侦察敌情。他发布命令："匈奴侵入边境来掠夺物资，要赶快把物资收拾起来，退入堡垒内防守。有敢去抓敌人者，斩！"因此，每遇匈奴入侵，都能及时用烽火报警，赶紧藏好马匹、粮食等物资，不出战。这样，几年下来，没有发生任何伤亡损失。

然而，对于李牧的"谨烽火"，各方看法不一。匈奴说李牧胆怯，就连赵国防守边疆的官兵也有人认为自己的将军胆子太小。据此，赵王责备李牧，李牧依然故我。赵王怒，将其召回，令他人取而代之。一年多以后，匈奴屡屡挑衅，守台官兵出战，次次不利，损失惨重。边境上的百姓无法进行正常耕种和放牧。不得已，赵王又请李牧出山。李牧再三地推托有病，闭门不出。赵王逼之，李牧讲条件："一定要我出山，我还用老办法，才敢奉令。"赵王答应。李牧走马上任，仍按从前的办法执行：谨烽火。结果，"匈奴数岁无所得，终以为怯。"这回知道是谁胆怯了。

此后，烽火报警的事儿，在历朝历代，因战事不断而连绵不绝。如南朝梁人吴均有"羽檄起边庭，烽火乱如萤"的描写，唐代王昌龄有"烽火城西百尺楼，黄昏独坐海风秋"的"边愁"，唐代李益有"烽火高飞百尺台，黄昏遥自碛南（一说'西'）来"的豪迈，唐代杜甫有"烽火连三月，家书抵万金"的呐喊，金代元好问有"烽火苦教乡信断，砧声偏与客心期"的惆怅，明代陈泰来则有"黄云四合角声哀，擐甲先登烽火台"的英姿，等等。

1994年11月17日，邮电部发行《中华全国集邮联合会第四次代表大会》邮票小型张。

从"公车上书"说起

说到"公车上书",人们自然想到康有为:光绪二十一年(1895年),中日甲午战争失败后,清政府与日本签订丧权辱国的《马关条约》,激起全国人民的强烈反对。是年四月初八日,康有为联合在北京会试的举人一千三百余人,联名上书光绪皇帝,痛陈割地弃民的严重后果,要求变法图强。上书虽被都察院拒绝,却在全国广为流传,影响深远。此事件史称"公车上书"。而这里要说的"公车上书"则是其约两千年前的"源头"。

"公车上书"的典故,诞生于西汉初期。那时,邮传由丞相总掌其责。丞相下属九卿中有少府,少府属下有尚书令和符节令。尚书令主管章奏的上达与诏书的下发,实际上是中央收发机关的首脑;符节令则负责符节的分发和管理。九卿中的卫尉属下有公车司马令。"公车"即掌管皇宫警卫工作,负责接受臣民上书,及接待臣民贤士的公署。于是有"公车上书":汉武帝时,博学多览的东方朔,入都城长安,到公车署上书,共上木简三千片,两个人费牛劲才能将其勉强举起,连续举了两个月,武帝方读完。后人以此典指向皇帝上书,干谒求进。

公元前202年,西汉王朝建立。汉高祖刘邦于建汉之初,即懂得邮传对王朝统治的重要性。因此,不惜耗费巨帑,堑山堙谷,在抓紧恢复因战争遭破坏的邮传设施的同时,开辟了通达全国各郡的交通线,在主要道路上完善了通信系统。邮传的四通八达,对于西汉王朝的巩固,功不可没。比如,在平定汉初异姓王英布的叛乱时,刘邦就有效地利用了英布手下将领贲赫"乘传"到长安及时递送情报。比如,发现大将樊哙有反情,刘邦即刻派陈平"乘驰传",带周勃去接过了樊哙的兵权。再比如,吴楚七国之乱的头子吴王刘濞被处死后,汉政府命令将他的人头"驰传"当地示众等。

西汉的邮驿通信网路,以京师长安为中心,主要有五大干线通达全国。

其一,向西,经陇西逾黄河,贯通河西走廊,连接通西域诸国的大道。此即沟通东西方经济和文化的重要孔道,著名的丝绸之路,也是我国最早的国际邮路。

其二,向北,原有秦时修筑的"直道"。汉武帝时又于西北边境自今陕西陇县南开始,伐山开道,以通萧关(今宁夏固原附近)。

其三，西南向，循褒斜道经汉中以达成都。以后又应张骞建议而将此线继续向西南方延伸，远逾昆明、永昌而通于天竺（今印度、巴基斯坦一带）。

其四，出武关经南阳抵江陵。此乃沟通关中与江南的重要孔道。由江陵出发可通往今湖南、广东一带。

其五，东出函谷关，经洛阳直达临淄，为东路干线。此线在河南又分成三支：一自洛阳渡河，经邺（今河北省临漳县西南）及邯郸以通涿蓟（今河北省涿州、北京市），复由此而延向东北；一自陈留沿鸿沟、颍水入淮，南循淝水、巢湖以达于江；一自定陶循菏水入泗水，入淮河，再沿邗（hán）沟（联系长江和淮河的古运河）以达于江。

五大干线中，丝绸之路上的悬泉置为目前考古发现的全国年代最早的驿站遗址。它是汉武帝时期，张骞出使西域，在敦煌至玉门关外的丝绸之路上设置的驿燧亭障。悬泉置坐落于敦煌向东64公里处，与汉代长城遥遥相望，总面积约22500平方米，坞院为每边长50米的正方形布局，四角有望楼，房屋30余间，是驿置办公、医务、传舍、厨房所在。

汉代的通信组织，主要有三种，即邮、传、驿。

汉初，"邮"是步递，"五里一邮"。同时，另行开辟"三十里一置"的马驿，主要用于传递紧急文书。

传，汉代的传即用车（马车）传递。在交通要道上，每隔三十里建一传舍，置备车马。政府官员因公出行，可按规定乘传。因传叫"传车"，则拉车的马匹叫"传马"，中间休息换马的地方叫"传舍"，使者的通行证叫"传符"或"符传"。

驿，又称驿置。汉代驿与邮的区别在于，邮有邮亭，传书人步行接力传送。驿则既是传书人的交通工具，又可提供食宿。

由于传车过于笨重，再加武帝以后汉政府财政困难，设备繁杂、豪华的传车逐渐被轻便的单骑传递所取代。而这种骑马递信的方式，便正式以"驿"命名。至于传，两汉时逐步变成专门迎送过往官员、提供饮食车马的场所，类似后世的政府招待所。驿加上传，往往合称为"驿传"或"驿置"。

汉代没有私邮制度，却有大官僚自行设馆、自备驿马，甚至有固定路线的私人邮驿。比如淮南王刘安的客馆，因其食客编写了《淮南子》一书而名扬天下。再如汉丞相公孙弘"自以布衣为宰相，乃开东阁营客馆以招天下之士"（《西京杂记》）。最为著名的是汉武帝时任河内（今河南沁阳）太守的王温舒，为了与地方豪强势力作斗争，"令郡县私马五十匹为驿，自河内至长安"，约七百里，"昼行不过二日得可"（《汉书》）。

"候骑至甘泉，烽火通长安。"（《风俗通》）汉代的长城、亭障、烽燧长达两万余里，烽火通信发达，国防意义重大。"在汉代沿长城全线西至罗布泊沙漠，直达克鲁库特格山麓，皆列置堡垒烽燧，即汉书上所谓亭障以为瞭望敌人及传达烽火信号之用……由于亭障烽燧，万里相望，于是中国的西北，筑成了一条坚强的防线。"（翦伯赞《秦汉史纲》）烽火通信的广泛运用，催生出了烽火使用规则——烽火品约。居延汉简中，有关烽火品约的资料较多。1974年在居延甲渠候官发现的十七枚汉简，名曰《塞上烽火品约》，包括举烽举火的具体规定，遇到情况时的处置办法等。其主要特点为：堠（hòu，古代用来瞭望敌情的土堡）上树烽，坞（wù，防御用的小型堡垒）上立表，燧中放烟，地上燃火，设施齐备，物尽其用。尤其是分工明确，责任到人，从官到兵，各尽其职。《塞上烽火品约》是我国早期军事史上的一部重要法规。

尤其令人瞩目的是，两汉时的邮传通信造就了许多书信史上的典故。试举几例：

青鸟传书。青鸟，传说中的神鸟。《大荒西经》载："有三青鸟，赤眉黑目，一名大鹜，一名少鹜，一名青鸟。居三危之山，为西王母取食。"到了汉代，有"三足乌"之说。王充《论衡·说日》："日中有三足乌。"《艺文类聚》卷九十一引《汉武故事》称："七月七日，上于承华殿斋。正中，忽有一青鸟从西方来，集殿前。上问东方朔。朔曰：'此西王母欲来也。'有顷，王母至，

1994年6月25日,邮电部发行《中国古代文学家(第二组)》纪念邮票一套4枚,其中第3枚为《司马迁》。

有两青鸟如乌,夹侍王母旁。"此后,以"青鸟"指信使,青鸟传书的故事世代流传。

鲤鱼传书。汉乐府《饮马长城窟行》:"客从远方来,遗我双鲤鱼。呼儿烹鲤鱼,中有尺素书。长跪读素书,书中竟何如?上言加餐食,下言长相忆。"汉代以前,信封还没有发明。信件是夹在两块木板中间传递的。两块木板刻成鱼形,一盖一底,将信放入,合在一起,用绳子捆好,在打结处糊上泥土,加盖"封泥"(印章),然后发出。于是,"鲤鱼"成为书信的代称,"鲤鱼传书"成为典故。

"传书"之外,还有"尺牍"。据司马迁《史记·仓公传》,汉孝文帝十三年(前167年),太仓令淳于意遭人诬陷,被判肉刑,要押往长安。意有五女,随而泣。意怒,骂曰:"生子(女孩）不生男，缓急无可使者！"小女儿缇萦随父赴京城，上书汉文帝，据理以争："妾父为吏，齐中称其廉平，今坐法当刑，妾切痛死者不可复生而刑者不复续，虽欲改过自新，其道莫由，终不可得。"她表示："愿入身为官婢，以赎父刑罪。"汉文帝阅后赦免了淳于意。司马迁赞曰："缇萦通尺牍，父得以后宁。"从此，"尺牍"一词诞生。

"督邮"浅说

"三国戏"离不开刘、关、张。早知道刘备与张飞同为河北涿州人,也算是老乡。京剧《甘露寺》有著名唱段《劝千岁》赞张飞:"他三弟翼德威风有,丈八蛇矛惯取咽喉,鞭打督邮他气冲牛斗……"因为曾从事邮政工作,故对这"督邮"有些好奇。同时,据《三国志·蜀书·先主传》载:"灵帝末,黄巾起,州郡各举义兵,先主率其属从校尉邹靖讨黄巾贼有功,除安喜尉。督邮以公事到县,先主求谒,不通,直入缚督邮,杖二百,解绶

2008年2月23日,国家邮政局发行《京剧净角》特种邮票一套6枚,其中第4枚为《张飞》。

系其颈着马枊（拴马的柱子），弃官亡命。"这"缚督邮""打督邮"乃"先主"即刘备所为，到戏剧舞台上竟成了张飞的一件重要业绩。这里说说"督邮"。

督邮，官名，汉初郡国守相多以都吏巡行各属县，都吏就是后来的督邮。《汉书·文帝纪》载，元年"二千石遣都吏循行，不称者督之"，颜师古注："如淳曰：都吏今督邮是也。"西汉中叶以后，都吏更名为督邮掾、督邮曹掾，简称督邮。其具体职责是，掌监属县，通过巡视督察，举劾属县吏功罪，分明善恶，宣达教令，督治豪强奸恶，兼司狱诏捕亡等事，是各郡的重要属吏，有"督邮功曹，郡之极位"一说。督邮之设，到唐代以后废除。

督邮，西汉中期设立，为郡守一级的属吏。由于汉武帝以来的"外儒内法"，作为督邮，司法和德化都得管。督邮巡行所部，有权监督县令长、县丞尉，以及县属员吏。发现问题，或报太守立案，或追捕归案，唯不能擅自杀戮。

一般来说，督邮巡县视郡境大小，分为两部或多部。据《汉书·尹翁归传》，尹翁归为东郡督邮，河东共二十八个县，分为北、南两部。闳孺督汾北，翁归督汾南。而有的郡则分为东、西、南、北、中五部。据顾炎武《日知录》记载，在四川巴郡，"郡境南北四千（里），东西五千（里），虽只有属县十四个，然土界遐远，令尉不能穷诘，奸凶时有。贼发，督邮追案，十日乃到，其时贼已远逃,踪迹绝灭"。

一郡之内,督邮尽管权势不小,但年俸只有百石,且由郡守相从本郡人中自行选拔,是未经朝廷任命的官员。但督邮毕竟是守相信任的属吏,承上启下的人物,对其忠心耿耿,言听计从。当然,守相也视督邮为自己的"耳目"。

督邮在人前耀武扬威,吆五喝六,但其名声普遍不佳。郡下各属县常常谓督邮为"爪牙",甚至视之为"贱吏",耻与其为伍。据《后汉书》载,范冉"少为县小吏,年十八奉檄迎督邮,冉耻之"。奉命迎接督邮,自己都感到脸上无光。"(马良)年三十为尉从佐,奉檄迎督邮。即路,慨然耻在厮役,因坏车杀马、毁裂衣冠,乃遁至犍为"。这位更厉害,干脆杀马、撕衣服,跑路了。另据《晋书》载,陶渊明为彭泽令时,"郡遣督邮至县……潜叹曰,吾不能为五斗米折腰,拳拳事乡里小人邪!义熙二年,解印去县,乃赋《归去来兮辞》"。从此,"不为五斗米折腰"成为干部凛然正气的代名词。当然,督邮中也不乏忠于职守、勤政爱民之士。如有以下三则:其一,"闻人袭为郡督邮,行则负担,卧则无被,连麈皮以自覆,不能受人之费"。其二,"许庆,字小伯,家贫为督邮,乘牛车,乡里号曰'轺车督邮'"。其三,"茅开为督邮,历其家不入门,府君善之"。

天长日久,督邮成为一个贬义词。《世说新语·术解》有云:

"桓公有主簿善别酒，有酒辄令先尝。好者为'青州从事'，恶者为'平原督邮'。""青州从事"指美酒，"平原督邮"则指劣酒。于是，督邮可谓"丑"名远扬。宋代苏轼："从今更踏青州曲，薄酒知君笑督邮。"宋代黄庭坚："瓮边吏部应欢喜，殊胜平原老督邮。"清代丘逢甲："青州酒断愁难遣，黄海舟迟信未真。"如此看来，这督邮简直是千夫所指，"鞭打督邮"确属义举，无论张飞打还是刘备打，都打得有理。

督邮与邮驿的关系，是史学界颇有分歧的问题。一些历史著作及研究邮史的学者，就邮言邮，认为督邮即督察邮驿。如清代，有的省通志将"督邮""督邮之官"写入"驿传考"；有的府志、驿传志认为："驿递古督邮之政，所以宣通符令，急递疏章，实与兵政相表里。"及至当代亦如此，代表性的看法如："督邮之职最初即掌管邮驿，后则成为一郡中代太守监察属县的官员。""督邮又称督邮书掾，从职名上可知其与邮驿之事有密切关系。""督邮职掌有三：一曰督察，范围包括诸侯王、长吏、地方家族及县属人事行政；二曰督送邮书，奉宣敕令，此盖其本职；三曰杂职，即与督察有关之附职，包括奉诏捕系、追案盗贼、录送囚徒、催租点兵、询核情实等。"如此等等。其实，都是误解。

之所以产生上述误解，与对"邮"字的理解有直接关系。"德之流行，速于置邮而传命。""邮，竟（境）上行书舍。"举凡接触邮驿或邮政的人们对此都不陌生。然而,"邮"字还有另外的释义。其中之一,即同"訧(yóu)",过失。《释言》:"邮,过也……"据此,可以说,"督邮"之"邮",过、过失之谓也。督邮的职责即督察郡内官员的过失。而郡内官员当然也应包括驿站官员。因此,如果说督邮就是督察邮驿,肯定不对;如果说督察与邮驿没有关系,并不准确。著名邮政史学家楼祖诒先生在《中国邮驿发达史》中指出:督邮容易被"望文生义"所误引。督邮之官虽于字面上看来,很像督察邮驿之官吏,但其内容并不如是。我们可以解释为,督邮所督察事务中也包括邮驿在内,而绝非邮驿专设之官。信然!

信幡、"黄耳"、"千里牛"及其他

魏晋南北朝时期，社会动荡，政权更迭频繁。于是，在交通与通信领域，更加繁忙。国与国之间交往很多，邮驿联系声息相通，一脉相承。同秦汉时相比，这一时期的邮驿，自成格局，独具特色：一是因地制宜，各割据政权都在各自控制的范围内建立了自己的邮驿网络；二是随着南方经济的开发，南方的邮驿得到较快发展；三是这一时期我国第一部以"邮驿"命名的专门法规——魏《邮驿令》诞生；四是边疆及国际交通有了较大发展，邮驿更加畅通；五是"传"与"驿"逐渐统一。

魏晋南北朝三百多年的割据时代，邮驿事业在发展过程中，出现了许多新鲜事儿。

信幡。三国时，曹魏统治的地区，除继承春秋战国以来的铜符和秦汉时的竹符外，还创造了一种新的通信信物：信幡。信幡是一种用各种不同图案和颜色制成的旗帜，作为宣诏不同地区的信物。史称：魏有青龙幡、朱鸟幡、玄武幡、白虎幡、黄龙幡，而以诏四方。具体分工，青龙幡用以诏示东方郡国，朱鸟幡用以诏示南方郡国，白虎幡诏示西方郡国，玄武幡诏示北方郡国。朝廷畿内则用黄龙幡。到晋朝时，这种信幡仍在使用，只是图案和颜色简化：对畿内仍用黄龙幡，对四方则只用一种白虎幡。《古今注》载："今晋朝唯用白虎幡，信幡用鸟书，取其飞腾轻疾也。"白虎幡主兵，主和的幡叫驺（zōu）虞幡。驺虞是一种黑纹白虎。扬起驺虞幡就是向对方宣告谈和。

黄耳传书。事见《晋书·陆机传》："初机有骏犬，名曰黄耳，甚爱之。既而羁寓京师，久无家问，笑语犬曰：'我家绝无书信，汝能赍（拿着）书取消息不？'犬摇尾作声。机乃为书竹筒盛之而系其颈。犬寻路南走，遂至其家，得报还洛。其后因以为常。"陆机家在江苏松江县，从松江到京城（今河南洛阳）可谓千里迢迢。一只小狗送信，且"因以为常"，着实了得！

"千里牛"快递。《古小说钩沉》辑《祖台之志怪》载："苟晞为兖州镇，去京师五百里。有贡晞珍异食者，欲贻都邑亲贵，虑经信宿之间，不复鲜美；募有牛能日行数百里者，当厚赏之。有人进一牛，云：'此日行千里。'晞乃命具丁车善驭，书疏发遣。旦发，日中到京师；取答书还，至一更始进便达。"兖州镇"镇头儿"苟晞，为将收到的美味佳肴孝敬京师（今洛阳）亲贵，用一般的牛马递送需要两天（信宿，即两夜），担心不再鲜美，于是高价招募好牛递送。有人进"千里牛"一头。这牛果然神奇，带着书信与贡品，朝发、午至、晚归，"日行千里"名不虚传。

空函答书。晋代，诏书与普通文书开始由简牍向纸张过渡。西晋时，诏书仍以木牍为主，偶尔也会用帛书。而普通文书则简、牍、绢、纸并用。官员给上级的文书一般称作"牋（jiān，今简化作'笺'）"，将"牋"装在木函内叫作"函"。司马光《资治通鉴》载，东晋时殷浩与桓温，同在朝廷为官。前者做过将军，因屡战屡败，被罢官流放；后者则成为晋文帝的女婿，专擅朝政，有权有势。当朝廷拟起用殷浩时，桓温写信告之。"浩欣然许焉。将答书，恐有谬误，开闭者十数，竟达空函。"信写好了，殷浩装入函内掏出，掏出又装入，如是者十多次，最终送出的竟是一只空函。结果，"大忤温意，由是遂绝"。

羽檄传书。檄，以木简为书，一般长一尺二寸左右。羽檄，插有羽毛表示紧急的军中征调文书，即"鸡毛信"的前身。魏晋南北朝因战争连年不断，羽檄派上大用场。三国魏人曹植《白马篇》："边城多警急，虏骑数迁移。羽檄从北来，厉马登高堤。长驱蹈匈奴，左顾凌鲜卑。"晋代左思《咏史》："边城苦鸣镝，羽檄飞京都。"南朝吴均《入关》："羽檄起边庭，烽火乱如萤。"

置楼悬鼓。烽火通信前朝就有，但到南北朝时有所细化。据沈约《齐故安陆昭王碑》载，南朝时"烽鼓相望，岁时不息"。

《宋书》载有作战时的烽火规定:"若克外城,举一烽;克内城,举两烽;擒(竟陵王)诞,举三烽。"到了北魏,则沿袭了前代的"烽鼓",用于社会治安。据《魏书》卷六十六载,北魏兖州刺史命各村均置一鼓楼,高悬一鼓。遇有盗贼来抢劫,立刻用双槌击鼓,以向全村和邻村报警。村村互相配合,所来劫盗,一一被击退。以后,北魏境内"诸州置楼悬鼓",成为定制。

驼驿。用骆驼送信,出自北朝。当时著名民歌《木兰诗》中有"愿借明驼千里足,送儿还故乡"之句。事实上,北魏时用骆驼作为通信工具的事例,在史书里并不少见。据说,魏孝文帝定大姓时,各地豪族唯恐定不上"高门",纷纷以急传书信的办法向中央汇报本族的情况,有的大姓甚至派专人"星夜乘明驼,倍程至洛"。陇西有名李民者,也这样做,当时即被人们戏称为"驼李"。

露布。亦称"露板",即不加封缄。《汉书》:"露布者,布于四海,露之耳目,必须宣扬威略,以示天下。"《隋书》亦称:"后魏每攻战克捷(指克敌制胜),欲天下知闻,乃书帛,建于竿上,名为露布,其后相因施行。"南朝刘勰《文心雕龙》:"张仪檄楚,书以尺二。明白之文,或称露布,播诸视听也。"张仪在楚国发布檄文,写在一尺二寸见方的纸上。内容晓畅,公之于众的文书,可称"露布",方便人们看到听到。

风筝通信。南北朝时期,梁武帝被河南王侯景叛兵围攻至京城(今南京)内的台城。城内外联系断绝。武帝之子简文帝用纸鸢飞空向外传送告急文书,试图搬取救兵解围。此事南朝无名氏《独异志》有载:"侯景围困台城,远不通闻,简文作纸鸢飞空告急于外。"鸢,老鹰。纸鸢即风筝。"纸鸢飞空"成为通信典故,风筝由此成为通信史上的新"信使"。

1987年4月1日,邮电部发行第二组《风筝》特种邮票,一套4枚,分别为《鹰》《龙头蜈蚣》《八卦》《凤凰》。

"一驿过一驿,驿骑如星流"

"一驿过一驿,驿骑如星流。平明发咸阳,暮及陇山头……"唐代诗人岑参《初过陇山途中呈宇文判官》,写的是唐代驿使传书之快捷,是唐代邮驿的组织与管理均达到较高水平的形象描写。

唐代是我国封建社会的盛世,唐代邮驿的繁盛也是空前的。

唐代邮驿的管理系统包括行政和监察两部分。其中央管理机构是尚书省的兵部。据《旧唐书·职官志》载,兵部下设:"外郎之职,掌邦国舆辇、车乘、传驿、厩牧、官私马牛杂畜簿籍,辨其出入,司其名数。凡三十里一驿,天下驿凡一千六百三十九,而监牧六十有五,皆分使统之。"在地方,则由道、州、县三级。道由节度使、观察使属下的判官作为专知(传)驿官,并有若干巡官(知管驿人)分管数州;州由驿馆巡官或本州兵曹、司兵参军掌管;县则由县令或知驿官负责。监察系统,据《册府元龟》载,"畿内有京兆尹,外道有观察使、刺史迭相监临。台中又有御史充管驿使,专察过阙"。

唐代的邮驿机构，一是驿，二是馆，三是客舍。与前代最大的变化是，驿与传合一。驿的任务由过去的只传递紧急文书，扩大到通信、接待、运输等多个方面。驿也被称作馆驿、驿馆、邮驿、管递等。其主要任务包括：一、传递中央与地方政府间的公文书信，如诏书、符牒、奏章、谢表等。二、紧急军情报告。三、官员乘驿赴任、怀柔少数民族、慰问等。四、官员驰驿追捕罪犯与司法审案。五、押送犯人、传报首级。六、贡品及小件物品运输等。驿之外，在非通衢大道设馆。馆分两种，一种设在县、州、府城内，一种设于非交通干线上。大量的馆实际是州县以上地方设立的宾馆。客舍，即私人客店。《通典》载，唐代"夹路列肆，待客酒馔丰溢，每店皆有驴赁客乘，倏忽数十里，谓之驿驴"。

唐玄宗时期，全国1639个驿站中，包括水驿260个，水陆相兼驿86个。据估算，盛唐时，从事驿传的员役约有2万多人，其中驿夫约17000多人。陆驿分为六等：第一等配驿夫20人，二等配15人，三等以下递减，最后一等第六等为2至3人。水驿则根据驿务繁闲，分为三等：事繁水驿配驿夫12人，事闲配9人，更闲水驿配备6人。

据柳宗元《馆驿使壁记》载，唐时以首都长安为中心，有七条驿道呈放射状通往全国各地。第一条，从长安到西域：经泾州（今甘肃泾川北）、会州（今甘肃靖远北）、兰州、鄯州（今青海乐都)、凉州(今甘肃武威)、瓜州(今甘肃安西东南)、沙州(今甘肃敦煌)直达安西(今库车)都护府。第二条,从长安到西南:经兴元、利州(今四川广元)、剑州(今四川剑阁)、成都、彭州(今四川彭州)、邛(qióng)州(今四川邛崃)直达今川藏地区。第三条,从长安至岭南:经襄州(今湖北襄樊)、鄂州(今湖北武昌)、洪州、吉州、虔州(今江西赣州)直达广州。第四条,从长安至江浙福建:经洛阳、汴州、泗州、扬州、苏州、杭州、越州(今浙江绍兴)、衢州(今浙江衢江)直达福建泉州。第五条,从长安到北方草原地区:先到同州(今陕西大荔),再经河中府(今山西永济)、晋州(今山西临汾)、代州(今山西代县)、朔州(今山西朔县),直达北方单于都护府。其他两条自长安出发,一至山东、东北地区,一至荆州、夔州(今四川奉节)、忠州等四川及云贵地区。有了这纵横宽敞的驿道,方有"十里一走马,五里一扬鞭""一驿过一驿,驿骑如星流"那样的景观。

　　国内如此,唐代还有若干国际性驿道。据唐贾耽《记四夷入贡道里》载,唐代国际交往线也有七条,即:一为从营州入安东道,二为登州海行入高丽渤海道,三为从夏州、云中至蒙古草原道,四为入回鹘(hú)道,五为安西西域道,六为安南天竺道,七为广州通海夷道。通过这些水陆通道,可通往朝鲜、日本、中亚、印度和东南亚各国。

唐代规定，全国各地的邮驿机构各有不等的驿产，以保证邮驿活动的正常开支。驿产包括驿舍、驿田、驿马、驿船和有关工具、日常办公用品等。唐王朝是我国历史上富盛的帝国，一切都讲排场。顾炎武在《日知录》中评论说，唐朝"其城郭必皆宽广……府舍必皆宏敞"，驿舍也"丰屋美食"，较为"雄大"。按《唐六典》规定，陆驿上等者每驿配备马60至75匹不等，中等驿配18至45匹，下等驿配8至12匹。水驿则配备驿船，从1至4艘不等。

唐代还建有定期对全国邮驿的考核制度。《唐会要》载，唐宪宗元和年间，曾让各道观察使任命判官，到各州县考核邮驿事务；完成任务者有奖赏，有违法越轨行为者将受到惩罚。考核之外，还有不定期的巡视。唐玄宗、肃宗、代宗时都曾派政府大员到各地视察邮驿执行情况。

同时，唐代邮驿管理制度很严，对传递过程中种种失误的处罚规定得很细。首先，驿长必须每年呈报驿马死损肥瘠，呈报经费支出情况。若有驿马死损，驿长负责赔偿；若私自削减驿站人员和马匹，则"杖一百"。其次，对驿丁的处罚更严。按规定，驿丁抵驿，必须换马更行，若不换马则"杖八十"。凡在驿途中耽误行期，"杖一百"；文书晚到一天"杖八十"，两天加倍，以此类推，最重的处徒罪二年。如果耽误的是紧急军事文书，则罪加三等。私拆书信者"杖六十至八十"。因书信延误而导致战事失败判处绞刑。为保障邮驿安全，唐律从防止失密、私拆、损毁、丢失等方面均有规定。特别对泄密者处分更严厉：泄露重大机密者处以绞刑，非大事泄密者徒一年半，泄露于蕃国使者罪加一等，等等。

唐代邮驿发达，也有不少新鲜事——

匦（guǐ）箱。武则天当政时曾创办一种叫作"匦"的木箱，类似于后世的意见箱，置于街口，供人随时将意见投入。《封氏闻见记》记载：其形"为方函，四面各以方色。东曰延恩匦，怀材抱器，希于闻达者投之。南曰招谏匦，匡正补过，裨于政理者投之；西曰申冤匦，怀冤受屈，无辜受刑者投之"。

《开元杂报》。一份雕版印刷的文书，由进奏院（唐朝中期正式建立的情报机构）编辑，内容包括从各处进奏院搜集来的军事、政治情报。不定期出版。每期单张，字数不多，大体上每行15字，每页13行，一律楷书大字。其内容如："某日皇帝亲耕籍田""某日百僚行大射礼""某日宣政门宰相与百僚廷争"等。新闻史家们认为其是我国第一份报纸。

飞奴传书。唐宋时期，民间饲养家鸽成风。唐玄宗开元时宰相张九龄从小以养鸽闻名。五代王仁裕《开元天宝遗事》载："张九龄少年时，家养群鸽。每与亲知书信往来，只以书系鸽足上，让所教之处飞往投之。九龄目之为飞奴。时人莫不爱讶。"于是有"飞奴传书"（即信鸽传书）之典故。

绿衣使者。据《开元天宝遗事·鹦鹉告事》载，唐代长安豪民杨崇义被妻刘氏和邻人李弇（yǎn）谋杀。县官到杨家察看无果，一筹莫展之际，杨家的鹦鹉忽作人言，说杀家主的是李弇，案情大白。唐玄宗因封该鹦鹉为"绿衣使者"。今人称邮递员为"绿衣使者"，是对以邮递员为代表的邮政员工的尊敬、信赖，是来自人民群众的最高奖赏。

2022年11月5日，中国邮政发行《鸽》特种邮票一套4枚，分别为《岩鸽》《斑尾林鸽》《雪鸽》《斑林鸽》。

荔枝·马嵬驿

看到这个题目,细心的读者会想到,这是要说杨贵妃了。不错。要论与驿站关系密切的王妃,怕是没有一个能超过她的。

"长安回望绣成堆,山顶千门次第开。一骑红尘妃子笑,无人知是荔枝来。"唐代诗人杜牧《过华清宫绝句》,揭露并谴责的就是唐玄宗利用驿传快马,为杨贵妃运送荔枝的事情。据考证,从荔枝的产地四川涪州(今重庆涪陵)到长安,共有两条驿路:一为水路,全程3300多里;另一为水路、陆路接力,全程2100多里。如此骄奢淫逸,劳民伤财,竟只为博美人一笑!

马嵬驿始建于汉武帝时期,属于京兆府兴平县,位于京畿重镇金城县西28里,东距长安110余里,是汉武帝为了加强西北边防而设立,连接京城长安和西域的必经之地。据清乾隆元年(1736年)《兴平县志》引《通鉴》载,唐景龙二年(708年),中宗送金城公主入藏,饯别于马嵬驿。又载,唐天宝十四载(755年),帝出奔蜀,夜将半,乃至金城县,县民皆走,驿中无灯,人相枕藉而寝，贵贱无以复辩。其驿亦即马嵬驿。

关于驿送荔枝一事，据宋代《太平御览》载："妃子生于蜀，好荔子（枝），南海所生胜蜀，每岁飞驰以进，则涪不进久矣。"此事，在其他古籍中亦有记载：杨贵妃好荔枝，南海岁供荔枝，飞驰以进。南海即今广东省广州、番禺一带。南海至长安，则有4000里之遥。为这"飞驰以进"，不知要累坏多少驿夫、驿马！

客观地说，利用驿传送荔枝，并非唐玄宗的发明。早在东汉和帝时就有。《后汉书·和帝纪》载："旧南海献龙眼、荔枝，十里一置（驿站），五里一候，奔腾阻险，死者继路。"为送荔枝，闹出人命，临武长官唐羌上书陈状，帝下诏"勿复受献"，此事方作罢。到了唐代，驿送荔枝之事死灰复燃，理所当然地遭社会口诛笔伐。杜甫有《子午谷》："忆昔南海使，奔腾献荔枝。百马死山谷，到今耆旧悲。"苏轼有《荔枝叹》："十里一置飞尘灰，五里一堠兵火催。颠坑仆谷相枕藉，知是荔枝龙眼来……宫中美人一破颜，惊尘溅血流千载。"先有"死者继路"，后有"惊尘溅血"，这哪里是为饱皇家极少数人的"口福"，分明是在喝驿夫们的血呢！

或许是天怒人怨，或许是乐极生悲，安史之乱将"好荔枝"的贵妃逼上绝境，地点是在当时的兴平县马嵬坡前马嵬驿。据《元和郡县志》，"马嵬故城在县西北二十三里"。

史载，唐玄宗统治后期，任用安禄山担任平卢、范阳、河东三镇节度使，又放任其拥兵自重，使其有了叛唐的实力与野心。而宰相杨国忠与安禄山互相倾轧，水火不容，成为安史之乱的导火索。天宝十四载冬，安禄山、史思明以诛杀杨国忠为名，在范阳起兵叛乱，击败唐军，攻下洛阳。次年，安禄山称帝，并于六月攻破潼关，进入长安。此举迫使唐玄宗携杨贵妃、杨国忠、太子李亨以及诸皇亲国戚、心腹宦官，仓皇离开长安，逃往四川。路经马嵬驿时，六军徘徊，持戟不前，要求诛杀杨国忠。护驾军士砍杀了杨国忠后，随行郎吏又恳请唐玄宗以杨国忠妹妹杨贵妃搪抵天下怨愤。玄宗无奈，只好反袂掩面，让人缢死杨贵妃（一说让杨自缢），史称"马嵬之变"。

安史之乱，是唐朝由盛转衰的标志性事件，千余年来常被提起。唐代温庭筠《马嵬驿》颇具代表性："穆满曾为物外游，六龙经此暂淹留。返魂无验青烟灭，埋血空成碧草愁。香辇却归长乐殿，晓钟还下景阳楼。甘泉不得重相见，谁道文成是故侯。"穆满，周穆王名满，在位时曾西征犬戎。这里以周穆王喻唐玄宗，以"物外游"称其奔蜀避乱。六龙，周穆王的骏马，此处喻指唐玄宗车驾。长乐殿，即汉代长乐宫，这里借指唐玄宗的住处。景阳楼，即南朝陈景阳殿，为陈后主和张妃的宴乐之所。这里借称唐玄宗和杨贵妃曾经住过的唐宫。甘泉，汉代甘泉宫。文成，据

《史记·孝武本纪》载，汉武帝的宠姬王夫人卒，齐人少翁以方术在夜间招引王夫人，使武帝在帷幔中望见，于是封少翁为文成将军。过了一年多，少翁的方术失灵，神不至，于是被诛。全诗大意是，皇上曾到世外巡游，其六马车驾也曾在此停留。贵妃已死，纵有返魂术也难使其还魂，鲜血化草似在诉说怨愁。妃化青烟只有香车回归，人去楼空唯有晨钟依旧。甘泉宫内亡魂难觅，即使文成再世也无济于事。

相对于温庭筠的引经据典，同时代诗人高骈、于濆同题诗就通俗得多。高骈："玉颜虽掩马嵬尘，冤气和烟锁渭津。蝉鬓不随銮驾去，至今空感往来人。"于濆："常经马嵬驿，见说坡前客。一从屠贵妃，生女愁倾国。是日芙蓉花，不如秋草色。当时嫁匹夫，不妨得头白。"

白居易的《长恨歌》写道："回眸一笑百媚生，六宫粉黛无颜色""后宫佳丽三千人，三千宠爱在一身""渔阳鼙鼓动地来，惊破霓裳羽衣舞""上穷碧落下黄泉，两处茫茫皆不见""在天愿作比翼鸟，在地愿为连理枝"，精练的语言，优美的形象，叙事与抒情相结合的手法，再现了安史之乱中唐、杨的爱情悲剧，千百年来，人们吟诵不绝。

然而，清代袁枚《马嵬驿》，却对《长恨歌》中对唐、杨生死之恋寄予的无限同情，大不以为然。他认为，人世间也有条条

"银河",阻隔了无数像牛郎、织女那样的愁男怨女,酿成了许多悲剧,为什么偏偏要对帝王宠妃大唱赞歌呢?黎民百姓的泪水不比唐明皇流得多吗?袁枚诗如下:"莫唱当年《长恨歌》,人间亦自有银河。石壕村里夫妻别,泪比长生殿上多。"诗以议论取胜,却句句含情,可谓意蕴深邃,独树一帜。

2015年11月12日,国家邮政局发行《诗词歌赋》特种邮票一套4枚,其中第3枚《居易醉歌》表现的是白居易《长恨歌》中的场景。

陈桥驿：赵匡胤黄袍加身处

"五代干戈苦战争，天心拨乱主潜生。营光久应焚香祝，检点曾传得谶惊。仓卒黄袍酬素志，绸缪金匮负遗盟。最怜永弃幽燕地，当日师名是北征。"诗人王恪《寄题陈桥驿》，讲的是公元960年由赵匡胤策划的陈桥驿兵变、黄袍加身一事。诗的大意是，历史上后梁、后唐、后晋、后汉、后周等五代，连年为战争所苦。在天意需要除去战乱之际，赵匡胤应运而生。《宋史·太祖本纪》载，赵匡胤于后唐天成二年（927年）出生时，"赤光绕室，异香经宿不散，其体有金色，三日不变"。在任后周殿前都点检时，军中知星者曾见"日下复有一日"之奇观，对其是一种心理暗示。陈桥驿突然间黄袍加身，平素志愿得偿。然其叛周自立，违背了先前的盟誓。最为不堪的是，兵变前赵匡胤打着北征的旗号以御契丹，而兵变做了皇帝后又与契丹结盟，以白沟为界，将幽燕之地全部割给契丹。短短八句，将赵匡胤的功过是非都点到了。

陈桥驿，位于今河南省开封市东北四十五里的陈桥镇，唐代设置，五代、北宋时为汴京（开封）至河北大名的第一个驿站。规模不算大，却因一次兵变开启了中国历史上一个新的王朝——大宋王朝，从此名扬天下。

据《资治通鉴》卷二九四《后周纪》载："显德六年六月癸未，立皇子宗训为柴王……以太祖皇帝（此指赵匡胤）兼殿前都点检。"显德六年即公元959年，周世宗柴荣驾崩。时年7岁的皇子柴宗训即位，归德军节度使、检校太尉赵匡胤兼任殿前司都点检。据考，后周的禁卫军组成，分殿前司和侍卫司两部分：殿前司的最高统帅称殿前都点检，侍卫司的最高统帅是侍卫亲军都指挥使。"两司"之上，不设总帅。这样，殿前都点检赵匡胤军权在握，可谓一人之下万人之上。

另据《太祖本纪》载，后周显德七年（960年）正月初一，是刚刚即位半年的周恭帝柴宗训迎来的第一个春节。文武百官都来朝贺。不料，镇（今河北正定）、定（今河北定县）二州忽然传来消息，说是契丹（辽）勾结北汉的军队挥师南下，大举入侵。当时后周主政的是符太后，她年轻，涉世未深，毫无政治经验。听到入侵消息，不知所措，急忙找宰相范质问计。范质与次相王溥等不辨虚实，立即派赵匡胤率军北上御敌。

第一章 立国之基 置邮传命

正月初三早晨，赵匡胤率大军出发。傍晚时分，到达陈桥驿，驻扎下来。据李焘《续资治通鉴长编》卷一载，当夜五鼓时，"将士相与聚谋曰：'主上幼弱，未能亲政。今我辈出死力，为国家破贼，谁则知之，不如先立点校（指赵匡胤）为天子，然后北征，未晚也。'"有人出来制止，众将士不听。黎明时，将士们逼近赵匡胤休息的地方。赵匡胤的弟弟赵匡义进去禀告，赵匡胤起身出迎。只见将士们手执兵器，排列在庭院，说："诸军无主，愿策太尉为天子。"未等赵匡胤答应，就有人将一件黄袍披到了他的身上。大家一起围着他跪下，并高呼"万岁"，随即扶其上马。赵匡胤手执缰绳问诸将："我有号令，尔能从乎？"众将皆下马答道："服从您的一切命令。"于是，赵匡胤约法三章："太后、皇上，我都曾向他们称臣，汝辈不得惊犯；大臣们都曾与我并列朝廷，不可凌辱；朝廷府库、官员百姓家庭，不得侵掠。听我命令者重赏，违者就灭他的族。"诸将再拜遵命，然后整队折返京城开封。

一路无事。进城时得到密报，后周侍卫亲军副都指挥司韩通，要召集人马抵抗，赵匡胤的部将王彦升当即带人跃马追杀。韩通逃回私第，韩通及妻子、儿子均被杀死。

赵匡胤带军入城不久，手下将士便将宰相范质和次相王溥押了前来。见到两位，赵匡胤一把鼻涕一把泪地诉说："我蒙受世宗厚恩，今为六军所逼，惭负天地，将若之何？"未等范质、王溥说话，一旁的军校按剑上前厉声喝道："我辈无主，今日必得天子！"虽然当即遭赵匡胤呵斥，却并不退下。见此，范质、王溥迫不得已，只好向赵匡胤下拜，并口呼"万岁"。随后，赵匡胤的手下召集文武百官于崇元殿，举行禅代礼。由陶谷宣读禅位诏书，符太后与恭帝一起交出玉玺，尊赵匡胤为帝。赵匡胤下拜接受周恭帝的禅位，正式登基，即帝位，群臣拜贺。随即，赵匡胤封周恭帝为郑王，尊符太后为周太后，迁居西京洛阳。

公元960年正月初五，赵匡胤改元"建隆"，大赦天下，定国号为"宋"，以东京开封为国都。这一年既是后周显德七年，又是宋建隆元年。赵匡胤用不到五天的时间，就兵不血刃地以宋取代了后周，中国历史从此进入了一个新的朝代。

史书对陈桥兵变、黄袍加身，不乏赞叹之声。司马光《资治通鉴》、李焘《续资治通鉴长编》等，对此更是津津乐道。然历史都是胜利者写的，千余年来，对此事质疑者屡见不鲜，这件事也成为"千秋疑案"。概括说来，疑点主要有四：

其一，清代查慎行《汴梁杂诗》："千秋疑案陈桥驿，一着黄袍遂罢兵。"不是说契丹（辽）勾结北汉南侵吗？怎么一朝黄袍加身，敌情转瞬即逝了？

其二，明代岳正《读史》："黄袍不是寻常物，谁信军中偶得之？"黄袍为皇帝专享，私藏黄袍乃灭门大罪，哪个敢在军中私做并藏一件黄袍在身边？

其三，《宋史》载，得知赵匡胤黄袍加身，其母杜氏说：我儿素有大志，今果然也。于是，问题来了：黄袍加身之前，赵匡胤没有称帝之心？

其四，宋代祝穆《沁园春·寿宋通判》："幕府归来，未应袖手，行有诏书来九天。"因事出仓促，举行禅位大典时，万不可少的禅位诏书尚未准备。关键时刻，众目睽睽之下，翰林学士陶谷却从怀中掏出一份拟好的禅位诏书从容递上，使赵匡胤摆脱尴尬。陶谷非神仙，怎么可能事先代拟诏书？

就此，当代历史学家邓广铭先生一针见血地指出：陈桥兵变、黄袍加身，是"赵匡胤自编自导"的"一幕富有戏剧性的"事件。不知读者诸君以为如何？

宋代最完整的一部邮驿法规
——《金玉新书》

公元960年，后周禁军统帅赵匡胤，在河南开封东北的陈桥驿发动兵变，黄袍加身，夺取后周政权，自立为皇帝，建都开封，国号宋，年号建隆，史称北宋。

宋代立国初期，赵匡胤针对五代时期存在的问题，在政治、经济、军事等方面进行一系列改革，邮驿自然也不例外。主要内容有：建立一套较为健全的递铺组织，创建"急递铺"；实行以兵卒为主体的专业通信制度、紧急文书传递制度、严格的交接制度；实行邮驿经费制度改革，制定官员私书附递规定等。这些，都对后世产生了影响。

北宋邮驿创建于建隆二年（961年），太宗时逐步完善，仁宗时有所发展。至北宋末年，政治腐败，邮驿松弛，徽宗政和二年（1112年）曾针对驿弊进行整饬，但收效不大。靖康元年（1125年）十一月，金兵攻陷开封，北宋王朝灭亡。次年五月，赵构在杭州继位，史称南宋。南宋初年，战火连绵。金兵所到之处，驿舍被封，铺兵逃散，邮驿中断，诏令难传，迫使宋高宗君臣采取措施，重整邮驿。

宋代中央主管邮驿的机关有二：一为兵部，一为枢密院。之所以用两个机关主管，主要是为相互制约，避免专权。赵匡胤时，地方行政系统分为州县两级。宋太宗时将全国分为十五路，基本建制为路、府、县三级。因此，邮驿组织也实行三级管理。

宋代邮驿与以往最大的区别在于，实行邮与驿、通信与馆舍（驿馆）相分离的设置，即在传统的送往迎来、接待官员的"馆驿"之外，另行设立专司公文传递的递铺组织。馆驿为了接待官员，博他们欢心，往往追求整洁的环境、宽敞的屋宇、华丽的设备，并渐成风气。一些驿馆挥霍奢侈，争强斗胜，竞相媲美。据嘉祐六年（1061年）苏轼赴凤翔所写的《凤鸣驿记》载："视客之所居与其凡所资用，如官府，如庙观，如数世富人之宅，四方之至者如归其家，皆乐而忘去，将去既驾，虽马亦顾其皁（槽）而嘶。"绍兴十七年（1147年），毛开在《和风驿记》中写道：和风驿"为屋四十三楹（柱子），广袤五十七步，堂宇庐分，翼以两庑（堂下四周的廊屋），重垣（矮墙）四周"，其屋宇宽敞，厅堂走廊齐备，庭院深深，并且"门有守吏，里有候人，宾至如归，举无乏事"。这哪里是什么驿馆，以今天的眼光看，分明就是星级宾馆。

递铺组织分为步递、马递、急脚递和金字牌急脚递。据北宋沈括《梦溪笔谈》载："驿传旧有三等,曰步递、马递、急脚递。"步递即步行传递普通公文,马递即骑马传送紧急文报及敕书,急脚递即一种骑马快递,要求日行四百里。到宋神宗时,又有金字牌急脚递。沈括写道："熙宁(宋神宗年号)中又有金字牌急脚递,如古之羽檄也。"金字牌,木制,牌长尺余,"朱漆刻以金书",内容为"御前文字,不得入铺"。金字牌急脚递"光明炫目,过如飞电,望之者无不避路,日行五百里"。"不以昼夜鸣铃走递,前铺闻铃,预备人出铺就道交受"。

宋代,中央政府发递公文主要是两大渠道:一为经门下省的通进司和进奏院发递,一为由御前经内侍省直接下发。而作为宋代的一项特殊规定,太宗雍熙二年(985年)十月发诏,准予官员私书附递:官员在近系亲属之间,可以随官方文书一起传带家信。后来因弊端多多,一度废止。而到仁宗景祐三年(1036年)五月恢复:"诏中外臣僚许以家书附递。明告中外,下进奏院依应施行。"(宋王栐《燕翼诒谋录》)为不影响官方紧急文书传递,当时还规定,官员私书只准交步递传送,禁止擅发急递。

宋代邮驿在法制建设方面最大的贡献,是诞生了一部邮驿法规——《金玉新书》。

前朝以来，各地邮驿制度逐渐乱象丛生：或任意加重驿夫负担，命令他们带着包裹，负重奔驰；或滥发驿券，致驿道任务超度繁杂，驿站不堪负荷等。针对此种情况，宋仁宗嘉祐四年，根据枢密使韩琦建议，政府责令三司使张方平制定了《驿券则例》七十四条（又称《嘉祐驿令》），颁行天下。据此，又在刑法中增加若干细则，如："诸不应入驿而入者，笞四十"，贪赃枉法者，"皆杖一百"，等等。（《宋刑统》）经过多年整顿，驿路大为安宁。至南宋时，随着邮驿的日益发达，涉及社会生活面日趋广泛，已经形成了相当完整的专门的通信法规，这就是《金玉新书》。所谓"金玉"，取古语"金科玉律"之意。

关于《金玉新书》的编纂者，已无法考证。但对其成书年代，经专家论证，大体是在宋高宗绍兴十九年（1149年）或稍后。那时，与北方金的激烈战事刚刚结束，千头万绪，诸事待理。而原先北宋时所用法规大都散佚，邮驿制度也较混乱。为此，宋高宗命令一些朝臣汇集了散在民间的有关邮驿旧法，编纂成这部《金玉新书》。明代编修的《永乐大典》第一四五七五卷中收录了它的原文。

《永乐大典》收录的《金玉新书》共有115条，其中涉及邮驿刑律的51条，有关赏格的10条，关于邮驿递铺组织管理的内容54条。该法规所涉内容广泛，严格地维护了官方文书的不可侵犯性。比如它规定：盗窃、私拆、毁坏官书者，属犯罪行为，要处以刑罚；若盗窃或泄露的是国家重大机密信件，则处以绞刑；盗窃或泄露涉及边防军事情报内容的信件者斩，教唆或指使犯法者也同样处以斩刑；盗窃一般文书，也属于触犯刑律的行为，处以徒刑，发配五百里。值得注意的是，《金玉新书》规定，刑罚不仅仅处罚那些传递文书的当事驿夫，同时也要处置他的上级官吏，包括有关急递铺的曹官和节级，失职者一样处以杖刑。

《金玉新书》是宋代递铺法规的汇集，也是现存最早、最完整的一部邮驿法规。

"私书附递"合法化

置邮传命之"命",即君命、诏令、诏旨、制书、训词、上谕等。广义上说,还包括臣下向皇帝言事之文书,如奏、启、章、表、疏、议等。清代郑观应指出:"夫朝廷之诏旨,臣工之章奏,文武之照会咨禀,寮寀(官吏)之案件关移,凡有涉于政事者,无不形成公牍。"如此,"命"亦可解读为公牍。自古以来,以"传宣政令,飞报军情"为使命的驿站,传递的只是公牍。而对于民间百姓甚或各级官员的信件,即"私书",是不可以借驿站传递的。

驿站不传"私书",并不表明百姓及官员没有这方面的需求。像如今发现的史上最早的木牍家书——黑夫和惊的信,信息量很大。而在"烽火连三月"的年代,类似军卒何止成千上万!他们及家人都没有使用驿递的权利,信件、物品只能请人顺路捎转,捎到与否,听天由命。而那些大大小小的官员们,却可以利用职务之便,偷偷摸摸地用驿站附递私书。

许以私书附递，有明令的始于宋代。在此之前，尤其在唐代，官员们通过邮驿机构投寄私书，渐趋频繁，司空见惯，只是不敢大张旗鼓而已。到了宋代，雍熙二年（985年）十月，宋太宗为笼络士大夫官员，特别下诏，许官员私书附递，即官员在近系家属之间，可以随官方文书一起传带家信。后因矛盾太多，一度废止。五十年后下诏恢复。

私书附递诏命的推行，直接促进了宋代及以后书信文化的发展，书信往来数量猛增。据统计，《全宋文》《全宋文补编》中，收有书信约两万封，占了《全宋文》所收文章的九分之一。一些宋人别集内书信数量也多得惊人，比如朱熹就留有书信多达二千四百余封。苏轼、欧阳修、范仲淹、黄庭坚等文学大家都有专门的书信集。像《苏东坡集》中许多家书体的文章，写得隽永可亲，其中常常有"轼启，近递中奉书必达""别后递中得二书，皆未果答，专人来又辱专笺"的附言，这"递中"便指的是递铺传送书信。像秦观《与李乐天简》："及还淮南，又得所寄书"；朱熹《与陈同甫书》："使至，忽辱手书"；等等，说的也全是通过递铺递书。而据《欧阳文忠公集》记载，北宋皇祐四年（1052年），欧阳修从南京官邸出发，护送母柩回颍州守丧。五个月后，他在写给时任颍州太守苏颂的《与苏子容书》中写道："昨急足还府，尝奉号疏必达……""急足"即急递铺，当年的快递呀！

私书附递的另一成果,即促进了宋代诗词特别是宋词的发展。文人与文人之间、与友人之间的诗咏唱和之作,大都伴着书信通过递铺传送。像苏轼"奔走烦邮吏,安闲愧老僧"(《太白山下早行至横渠镇书崇寿院壁》),秦观"驿寄梅花,鱼传尺素"(《踏莎行·彬州旅舍》),罗与之"若无鸿雁飞,生离即死别"(《寄衣曲三首·其一》),范成大"空江日暮无来客,肠断三湘一纸书"(《采莲三首·其三》),文天祥"故人书问至,为言北风急"(《山中感兴三首·其二》),等等。特别是陆游,既有"草罢捷书重上马,却从銮驾下辽东"(《秋声》)的豪迈,更有收到远道寄来家书的喜极而泣:"铃声从西来,忽得濠州书。开缄读未半,喜极涕泗俱……"(《得子虡濠上书》)值得一提的是,宋代继承唐代传统,文人之间亦有诗筒传书。所谓"诗筒",即用竹木制或用布缝制、用纸糊制的"信封",寄信寄诗,别有情趣。如强至"诗筒自附西来驿,那要烟波双鲤鱼"(《依韵和达守徐郎中见寄》),欧阳修"预约诗筒屡来往,两州鸡犬接封疆"(《奉答子履学士见赠之作》),等等。

　　开始时,官员私书附递,规定只许用步递传送,严禁擅发急递。虽三令五申,却屡禁不止。官员不仅通过急递传送私书,还传送物品;不仅"附递",还有"专递";不仅"专递",甚或通过急递铺使普通信件变为"快递"。最为典型的如欧阳修,他的往来书信，多是由"急脚递"传送的。根据就是其信札中"急足""急脚子"，比比皆是。如欧阳修与梅圣俞书："某顿首，前遣公干，驰信迎候……及急足至，又沐荣问承……"如寄韩稚珪书："某启，近急足还，尝略拜问。"如北宋治平四年（1067年），欧阳修《与大寺丞发》（大寺丞即其长子欧阳发）："初三日，遣急脚子发到亳后第一书。"神宗熙宁四年（1071年）欧阳修在蔡州任上，专遣"急足"来颍州给欧阳发送酒："初六日……令急足随去附书并酒，计昨日已到也。"不久，再寄大寺丞："今日蔡州大风，微雨斗寒。""忧汝骤寒，都无绵衣……今立走急足送绵衣去……"

私书入急递，自然会影响官方文书的正常传递，致使急递铺铺兵狼狈不堪。对此，连皇上都心知肚明。崇宁四年（1105年）宋徽宗指出："近来官司申请许发急递司局甚多，甚有将私家书简并不依条入步递遣发，却旋寻闲慢关移或以催促应入急递文书为名，夹带书简附急递脚遣发，致往来转送递角繁多，铺兵疲乏不得休息。"有鉴于此，尚书省订立条令："诸文书虽应入急递，而用以为名，辄附非急文书者，徒一年。附私书之类者，加一等。"（《宋会要辑稿·方域》一〇之二八）然积重难返，风头过后依然。如宣和三年（1111年）三月，有臣僚上言云，诸路"急脚递所传文书，名色冗并，角数浩瀚"，因"实封文字不能窥测"，而"铺兵唯知承送，难为区别……究其本源，往往多是因公及私，欲其速达……即入急递前去"。(《宋会要辑稿·方域》一〇之三五)直至朱熹所处的孝宗时期，此类弊端仍然所在多有。故朝廷下令"诸路将帅州军及进奏院，每月各保明，即无附带闲缓文字及家书之类，以凭稽考举按"。(《宋会要辑稿·方域》一一之二一)看来，还是"令行"容易"禁止"难。

如今看来，宋代准予私书附递，范围虽仅限于官员，却是公牍与私札一起传递的一次突破性"试验"。如果当时"口子"再开大一点，允许百姓私书进入，或许中国邮政的诞生能提前800多年，比欧洲邮政（一般认为诞生于12世纪）还早。当然，历史没有"如果"。

鸿雁传书：不仅仅是传说

鸿雁传书，又名雁足系帛，是一个美丽的传说，是邮文化史上最具代表性的典故之一，可说是家喻户晓。

鸿雁传书故事源于《汉书·苏武传》。汉武帝晚年，汉与匈奴间在经历了多年战争后，正在酝酿重归于好。武帝天汉元年（前100年），匈奴且鞮侯（jūdīhóu）单于送还以往扣留的汉朝使者。同年，苏武奉汉武帝之命率副使张胜、随员常惠等百余人出使匈奴。完成使命准备返回时，匈奴发生内乱，事涉副使张胜，单于下令扣留了苏武一行人。匈奴单于软硬兼施，逼苏武投降未

2014年5月10日，国家邮政局发行《鸿雁传书》特种邮票1枚，面值1.20元。

果，遂将其流放北海（今俄罗斯贝加尔湖一带）放羊，这一去就是十九载。至汉昭帝初年，汉匈和亲，遣使要求接回苏武，单于却诈言苏武已死。常惠设法见到汉使，给他支一招儿。转天，汉使对单于说："（汉）天子射上林中，得雁。足有系帛书，言武等在某泽中。"单于视左右而大惊，只好放苏武等九人归汉。

毋庸讳言，鸿雁传书是虚拟的故事。但鸿雁是候鸟，能"随时南北，不失其节""飞成行，止有列"，加之故事主角苏武持汉节牧羊北海，出生入死，坚贞不屈，归国后又面对家破人亡之困，其遭遇令人同情，其气节尤其令人钦佩。人们视鸿雁为信使，信鸿雁传书以为真，并因此借雁咏怀，寄托思念，有所谓"古今多少天涯恨，付与秋鸿寄所思"之慨。其原因无他，情理使然。特别令人惊讶的是，古时几乎没有什么大众传媒，文化又不普及，这样一个美丽的传说，能够广为传播，且一传就是两千多年！这本身就足够美丽。

因了这传书故事，鸿雁、鸿音、鸿飞、雁足、雁翼、雁札、雁书、雁封、雁帛、雁鸿、雁字、传雁、春雁、归雁、过雁、南雁、塞雁、飞鸿、归鸿、征鸿、过鸿、片鸿、断鸿、哀鸿、归鸿书、传书雁、鸿雁书、雁传书，以及空中书、上林书、上林雁、上林消息、上苑传书、子卿归信等，成了书信（或信使）的代名词。又因为古老的双鲤传书故事，人们遂将"鱼"与"雁"联系起来,有了鱼雁,有了鱼雁传书、鱼雁往来、鸿断鱼沉等成语。此外,还有雁使、书鸿、信鸿、雁去鱼来等,不一而足。

唐代郭绍兰《寄夫》诗:"我婿去重湖,临窗题血书。殷勤凭燕翼,寄与薄情夫。"使燕子与鸿雁结缘,有燕鸿、秋鸿春燕、燕去鸿归、过鸿来燕等,言近旨远,传神传情。

还有一些锦言佳句、成语典故。如,鸿飞冥冥,喻志存高远或远避祸患之意;雪泥鸿爪,喻人生漂泊无定,随行而止;鸿断鱼沉,代指邮路不通;另有书托过鸿、北海雁书、鸿羽芳信、鸿来雁度、寄书鸿雁、微词寄归雁、题诗倩归鸿、云间一纸书等,清词丽句,句句精彩。

传之愈久,爱之愈深;爱之愈深,传之愈久。一个美妙的故事就在这样一种循环中发酵,鸿雁升华为书信、信使乃至邮驿、邮政的代名词。特别是在"家书抵万金"的时代,鸿雁更显珍贵,不可或缺,几乎到了言鸿雁则必指信函,言信函则必称鸿雁的地步。"寄声欲问塞南事,只有年年鸿雁飞"(宋王安石),"征鸿过尽,万千心事难寄"(宋李清照)——信使殷勤,书信难觅。"寄信无秋雁"(宋欧阳修)、"奈归鸿谁寄"(宋柳永)、"雁不到,书成谁与"(宋张元幹)——书信欲寄,信使难寻。"犹在纸,雁信绝,清宵梦又稀"(宋周邦彦)——无信的痛苦。"关山魂梦长,鱼雁音尘少"(宋晏几道)——信少的抱怨。"鸿雁在云鱼在水，惆怅此情难寄"（宋晏殊）——托书不成的苦闷。"凭君莫射南来雁，恐有家书寄远人"（唐杜牧）——保护信使的呐喊。古时候山川阻隔，信息闭塞，举凡军队调动，官员出使，战士戍边，商贾远行，文人交往，书生赴考，红叶传情等，一切都离不开鸿雁。人们对它的所有褒贬爱怨、赞美咏叹，都是出于对它的信任与依赖。鸿雁，千百年来人们最为忠实可靠的朋友！

最能说明鸿雁传书故事影响之大、之广、之远的，莫过于它由传说变为现实。据《琅邪代醉编·雁足系书》载："元国信使郝经使宋，被留真州，南北隔绝十五年。时居忠勇军营新馆，有以生雁馈者。经因作诗以帛书云：'零落风高怆所如，归期回首是春初。上林天子援弓缴，穷海累臣有帛书。'并署年月姓名，通五十九字，系雁足纵之。寻为北人所得，以献其主。"

郝经，元代泽州陵川（今属山西）人，字伯常。金亡后徙河北，从忽必烈攻宋鄂州。中统元年（1260年）以翰林侍读学士使宋。告世祖即位，并商和议，被贾似道扣留真州（今江苏仪征）十余载。至元十二年（1275年）归元，不久病卒。据明代宋濂《跋郝伯常帛书后》载，郝经帛书五十九字，博二寸，高五寸，背有陵川郝氏印一方。"以音问久不通，乃于（至元十一年）九月甲戌用蜡丸帛书亲系雁足，祝之北飞……（十二年）三月虞人始获雁于汴梁金明池。"这里，宋濂指出了两个重要的事实：一是雁足帛书是个客观的存在，连尺寸、字数、印章都不带差的；二是雁及帛书在汴梁（今河南开封）被发现。郝经一句"上林天子援弓缴"，则明白无误地道出"雁足系帛"系对"鸿雁传书"故事的直接传承。如是，鸿雁传书，再也不仅仅是个传说。

一个虚拟的北雁南飞，一个真实的南雁北往，成就了一则信使递书的人间佳话。

"若无鸿雁飞，生离即死别"（宋罗与之）曾经是我国相当长的一个历史时期的社会现实。这一点，早已成为历史。但是，驿寄梅花，鱼传尺素，鸿雁传书，彩笺芳翰，见字如面，纸短情长，尽管正在成为历史，但其美好、美丽、美妙等，将长期甚至永远存在人们的记忆中。

鸿雁，作为一种元素或符号，多少年来已经融入邮文化的方方面面。新中国成立以来，人们将邮递员誉为"鸿雁"；一代又一代的鸿雁，一个又一个的传书故事，通过现代传媒，广而告之，誉满天下。鸿雁，俨然成为当代中国邮政的一个品牌，一位形象大使，深深扎根于社会大众之中。

元代"站赤"通天下

元代邮驿,称"站马赤",简化成"站赤"。据考证,站赤原是指管驿的官员,后来逐渐用来通称邮驿和驿传。

元朝是我国历史上疆域最大的帝国。元代的驿站,大体沿袭唐宋以来旧制。蒙古在成吉思汗占据燕京(今北京)之前,由于传递军情及运输军需之需要,即已仿效宋代驿制将站赤建于金朝通往大漠的旧驿道上。其后东征西讨,驿站系统也随之延伸,直至西域。元太祖十五年(1220年),隐居的全真道掌门人长春真人丘处机至西域拜谒成吉思汗,沿途即享受驿骑服务,回中原也有铺马站站相送。据随丘处机西行的弟子李志常记述:丘处机每到一市镇,都有官员迎接,"给以驿骑",管吃管住;在雪山大漠,有"邮人"介绍沿途人文、地理情况;离开贝加尔湖,"从以二车、蒙古驿骑二十余,傍大山西行"(《长春真人西游记》)。

至元二年(1265年)忽必烈定都燕京后,遂建立以燕京为中心的驿传网络,《元史·地理志》称,"薄海内外,人迹所及,皆置驿传，使驿往来，如行国中"，"适千里者如在户庭，之万里者如出邻家"。据统计，元代全国设驿站1519处，共有驿马约45000匹。在东北的哈尔滨地区则有狗站15处，驿狗3000只。南方有水驿420多处，驿船5920多艘。这些即构成了元代全国的驿路交通网。

忽必烈入主中原后，更新驿政。中央分由通政司及兵部管辖。前者统辖蒙古站户，后者统辖汉地站赤。全国驿站按功用分为三大类：一为军站，快马每一日夜可行700里至840里；二为一般驿站，与唐宋旧制相同；三为专供外国贡使来往者，京师设会同馆，归礼部掌管。

元大都驿为全国驿站中枢，以大都（今北京）为中心构成四通八达的驿道网：

（一）上都驿道：大都至上都有四条驿道，主驿道从大都正北偏西伸向新店（今北京昌平区西）、居庸关、龙庆州缙山（今北京延庆区）、榆林（今河北怀来榆林堡）、洪赞（今怀来县西洪）、雕窝（今河北赤城县雕鹗）、赤城、独石口（今河北赤城县）、明安（今河北沽源县）、李陵台（今内蒙古老黑城）、桓州（今内蒙古四郎城）、望都铺到达上都，全长1200里。

（二）东往辽阳驿道：自京城东经通州、夏店（今河北大厂县）、蓟州，或北经遵化、喜峰口、大宁路（今内蒙古宁城县），接辽阳驿道，或经玉田、七个岭、营州（今辽宁朝阳市）往东北。

（三）南干道：自京城西南经固节（今北京房山区）、范阳（今河北涿州市）可分三路：（1）经新城（今河北高碑店市）、归信（今河北雄县），接河间路、济南路入浙江行省；（2）经宣化（今河北定兴县东南）、白沟（今河北保定市徐水区）、金台（今河北保定市）、永定（今河北定州市）、伏城（今河北正定县北），折西经镇宁（今河北石家庄市鹿泉区）、故关（今河北井陉旧关）入山西驿道，至阳曲（今山西太原市），折西南，经汾州（今山西汾阳）入陕西行省；（3）经伏城往恒山（今河北正定县南）、关城（今河北石家庄市栾城区）、镐（hào）城（今河北柏乡县北）、槐水（今河北柏乡县）、中丘（今河北内丘县）、临洺（今河北邯郸市永年区）、滏阳（今河北磁县）至彰德路（今河南安阳市），南行可往江南行省、湖广行省及江西行省。

元代以兵部管理驿站，制定《给驿条例》。至元七年十一月设立诸站都统领使司。至元十三年改领使司为通政院，掌理蒙古及汉地站赤。至大四年（1311年）三月仁宗罢通政院，改由兵部领导；但七月复立通政院，仅管蒙古站赤，汉站则仍归兵部；延祐七年（1320年）四月英宗诏通政院恢复旧制，掌全国站赤，然兵部不肯分出所掌权力，致使站赤一时院管，一时部管，部院争权，影响邮驿运转。

元代政府通信有两条传送渠道：一叫"遣使驰驿"，派专使传送，一般为马驿，送的是有关国之大事的文书；另一种叫"铺兵传送"，为步驿，传送日常一般文书。驰驿的牌符，一般为金、银字圆牌，另有一种叫"铺马圣旨"。金、银字圆牌是紧急驰驿的证件，其上刻有"天赐成吉思汗皇帝圣旨疾"字样，由中书省发给驿使作为凭证使用，事毕缴回。铺马圣旨又称"铺马札子"或"给驿玺书"，用于一般文书的传递，纸制品，其上盖皇帝大印，由中书省印发。

元代于路总管府设职专司检察驿站事务，称"脱脱禾孙"，其职责是按照驿站条例，"掌辨使臣奸伪"（《元史·百官志》）。设正、副各一员。正职从五品，副职从七品。副官有驿丞、副提领，其下各置司吏二或三名，以及库子、马夫、房夫（馆驿夫）、梢水（梢工、船夫）、递夫、庖丁、厮养等。副官以下皆征自站户。站户征派以其财产、丁口作准则。一经应招，即固定于驿道上，世代为驿站服务。站户，每十户编为一甲，甲首称牌头，每站所统站户，"多者三二千，少者六七百"（《元史·兵志》）。全国站户约在三十万以上。站户负担因地而异，除出马匹、车辆外，还自备一切什物公用。无力喂养马匹者则出钱津贴，称"贴户""贴马"。

元代站赤通天下。特别是13世纪中叶，元世祖忽必烈统治期间，邮驿比以前各代都要发达。对此，意大利旅行家马可·波罗曾有生动的描绘。他认为元朝的驿站制度，是"难以用语言来形容的""十分美妙奇异的制度"。他以十分钦羡的笔调写道："从汉八里城（大都）有通往各省四通八达的道路。每条路上……每隔四十或五十千米之间，都设有驿站，筑有旅馆，接待过往商旅住宿，这些就叫作驿站或邮传所。这些建筑物宏伟壮丽，有陈设华丽的房间，挂着绸缎的窗帘和门帘，供给达官贵人使用。即使王侯在这样的馆驿下榻，也不会有失体面。"马可·波罗还不无夸张地写道，驿卒们传递紧急文书，一日可以飞驰320公里，他们身上都带着一面画着鹰隼的牌子，作为急驰的标志，"他们束紧衣服，缠上头巾，挥鞭策马以最快速度前进"。

元代后期，朝政日非，宫廷内争不息，中央权威、运作效率远不如至元之初。驿站制度频遭破坏。成宗大德五年（1301年）应御史所谏，明确不应入递的文书一概不准入递，并公布入递新措施，但成效并不理想。再加上驿路上往来官员恃威挟势，颐指气使，稍不如意，对驿站人员即行吊打，致使原本已不堪重负的站户，纷纷破产逃亡，到元代末年，站赤制度已然无法维持了。

明代名驿说"高邮"

1995年8月17日,邮电部发行《古代驿站》特种邮票一套2枚,其中第1枚为《盂城驿》。

"航空信——高邮",这是20世纪中期的一句地名歇后语。它不只是文字游戏,还有着特定的内涵。如今,与时俱进,笔者以为,将其改为"航天信——高邮",更贴切。原因在于,时过境迁,航空信已难寻踪迹,但书信通过航天人带入太空,才是名副其实的"高邮"呢!更重要的是,从中国第一位航天员杨利伟开始,航天员们带着手写书信飞天的消息不时地披露报端。

江苏高邮市,是全国3500多个市、县地名中唯一带"邮"字的。

高邮的得名，据称跟秦始皇有关。矗立高邮的"秦邮亭"碑文载："秦王嬴政二十四年于兹地筑高台，建邮亭，故名高邮，亦称秦邮。"嬴政二十七年（前220年）高邮境内修筑驰道，为秦代南北向海道的一部分。西汉武帝元狩五年（前118年）设高邮县。隋代京杭大运河开通后，高邮成为南北水陆交通要邑。宋代高邮筑城，元代设高邮府，明代洪武年间高邮建州。与之相适应，元代设高邮驿，至正年间改名秦淮驿，又称秦邮驿。据明代隆庆《高邮州志》记载，明洪武八年（1375年），知州黄克明开设盂城驿，到嘉靖年间已具有相当大的规模。可以说，高邮因邮而生，因邮而城，因邮而兴，因邮而名扬天下。

高邮又名盂城，与北宋高邮籍杰出的文学家秦观有关。宋神宗熙宁八年（1075年），秦观为好友孙觉之弟赴任北海尉，有诗《送孙诚之尉北海》以为壮行："吾乡如覆盂，地据扬楚脊。环以万顷湖，粘天四无壁。"高邮的地势中间高而突出，四周低洼，像一只倒扣的水盂。于是，盂城之名，不胫而走。

盂城驿位于高邮南门馆驿巷内。据记载，兴旺时盂城驿占地面积16000平方米，有厅房200余间，置驿船18条，有马、水夫200多名，驿马65匹，集邮驿、公馆、交通、漕运于一身。盂城驿建筑规模宏大，门厅、正厅、后厅、库房、廊房、马房及鼓楼、照壁、牌楼等一应俱全。驿北有驿丞宅，临运河设有送往迎来的皇华厅（俗称接官厅），驿旁并有秦邮公馆，设床铺60张，等等。如今主要遗存有：驿站、驿舍、驿丞宅、马神庙、库房、监房、秦邮公馆、皇华厅石阶、馆驿巷、马饮塘、柳荫禅林、上马石等。盂城驿虽历经600多年风雨，但多数厅房旧貌依然，雕梁画栋，精致剔透，覆盆石础，稳当庄重，老街深巷，古风诱人。明隆庆年间主持重修盂城驿的高邮知州赵来亨《公馆记》中写道："高邮地当广陵、涟水交衢，两京通津。郡国之输将，华裔之朝贡，使命之巡行，咸取道焉。"

盂城驿内的驻节堂，是一座明代末年建筑，位于清中期重建的皇华厅的后面，是驿丞、高邮州官接待各方使节、迎接四路宾客的地方。驻节堂内的抱联为"过客相逢应止宿，征途到此便为家"，门外的抱联是"梅寄春风劳驿使，葭怀秋水托鸿邮"。这是当年驻节堂主人的心声，也是邮传责任的写照。在堂前回廊的墙上，有不少古代官员途经此馆留下的墨宝。

就是这样一座建筑宏伟、地位重要、见证历史的古代名驿，明代嘉靖三十六年（1557年），曾遭倭寇放火，几成废墟，仅存堂基。嘉靖四十二年重建，清嘉庆十四年（1809年）加以修缮和扩建，使盂城驿得以重光。

盂城驿是目前全国规模较大、保存较为完好的古代驿站。1996年11月20日，国务院将盂城驿列为全国重点文物保护单位。

在此前一年即 1995 年，盂城驿邮驿博物馆建成。博物馆虽说不是原驿城的全部，但前后左右也有十几个院落，应为当日驿城之精华，且从文物陈列、文字说明等方面看，并不拥挤。从置邮传命、烽火报警、木牍家书，到朱元璋治驿、海瑞改革邮传、邮传部接管邮政，从竹报平安、鸿雁传书、树叶信，到驿传时间表、水驿捷要歌，从仿制的甲骨、虎符、驿使画像砖，到历史文物马厩、上马石、石槽等，或文字或图表，将中国古代通信的发生、发展脉络清楚地展现出来，令人一目了然。论规模，它完全称得上一座中型博物馆。从专业角度看，无愧"东方邮都"的称号。2017 年 10 月 28 日，高邮人再进一步，设计面积 1500 平方米的中国集邮家博物馆建成开馆。

高邮人杰地灵，群星荟萃，国内鲜见。据考，宋元丰七年（1084 年）苏轼路过高邮，假东岳行宫之一角，与本地贤哲孙觉、秦观、王巩雅集，饮酒论文，即兴赋诗。广陵太守即称这里为"文游台"。文游台今已辟为旅游景点，有高两米多的秦观塑像，《秦邮帖》《苏轼画像》《苏轼生日祝寿图》等石刻，以及当代书画大师范曾绘制的苏轼、秦观、孙觉、王巩四贤聚会的大幅瓷壁画。至于历代书画名人题写的楹联匾额等，更令人目不暇接。此外，北宋王安石奉诏进京曾路过高邮，南宋文天祥做右丞相时曾避祸高邮，元代诗人萨都剌在赴任福建途中曾游览高邮，被一日十二道金字牌召回的抗金英雄岳飞也曾屯兵高邮……

诗作方面,争奇斗艳。萨都剌《秦邮驿》:"二月好风吹渡淮,满湖春水绿如苔。官船到岸人多识,楚馆题诗客又來。近水人家杨柳暗,禁烟时节杏花开。一官迢递三山远,海上星槎(xīng chá,舟船)几日回。"在高邮,他另有《遇光孝寺》和《高邮阻风》等诗作。元代另一位诗人揭傒斯《高邮城》:"高邮城,城何长?城上种麦,城下种桑。昔日铁不如,今为耕种场。但愿千万年,尽四海外为封疆。"明代杨士奇《高邮》:"四顾无山色,苍茫极远天。水云涵郡郭,粳稻被湖田。"清代王士禛《高邮雨泊》:"寒雨秦邮夜泊船,南湖新涨水连天。风流不见秦淮海,寂寞人间五百年。"秦淮海,即秦观。另外,清雍正《高邮州志》载有明代薛瑄、邵宝,清初金銮等诗人题盂城驿的诗作。

南宋祥兴元年(1278年)十二月,文天祥在五坡岭(今广东海丰北)兵败被俘。转年,被押北上路过高邮,感怀而作《高邮怀旧》《发高邮》《高沙道中》等诗,抒发其"自怜今死晚,何复望生还""不能裂肝脑,直气摩斗牛""自古皆有死,义不污腥膻"的豪情壮志,与其"人生自古谁无死,留取丹心照汗青"的诗句可谓异曲同工。民族气节,舍生取义,磅礴的气势,高亢的情调,不知感召了后世多少志士仁人!

清代乾隆皇帝六次南巡,高邮是必经之地。乾隆三十年(1765

年)第四次南巡时作《过高邮州》:"覆盂城北舣行舟,玉勒城中历览周……下河独断幸无涝。"乾隆四十九年(1784年)第六次南巡再作《过高邮州》:"古邑岩城称覆盂,覆盂之义可思乎……老幼喜看围跸路,香灯何必满通衢。四隅近水真泽国,百室求宁慎永图。"两首诗写作时间不同,但抒发的都是其治国安邦、天下太平的愿景。

千金一诺九驿通

"是时奢香一巾帼,跃马金陵谒天子。承恩归去立奇功,一诺西南九驿通。"清代诗人查慎行的《水西行》,赞的是我国古代邮驿史上的一位奇女子奢香。"一诺西南九驿通"指的是我国西南崇山峻岭中的"龙场九驿"。

龙场九驿,位于贵阳西北八十里之万山丛中,建于明洪武十九年(1386年),由贵州彝族土司奢香夫人组织开通,是明代邮驿史上的一个创举。

明代贵州宣慰司水西管辖地区,东自威清(今清镇),西至乌撒(今威宁),南抵安顺,北达赤水(今毕节),因其大部地区是在鸭池河以西,所以称为"水西"。据史籍记载,早在三国时,其地就在蜀汉政权所封罗殿国王的统治之下。唐代称罗殿王,宋代称罗氏鬼主,元代改属顺元路宣抚司。明代洪武初年,顺元路宣抚使霭翠与宋蒙古歹皆来归顺。明政府改顺元路宣抚使为贵州宣抚司,"俱令领原职世袭",并且霭翠赐姓安,宋蒙古歹赐

名钦，安氏领水西，宋氏领水东。洪武六年贵州宣抚司升为宣慰司，并规定"霭翠位各宣慰之上"。（《明史·贵州土司传》）

洪武十四年，水东宋钦死，妻刘淑贞代职，"时霭翠亦死，妻奢香代袭"。两位年轻的寡妇撑起了贵州的一片天。这年，朱元璋派傅友德、蓝玉和沐英率大军平定了云南元宗室梁王势力，乌蒙（今云南昭通）、乌撒的农奴主、贵族煽动叛乱。乌蒙、乌撒紧邻水西，且世为婚姻，水西安氏所统辖的四十八目，"有欲挟之为乱者"。当时，明王朝需要云南有一个安定的环境，以巩固对西南地区的统治。但明政府派去的官员贵州都指挥使马晔（一作马煜），专横跋扈，寻找借口，对奢香当堂用刑，裸背鞭笞，企图激怒彝族兵衅，然后以平息叛乱为名"郡县其地"。奢香属下四十八目土司头人，早已恨透马晔，得知奢香受辱，更加愤怒，当即带领兵丁聚集。战事一触即发。奢香虽然受辱，但其深明大义，当即向属下表明不愿造反的态度，并当众揭露马晔逼反的用心，从而避免了一场殃及贵州各族人民的战祸。危难之际，先是水东刘淑贞"走诉京师"，向朱元璋反映了水西的情况。朱元璋接见刘氏，问明情由，又召奢香进京。奢香应诏，于洪武十七年亲去京师，向朱元璋报告马晔有意激变的情况。朱元璋听后问："汝等诚苦马都督，吾将为汝除之，然何以报我？"奢香叩头谢恩："若蒙圣恩，当教育子孙，世世代代忠于朝廷，永不为乱。"朱元璋说:"这是你们应尽的义务,何云报也?"奢香答:"贵州东北有一条小路,可通四川,梗塞久矣。我愿出资开山修路,供驿传往来。"朱元璋在赞许之余,立诏马晔进京,"数其罪,斩之"。(《贵州通志》卷八)

贵州地处云贵高原,四面皆山,上则层云,下则九渊。其开路之苦,修驿之难,难以想象。就贵州驿路,清人张澍写道:"或石如狼牙,或锋如剑锷,或陡如过壁,或行如穿云,又或盘旋屈曲,鸟道羊肠,又或欹崎巀嶪……见者骇魂,闻之怵心。"尽管如此,为回报朝廷的关怀,奢香回到贵州后,一面宣扬朝廷的威德,安定人心;一面履行诺言,亲率各部,组织投入巨大的人力物力,披荆斩棘,开山修路。

面对千难万险,奢香愣是带领彝族百姓,自贵阳城西四十里的威清(今贵州黄绮县)开始,经龙场(今修文县内)、陆广(今修文县西北)、谷里(今黔西县东南)、水西(今黔西县城内)、奢香(今黔西县西林泉)、金鸡(今大方县东南)、阁雅(今大方县西北)、归化(今毕节市东南),将驿站修至毕节,共计九站,全长五百六十余里,于洪武十九年建成。因第一站在龙场,故总称为"龙场九驿"。龙场九驿纵横贵州,打开了与川、滇、湘的通道,促进了各民族的交往,推动了社会经济文化的发展,稳定了西南的政治局面。同时,它还是我国历史上民族团结的一段佳话。朱元璋赞道："奢香归附，胜得十万雄兵。"洪武二十九年奢香去世，明王朝派专使前往祭奠，并封奢香为"顺德夫人"。

对于奢香应诏告御状、千金一诺九驿通的事迹，明清以来诸多文献，如《明史》《明史纪事本末》《贵州通志》等均有记载，且给予高度评价。至于民间的记叙、评述则更多。它们或与正史相印证，或是正史的延伸与补充，彰显了事情本身的意义与影响。

明代文学家吴国伦公出路过龙场驿，题诗赞曰："我闻水西奢香氏，奉诏曾谒高皇宫。承恩一诺九驿通，凿山刊木穿蒙茸。至今承平二百载，牂（zāng）柯僰（bó）道犹同风。西溪东流日齿齿，呜咽犹哀奢香死。……君不见蜀道之辟五丁神，犍为万卒迷无津，帐中坐叱山川走，谁道奢香一妇人。"蒙茸，崇山峻岭。牂柯，先秦时西南夷国名。僰道，古县名，在今四川宜宾市境内。"牂柯僰道犹同风"是说，西南地区的经济文化也堪比中原，民风相同了。五丁神，神话传说中的五个力士。

与吴国伦将奢香比作神不同，清代道光十年（1830年）黔西知州吴嵩梁《明顺德夫人奢香墓诗》写道："顺德夫人宣慰使，大节千秋功万里。年华十四嫁通侯，二十孀闺守孤子。……马煜何故称都督，抚驭乖方恣贪酷。阴谋激反奸诸罗，命妇公然受廷辱。……沉冤上诉高皇帝，哀感六宫亦流涕。……一自龙场开九驿，顿忘鸟道极千盘。"诸罗，乃古时对我国西南少数民族的总称。从奢香出嫁写起，按部就班，写至九驿开通及其意义，《明顺德夫人奢香墓诗》不啻是奢香的墓志铭。

水、陆两首驿站歌

南北大运河，北起京师北京，南至浙江杭州，是隋唐以后我国沟通南北的大动脉。自元代以后，大运河在天津地区先后设置河西务、杨村、杨青、奉新、流河等五个驿站。其中水驿都是极冲级的。1404年天津设卫筑城后，从应天府（今南京）至顺天府（今北京），沿大运河共设置水驿46处（如表1，仅京津冀即有13处），尽显当时邮驿之繁华。明人程春宇《士商类要》中有《水驿捷要歌》一首，按序记下了这46处驿站的名称、位置及相互关联，大大方便了士官学子、商贾运夫等人的出行，广受好评。

《水驿捷要歌》全文如下：

试问南京至北京，水城经过几州城？皇华四十有六处，途远三千三百零。从此龙江大江下，龙潭送过仪真坝。广陵邵伯达盂城，界首安平至淮阴。一出黄河是清口，桃源才过古城临。钟吾直河连下邳，新安防村彭城期。夹沟泗亭沙河驿，鲁桥城南夫马齐。

长沟四十到开河，安山水驿近章丘。崇武北送清阳去，清源水顺卫河流。渡口相接甲马营，梁家庄住安德行。良店连窝新桥到，砖河驿过又乾宁。流河远望奉新步，杨青直沽杨村渡。河西和合归潞河，只隔京师四十路。逐一编歌记驿名，行人识此无差错。

表1 明朝南北大运河驿站及里程表

序号	驿程	距离	序号	驿程	距离
1	京师 皇华驿	起程	24	济宁州 南城驿	120里
2	通州 潞河驿	40里	25	济宁州 鲁桥驿	70里
3	通州 和合驿	100里	26	沛县 沙河驿	60里
4	武清县 河西驿	100里	27	沛县 泗亭驿	90里
5	武清县 杨村驿	90里	28	徐州 夹沟驿	90里
6	天津县 杨青驿	120里	29	徐州 彭城驿	90里
7	静海县 奉新驿	60里	30	房山县 房村驿	70里
8	青县 流河驿	60里	31	邳州 新安驿	60里
9	兴济县 乾宁驿	60里	32	邳州 下邳驿	60里
10	沧州 砖河驿	60里	33	宿迁县 直河驿	60里
11	交河县 新桥驿	70里	34	宿迁县 钟吾驿	60里
12	吴桥县 连窝驿	75里	35	桃源县 古城驿	60里
13	吴桥县 良店驿	80里	36	桃源县 桃源驿	60里
14	德州 安德驿	70里	37	清河县 清口驿	70里
15	德州 梁家庄驿	70里	38	淮安府 淮阴驿	60里
16	武城县 甲马营驿	90里	39	宝应县 安平驿	60里
17	夏津县 渡口驿	80里	40	高邮州 界首驿	60里
18	临清州 清源驿	80里	41	高邮州 盂城驿	60里
19	清平县 清阳驿	70里	42	江都县 邵伯驿	65里
20	东昌府 崇武驿	80里	43	扬州府 广陵驿	45里
21	阳谷县 荆门驿	80里	44	仪真县 仪真驿	75里
22	东平州 安山驿	70里	45	句容县 龙潭驿	55里
23	汶上县 开河驿	70里	46	应天府 龙江驿	90里
（据明代黄汴《天下水陆路程》卷之五资料编制）					

无独有偶。从云南至北京，有《云程万里歌》。据《钦定大清会典事例》，清代自京师皇华驿至云南省城，共5910里。古代昆明到京城的官道，骑马或乘车耗时需将近三个月。清代光绪年间云南富民举人杨恩锡《双琴书屋随笔录》手稿，抄录有《云程万里歌》（佚名），七言25首。《云程万里歌》记录了自滇省滇阳驿过板桥、杨林、易隆、马龙、沾益州、白水、平彝诸驿，进入贵州省亦资孔驿，经湖南、湖北、河南、河北，再到京师卢沟驿，共100多个驿站，并将每个驿站的主要特点作简要概述。

杨恩锡，字晋三，精于琴，名于医，能书画。曾任陕西勉县、宝鸡知县，陕西提学使等。著有《双琴书屋琴谱集成》《双琴书屋随笔录》等。

《云程万里歌》全文如下：

滇阳翘首望神京，夜宿板桥月色明。
此去杨林君驻马，易隆山下又东行。
行行去去马龙州，沾益花开为客留。
白水驿边堪住宿，平彝一去路悠悠。
悠悠黔道亦资孔，屯号刘官山径通。
上寨荒凉风景异，白沙关上且观风。
风尘辛苦阿都田，才下鹰崖又上天。

鸟道崎岖走郎岱，高岗坡贡路绵县。
县县驿路望镇宁，安顺府中一镇兵。
紧走安平八十里，又从清镇学孤征。
征人莫望贵州愁，官渡驴儿龙里游。
贵定束装催客去，酉阳茅店且停留。
留情野草集杨老，清平豆腐人说好。
试问重安江上渡，黄平问宿天尚早。
早从云洞过偏桥，镇远何遥宿一宵。
君去清溪须早起，玉屏遥望路迢迢。
迢迢直走晃州地，便水滔滔何足异。
径接沅州一座桥，马公坪里任游戏。
游戏凭开怀化思，山塘一宿更何知。
明朝且住传溪驿，再去辰州也未迟。
迟来马底夜黄昏，暂饮界亭酒一樽。
新店从来无好滇，郑家驿里是山村。
村人送我过桃源，常德武陵事太繁。
且去大龙君驻马，明朝清化动征幡。
征幡忽动澧州思，交界顺林南北歧。
一渡纱黄河又近，潺林烟雨舞春枝。
枝头鸟语话荆州，马去建阳走不休。

第一章 立国之基 置邮传命

屈指荆门将为里，石桥驿上月光浮。
浮沉世事丽阳天，一醉宜城正好眠。
凭吊襄阳多古迹，兴怀吕偃又催鞭。
鞭催新野兴悠哉，瓦店人从林水来。
斜眺南阳三顾处，空留博望祭风台。
风台遥望裕州烟，争战保安渴饮泉。
叶县重新不是旧，襄城美色让谁先。
先辩禹州非许州，好从新郑觅新游。
人传郭店轩辕里，却走管城马不休。
休忧荥泽近黄河，一过冘材路木多。
为问新乡何处是，卫辉府里唱朝歌。
歌声婉转出淇门，花故况沟客断魂。
此去邺城彰德府，磁州城里漫开樽。
樽酒酣眠梦邯郸，临铭关上度征鞍。
龙岗却是邢台县，莫向内邱恨路难。
难得看花到柏乡，鄗城未许赛风光。
可人色笑栾城有，去到恒山也不忘。
不忘笑赏伏城花，新乐何曾敢乱夸。
买得定州医眼药，翟城道上望朝霞。
霞光常绕径阳云，保定金台路自分。

来到白沟安肃地,邑名宣化得风闻。
闻到涿州近日边,良乡新店紧相连。
卢沟桥上人辐辏,万里风云聚顺天。
(壬午秋末录于双琴书屋)

据笔者所知,驿站歌谣还有一些。唯《水驿捷要歌》与《云程万里歌》一水一陆,堪称双绝。

第二章 燕赵大地 驿通天下

燕赵大地，自古人杰地灵。山南海北，交通发达。驿路驿站，鳞次栉比。路不分长短，站无论大小，有驿站处即有诗。

第二章 燕赵大地 驿通天下

全国驿路的总枢纽——皇华驿

"皇华驿里逢初夏,仆仆风尘度一春。回首可怜经过处,花开花落几番新!"

这是清代官员张鹏翮的《夏日经通州驿》,通俗易懂,亲切自然:初夏经通州抵皇华驿,突发感慨,一番番花开花落,不知虚度了多少个春秋!此类感慨时光易逝、人生易老的诗词,并不少见。然而联系到张鹏翮的为官经历,特别是数次身负重任、尽职尽责的表现与口碑,明显感到他不是在无病呻吟,而是有感而发——一种时不我待的紧迫感,令人肃然起敬。比如,康熙九年(1670年)他进士及第,历任礼部郎中,黄州、兖州知府,江南学政等职,随索额图勘定中俄东段边界,为签订《中俄尼布楚条约》作准备。比如,康熙三十九年他任河道总督后主持治理黄河十年,治清口,塞六坝,筑归人堤,采用逢湾取直、助黄刷沙的办法整治黄河,多有成效。再比如,雍正元年(1723年)他拜相,任文华殿大学士,时黄河决口,再往治理。

说皇华驿之前需先说皇华。皇华，《诗经·小雅》中有《皇皇者华》篇。《诗序》认为："皇皇者华，君遣使臣也。送之以礼乐，言远而有光华也。"后人因以"皇华"为赞颂奉命出使或出使者的典故。南朝文学家王融《永明十一年策秀才文》："歌《皇华》而遣使，赋膏雨而怀宾。"唐代杜甫《寄韦有夏郎中》则有"万里皇华使，为僚记腐儒"的诗句。明代何景明《送杨驿丞》："《皇华》歌送客，应阅出群才。"总之，君遣使臣，抑或赞颂使者，"皇华"一词离不开驿站，离不开传递公牍书信。到清代，更有皇华驿的出现。

清代，随着国家疆域的不断扩展，驿站事业得到了较快发展。在此基础上，对驿站制度实施改革，其中重要的一条即将邮、驿合二为一。此前，邮和驿分属不同的机构。邮也称为"递"，专门负责公文传递，而驿则类似于后来的政府招待所，负责为过往官员（当然也包括驿站人员）提供住宿和交通及通信工具等。显然，两者合并之后，邮驿全面负责与通信相关的事务，简化了程序，减少了扯皮，有助于提高效率。

清沿明制，在兵部设车驾清吏司，掌管全国的邮驿及马政。据《清史稿》记载，车驾清吏司设有郎中，宗室一人，满、汉各一人；设员外郎，宗室一人，满二人，蒙古一人；设主事，满、汉各一人；另设笔帖式若干人及经承六人。车驾清吏司经办事项中与邮驿有关的包括：各省驿站奏销、水站船只、大臣赴任勘合、各省邮符、各省员弁折差、各衙门马递、铺递公文等。

车驾清吏司下设驿传科、脚力科、马政科、马档房、递送科等机构。另设会同馆和捷报处。

会同馆为明代驿置，负责管理京师驿传事务。进入清代后，满族统治者实行满汉分治，于顺治朝在会同馆下另设皇华驿（又称"马馆"），作为京师所在地公牍文报的集散中心。会同馆的主要职责为执掌接伴、引见边地少数民族首领或外国使者等事。《清会典事例》载："顺治初，设会同馆，以待外国贡使。"《顺天府志》载："会同馆，在大兴县东王府街。明永乐六年，改顺天府燕台驿为之。今为在京牧养驿马之所，有馆大使。"会同馆属礼部，有礼部尚书领会同馆一人，大使、副使，满、汉监督等员，皆任期一年。

《清会典事例》载："兵部会同馆，置皇华驿。"皇华驿，是全国邮驿的总枢纽，也是京师所在地最大的驿站，设于京师东华门附近。编制驿马 500 匹，马夫 250 名，驿车 150 辆，驾车马 150 匹，车夫 150 名。其经费，每年由兵部核明数目，移咨户部给领。皇华驿每日拨马以备车驾司、捷报处之差，照勘合火牌填给夫马之数，应付驰驿官役；照火票填注里数，应付笔帖式差官驰报；等等。

皇华驿尽管与皇宫近在咫尺，但作为驿站，又不能将地方的奏折、文书直接送达皇宫，而皇帝的谕旨以及各种文函，也不可直接交付皇华驿。于是，两者之间的交换媒介捷报处应运而生。

捷报处，设在京师东华门外，设郎中、员外郎、主事、笔帖式，均无定员，由兵部堂官酌委。设差官四十人，以武举已拣选者充补，掌管驰送文报。皇帝批复的奏折及由军机处寄发的谕旨，均由捷报处加封，驰交通州、良乡、昌平、顺义、固安各驿，接续飞递。各省由驿站递送的奏折，均由捷报处接收而递交宫门。各省派驻京师提塘官十六人，隶捷报处。其职责为，掌递本省与各部院往来文书，领送颁给各省官员敕书及州县印信。

清代，朝廷交皇华驿投送的官方文书中最重要的是廷寄。各地报送朝廷的公文主要是题本和奏折。廷寄，即经军机处颁发的皇帝谕旨，分作两种：一般的叫"明发上谕"或"明谕"，由内阁办理后经驿递或专差送达有关部门；特殊的叫作"廷寄"，也称"密谕"，由军机大臣面承后撰拟，交兵部盖印加封，发驿驰递。为防止泄露，机密谕旨不经内阁，由军机处加封后直接交兵部车驾司验妥盖戳送捷报处，由捷报处加上兵部钉封，外加夹板，由差官处发皇华驿，由皇华驿按文报标注的等级及要求填写火票，供给驿夫马匹驰送出京。

题本是大臣向皇帝报告日常政务的公文，数量最大。奏折是臣工向皇帝的密呈。其上报与领回批文均由驻京提塘官赴皇华驿办理。

历史上，经过皇华驿接收和发送的文报奏折数量十分惊人。据粗略统计，仅现存经过皇帝朱批的奏折有七十多万件，另外还有上百万件的奏折抄件。至于各省、府、州、县的报京文书，数目多得难以统计。

清代邮驿网路，以皇华驿为中心，向全国辐射，其主要干线网路分布为：

东路：经通州、蓟县，出山海关至盛京，连通东北各地驿站。

北路：经昌平出居庸关，到宣化，出张家口，越长城通蒙古地区。

南路：经良乡、涿州、河间，通达山东、江苏、浙江、福建、广东。

西路：经良乡、涿州、保定、正定、顺德，经中州再分两路，一路通达陕西、四川、云南、贵州，一路通达湖北、湖南、广东、广西。

此外，还有水路，自皇华驿经通州潞河驿，沿大运河通往河北、山东、江苏、安徽、浙江、江西、福建、湖北、湖南等省。

清代，以皇华驿为中心组成的邮驿体系，构成了遍布全国的官方通信网路,其规模远超以往任何朝代。这样一张邮驿网,在维持清王朝的统治,保证政令、军令畅通,以及人员交往和文化信息交流及物资运送等方面,起到了不可或缺的历史作用。

北京邮驿概说

说北京邮驿,还是先从唐代著名边塞诗人、河北老乡高适说起。

高适,字达夫。沧州渤海(今河北景县)人。虽然做过一些地方官,却以边塞诗人著称于世。他笔力雄健,气势奔放,特色鲜明,与岑参齐名,被并称为"高岑"。代表作如《燕歌行》《蓟门行五首》《塞上》《塞下曲》《蓟中作》《九曲词三首》等。唐开元十九年(731年)冬,高适北行途中游蓟门,出卢龙塞,曾有《酬裴员外以诗代书》:"单车入燕赵,独立心悠哉……题诗碣石馆,纵酒燕王台。"碣石馆,亦称碣石宫,仅在燕赵大地就不止一处。而据谭其骧先生考证认为,唐诗中的"碣石"在今北京西南大房山一带。燕王台,指战国时燕昭王所筑"黄金台",故址在今河北易县东南。碣石馆、燕王台,均在当时的北京地界。这些便与北京的邮驿扯上了关系。

周武王灭商后,"未及下车而封皇帝之后于蓟",封周宗室召公奭（shì）于北燕。后来燕并蓟地，迁燕都于蓟。"蓟"即今天北京城的前身。作为周朝的一个诸侯国，燕国为保持同周朝廷的联系并发展生产、抵御外侮，重视邮驿组织的建立。而周朝廷为维持其天下宗主的地位，保持"礼乐征伐自天子出"的局面，把"候馆驿之设"看成是"所赖于布政施令，为政府行政之助"的大事，全力支持。

《周礼·地官·遗人》载："凡国野之道，十里有庐，庐有饮食；三十里有宿，宿有路室，路室有委；五十里有市，市有候馆，候馆有积。"其中，"庐"即后世邮亭或铺舍的前身，"室"和"馆"则相当于后世的馆驿，是专供邮驿人员和朝廷使臣途中换马休息的地方。在燕国，有些交通道路，不但沿途庐室林立，而且馆舍整洁，道路两旁还种植树木，打有水井。信使起程上路，"夜可以寝，昼可以憩，有井以备饮食，有树以为藩蔽"（《左传·襄公十一年》），可谓"行者之至如归矣"。

为了保证邮驿通信迅捷无误，燕国还制定了邮驿章程制度，规定使用驿马的人必须持有掌节官发给的一种称为"节"的凭证，并出示称为"传"的说明文书。燕国的邮驿，有步传和马传。步传称"邮"，马传称"置"。一般公文传递用"邮"，重要的则用"置"。

战国时征战频繁，为调动军队，燕国开始使用"虎符"。虎

第二章 燕赵大地驿通天下

符用铜制成，分左右两半，右半留国君身边，左半交给拥兵在外的将军。使臣拿着右半到将军处合符，方能调动军队。

公元前221年，秦始皇灭六国，建立起统一的、中央集权的封建国家——秦。接着，秦始皇在统一度量衡、统一文字的同时，以国都咸阳为中心，陆续修筑通向全国各地的驰道。据《汉书·贾山传》载："秦为驰道于天下，东穷燕齐，南尽吴楚，江湖之上，濒海之观毕至。"

当时，从咸阳出发，经上郡（郡治在陕西肤施县，今绥德县）、云中（今内蒙古托克托县）、雁门（今山西右玉县东南）、代郡（今河北蔚县东北王城）、上谷（今河北怀来县东南），有一条驰道可直达渔阳（今北京密云区西南）。驰道宽五十步，沿途设有邮亭。

公元前133年，汉武帝北击匈奴时，一方面自敦煌郡起，沿秦长城，在一千五百多里的路上，每隔五十里建筑一座烽火台，并派戍卒驻守，遇有敌情，白天放烟，夜晚举火，以示报警；另一方面，在蓟城的交通要道上，每三十里设一驿站，每十里设一邮亭。驿站的传车按驾车马匹的多少，分为一乘传、四乘传、六乘传和七乘传。马匹则分上、中、下三等。

北京地区在隋代称涿郡，唐初改郡为州，称"幽州"。唐玄宗天宝年间称范阳郡。幽州和各地往来，内陆水运交通比较发达。

从长安到幽州,有取道太原和洛阳的两条大道,沿路每隔三十里设一驿站。值得一提的是,唐代邮驿的馆驿基地宏大,设施齐全,环境优美,布置也较讲究。像蓟门馆里,不仅整洁舒适,酒食也丰富多样。过往官员人等举杯痛饮,赏景赋诗,并不鲜见。于是有了前述高适诗中"纵酒燕王台"的情景。

唐天宝十四载(755年),安禄山、史思明在幽州起兵反唐作乱,史称"安史之乱"。由于安史之乱及以后形成的藩镇割据局面,使幽州地区的邮驿组织受到严重破坏。叛乱被平息后,该地区邮驿一度有所恢复,却未从根本上挽救中唐以后邮驿的衰落。

后唐五代十国时,幽州为战乱之地。公元938年,北方少数民族契丹攻占幽州,吞并燕云十六国,改国号为辽。辽将幽州定为南京,又称燕京,作为陪都。同时将幽州府改为析津府,统辖六州十一县,其范围包括今北京的大部分地区。

宋太祖开宝七年(974年)十一月,辽涿州刺史耶律琮致书宋朝官员,请求通和。宋太祖接书后认为可行。次年三月,辽先遣使于宋。七月,宋亦遣使使辽。此后,双方使臣往来日益增多,经济、贸易关系不断发展,燕京的邮驿事务也繁忙起来。公元1089年,宋使苏辙(苏轼的弟弟)使辽,来往都在燕京停留。事后有《渡桑干》一首写道:"相携走马渡桑干,旌旆一返无由还。胡人送客不忍去,久安和好依中原。年年相送桑干上,欲话白沟一惆怅。"

公元1125年，金军占据燕京，不久把燕京改称"中都"，并定为都城。金代从太宗天会年间开始利用驿传。当时自上京会宁至燕京，每五十里设一个驿站。同年又从上京至春、泰二州设置驿站。驿站之外，金朝从世宗年间起，仿效宋朝的做法，设立急递铺，专门传递机密要件、军事文书。金章宗泰和年间，在中都至真定、平阳、京兆之间设有急递铺。每十里设一铺，每铺设铺头一名，铺兵三名。铺兵骑马传送文书，日行三百里，腰间挂有铃铛，路人听到铃声必须避让。急递铺所养马匹的费用，一般向民间征收，立名目曰"铺马钱"。

蒙古铁木真于1206年建国。1271年忽必烈定国号为元，定都中都（今北京），并改称为大都。"元初起朔漠，无文字，其军令宣传，皆遣亲近侍卫口传谕旨，而未有文檄。及平金之后，得汉人教以文檄符印，于是羽书飞驰，驿站之设，当自此始。"元代的驿站（称"站赤"）是以大都为中心建立起来的，当时分为东、西、南三条干道。

据《元史》卷一〇一《急递铺兵》记载："元制，设急递铺，以达四方文书之往来，其所系至重。世祖时，自燕京至开平府（上都），复自开平府至京兆（长安），始验地里远近，人数多寡，立急递铺。每十里或十五里，二十五里，则设一铺。"元成宗铁穆耳时，大都至上都沿途设有急递铺82个。急递铺每铺设铺兵5人，由铺司负责。英宗时，每10个急递铺设一邮长。大都设总急递铺提领所，设提领3名。

明军占领大都后，改大都为北平。永乐年间，北平改称"北京"。永乐十九年（1421年），明政府正式迁都北京。明代的驿传，属兵部管理。京城内的驿馆称"会同馆"。正统三年（1438年），有北馆、南馆之设，北馆六所，南馆三所。北会同馆设在澄清坊大街东，有房屋376间。南会同馆设在东江米巷玉河桥街北，有房屋387间。

据明《顺天府志》记载，万历年间，北京在通州、大兴、宛平、良乡、昌平、顺义、密云、房山、平谷和怀柔等10个州县，共设铺舍58处。驿站，良乡有固节驿，通州有潞河水马驿、和合驿，昌平有榆河驿，顺义有顺义驿，密云有密云驿、石匣驿。

清代邮驿事务属兵部车驾司管理，在北京东华门附近设皇华驿和捷报处两个机关。清代顺天府所属10个州县，所设驿站的数量及地点，与明代相比变化不大。各驿共有马495匹，马夫、杠轿夫、兽医、车夫、马牌子、铡草夫、接递皂隶等共计680人。

清代以北京为中心向四方辐射、纵横交错的公路网，为邮驿通信提供了便利。当时，北京寄往外省的信，先由车驾司验妥盖戳，送往捷报处，经皇华驿预备驿夫和马匹，往西送至良乡驿，往东送到通州驿，然后命各驿按规定依次转发各地。各省寄往北京的信，一般先交给分驻各省省会的提塘（官名），由他交发当地驿站，依次传送北京后，通过捷报处分送各官署。

四通八达的燕赵驿路

对于燕赵大地,古人题咏多多。或言其地域辽阔:"燕山如长蛇,千里限夷汉。首衔西山麓,尾挂东海岸。"(宋代苏辙《奉使契丹二十八首·燕山》)或言其气象特色:"燕山雪花大如席,片片吹落轩辕台。"(唐代李白《北风行》)或言其尊重人才:"昔时燕山重贤士,黄金筑台从隗始。"(唐代贾至《燕歌行》)这里要说的,是这些自然或人文环境都离不开的交通命脉——四通八达的驿路。

秦始皇统一六国后,以咸阳为中心,修驰道、车同轨、书同文,促进了秦帝国的发展。当时的河北境内,纵横于长城以南,贯通燕赵大地的驰道共有四条:

一是由东郡(今河南濮阳南)经安阳进入河北,再经邯郸北上至巨鹿(今河北平乡西南);由巨鹿向北,经恒山(今河北正定南)至广阳(今北京);由广阳向东北,经右北平郡(今天津蓟州),再向东,至碣石(今河北昌黎北),这是一条主干线路。

二是由右北平郡向西,经渔阳(今北京密云与怀柔之间)、上谷（今官厅水库南）、代郡，出河北省境，至平城（今山西大同）。

三是由巨鹿向东北，经沙丘平台（今河北广宗以北）向东，至平原津（今山东平原南）。

四是由恒山向西，经井陉向西，经娘子关至太原。

据《辽史·地理志》载，辽代圣宗乾亨二十二年（1003年）后，在长城以北建立了一条交通路线：出燕京北门，至望京馆，50里至顺州（今顺义），70里至檀州（今密云），50里至金沟馆（密云水库淹没），90里至古北口，80里至新馆（今河北滦平南），40里至卧如来馆（今河北滦平东北）。过乌滦河，70里至柳河馆，又70里至打造部落馆。然后东南行，50里至牛山馆，80里至鹿儿峡馆，90里至铁浆馆（今河北平泉北），70里至富谷馆，80里至通天馆，20里至中京大定府。由中京大定府北行，经临都馆、官窑馆，190里至松山馆，70里至崇信馆，90里至广宁馆（今内蒙古翁牛特旗），50里至姚家寨馆（又名"会星馆"），50里至咸宁馆，30里度潢水石桥，50里至保和馆，70里至宣化馆，50里至长泰馆，40里至临潢府（上京，今内蒙古巴林左旗南）。

1279年南宋灭亡后，元统一全国邮驿，称"站赤"。以元大都为中心，站赤向全国辐射。河北境内设有站赤约122处。

明代，自京师北京到各地已遍设驿站。在京师称会同馆，京师以外分水马驿站、递运所、急递铺三级。河北境内设有驿站205处，急递铺524处。

至清代，经过几代人修长城、重防卫的努力，不仅使北京北部的险峻之地和行援之势更加稳固，而且获得了长城以北横亘东西万里之遥的蒙古各部的中心屏藩。这就使北京不再是边防重镇，其政治中心、经济中心的特征更加突出，使直隶一省在全国范围内的行政地位凸显。《畿辅通志》指出："国家定鼎燕京，东发通蓟，趋山海关以达盛京；北起昌平宣化，出居庸关由蔚州以达三晋，出张家口逾长城以通蒙古；南下良乡、涿州，分两大歧：其东南由河间以达齐鲁、吴越、闽、广，其西南由保定历正、顺、广、大四府，迳中州以缘川陕。又南历湖南、北以尽滇黔。"（《畿辅通志》卷一二〇《驿站志》）

从直隶地理位置看，东临滨海，南控三齐（泛指今山东的大部分地区），西阻太行，北届沙漠，其名山有恒山、太行、碣石，其大川则有桑干河、滹沱河、卫河、易水、漳水、白河、滦河，其重险则有井陉、山海、居庸、紫荆、倒马诸关，喜峰、古北、独石、张家诸口。（《嘉庆重修一统志》卷五《直隶统部》）名山大川，五关四口，岂止"壮美"二字所能概括！

这一切，决定了直隶在全国邮驿网络中具有核心位置。直隶就像北京的门户，全国无驿使不经直隶，直隶无驿路不为冲途。直隶驿传的特点，一是驿站分布较均匀，驿站站距一般保持在

50 里至 70 里范围内。二是直隶驿站的差务极其繁重。驿站数量不是全国最多，但往往规模庞大，"夫以百计，马以数百计"（《畿辅通志》卷一二〇《驿站志》），因而经费开销极大，一年的经费约为 375600 两，占全国驿站经费的六分之一。差重费繁，为其他省份所不能及。

清代直隶全省置驿站 185 处。长城以南叫驿，长城以北则大部分叫站。主要驿路 17 条，省内里程约 6890 里（不包括重复计站 1520 里）。17 条驿路为：

皇华驿—保定府，330 里。其间经过固节驿、涿鹿驿、宣化驿、白沟驿、金台驿。

皇华驿—喜峰口，480 里。其间经过潞河驿、三河驿、渔阳驿、石门驿、遵化驿、滦阳驿、喜峰口，延至宽城站。

皇华驿—独石口，520 里。其间经过榆河驿、居庸关驿、榆林驿、土木驿、长安驿、雕鹗（diāo'è）堡驿、赤城驿、云州驿。

赤城驿—赵川驿，100 里。其间有龙门驿。

皇华驿—张家口，430 里。其间经过土木驿、鸡鸣驿、宣化县驿。

张家口—榆林堡站，90 里。其间有夏堡站。

皇华驿—热河，450 里。其间经过顺义驿、密云驿、石匣站、古北口站、鞍匠屯站、王家营站、喀拉河屯站。

鞍匠屯站—坡赖村站，230 里。其间经过红旗营、十八里台站。

热河站—塔沟站，360里。其间有八沟站。

涿鹿驿—蔚州驿，410里。其间经过涞水县驿、清苑驿、上陈驿、香山驿、大宁村驿。

上陈驿—倒马关驿，100里。

宣化县驿—西城驿，240里。其间经过深井堡驿、滹沱店驿、东城驿。

皇华驿—盛京，1460里。其间经过潞河驿、三河驿、渔阳驿、阳樊驿、义丰驿、七家岭驿、滦河驿、芦峰口驿、榆关驿、迁安驿。

皇华驿—山东济南，930里。其间经过涿鹿驿、汾水驿、归义驿、鄚（mào）城驿、瀛海驿、乐城驿、富庄驿、阜城驿、东光驿。

皇华驿—山西太原，1150里。其间经过金台驿、陉阳驿、翟城驿、永定驿、西乐驿、伏城驿、恒山驿、镇宁驿、陉山驿。

皇华驿—河南开封，1495里。其间经过恒山驿、关城驿、鄗（hào）城驿、槐水驿、内丘县驿、龙岗驿、临洺驿、丛台驿、滏阳驿。

关城驿—元氏驿，35里。

古北口的汉站与蒙古站

说到古北口，不能不提宋代抗金名将岳飞大战金兀术。当时的战场就在从古北口至承德一线。金兀术，姓完颜，是金国开国皇帝完颜阿骨打的第四子。天辅六年（1122年），金军曾在古北口外与辽兵发生大规模战斗，最终金兵以少胜多，继续追击辽帝。在灭掉辽国、占领北宋首都开封后，金国于天会五年（1127年）四月把宋徽宗（赵佶）、宋钦宗（赵桓）、后妃、宗室及百官3000多人押往北国，走的就是从古北口至承德这条路。古北口见证了北宋王朝的末日惨状。

古北口位于今北京市密云区东北部，地处燕山山脉，距北京城100余公里，为京都的军事重地。它地形险要，在京北燕山屏立、峰峦叠嶂中，潮河南来，峡谷洞开，故有北京东北门户之称。古北口城北，东有蟠龙山，西有卧虎山，两山对峙，陡峭难攀。古北口长城，蜿蜒曲折，起伏跌宕，敌楼密而形式各异，十分宏伟壮观。享誉中外的司马台长城，就是古北口长城中的一段。其惊、险、奇、特，被长城专家赞为"长城之最"。古北口则被称为"京师锁钥""燕京门户"。

古北口，战国时属渔阳郡，蟠龙山上设有报警的烟墩。汉朝时为南奚县，关口称"奚关"。北齐时修筑长城，重修关口并派重兵把守。唐时称关口为"北口""虎北口"。辽金时古北口被称为"留斡岭"，关口称为"铁门关"。清代顾炎武《昌平山水记》载："唐庄宗取幽州，辽太祖取山南，金之破辽兵、败宋取燕京，皆由古北口。"就连明破元取上京开平，清去木兰围场狩猎习武，古北口也是咽喉要道，有"南卫京畿，北防虎狼"之称。

明代初期，古北口设密云后卫，徐达主持修筑了长城、关塞和古北口城。明中叶谭纶、戚继光等抗倭名将到古北口，加固古北口长城和关城寨堡，修建敌台墩台，重兵驻防。明唐顺之诗云"诸城皆在山之窈，此城冠山如鸟巢……到此令人思猛士，天山万里纵鸣弰（弓的末梢，这里指弓箭）。"清洪昇诗云："绝顶此跻攀，苍茫晓日殷。一身飞鸟上，双足乱云间。大漠连沧海，长城补断山。遥看古北口，天险旧秦关。"这些即是对该处雄关险隘的真实写照。

古北口有据可考的邮驿史，可以追溯到北宋时期。正式设立古北口驿站，则始于元代。据光绪《顺天府志》卷六十四称，元中统三年（1262年）"九月丁亥立古北口驿，四年正月罢"。《元史》

卷五称，至元四年（1267年）"据古北口新置驿增万户府监战一员"。这是正式派出管理人员。明清两代，驿站规模大大超过前朝，驿路四通八达。清顾炎武《昌平山水记》云："古北口有驿，自口北出五十六里曰青松，又五十里曰古城，又六十里曰灰领，又五十里曰滦河，又五十里曰黄屋，又六十里曰哈八，又五十里曰沈河，又四十里曰东凉亭，又五十里曰开平，洪武二十七年六月乙酉置驿。"清代，往北京方向，则古北口40里至密云县石匣站，60里至密云县密云驿，70里至顺义县顺义驿，再70里至京皇华驿。

与内地省份不同的是，清代古北口驿站分为汉站和蒙古站两类。属于内地的驿站由内地汉人管理，称"汉站"；进入蒙古地区以后的驿站，由蒙古人维持，称"蒙古站"。

康熙二十九年（1690年），清军大败噶尔丹于乌兰布通。康熙三十一年又大败喀尔喀蒙古于多伦诺尔，为北部边疆的稳定和国家的统一奠定了基石。但是，噶尔丹并不甘心，暗自聚集力量，伺机再次策动叛乱。为了平定随时可能发生的叛乱或侵扰，有效地防卫北疆，清政府开始正式建立蒙古地区的驿站制度。是年冬，康熙帝降旨理藩院勘定口外五路驿站，即由京师通过长城上的五个关口，向外辐射，建立覆盖全部蒙古的驿站。当年即先添设喜峰口、杀虎口两路。其中，喜峰口至科尔沁设15站，杀虎口至鄂尔多斯设12站。转年，则设古北口外6站，独石口外6站，张家口外8站。

另据乾隆七年（1742年）《清实录》记载，古北口外的蒙古驿站已由6处增为7处，当年又设立5处腰站。这样，驿站、腰站共有12处。此后，由于某些原因曾裁撤两站，最终固定为10站，分别是：康熙三十二年设立的古北口外蒙古6站，即希尔哈站、卓索站、希拉木伦站、噶察克站、海拉察克站、阿鲁噶木尔站；乾隆时期，经不断调整，最终形成美耳沟、阿木沟（阿美沟）、彻多布（陈图博）、拉苏特克（赛散虎图克）等4站。同时，蒙古各站额设章京、骁骑校、领催、乌拉齐弁兵等，以加强管理。

按当时规定，古北口蒙古站由中央理藩院主管，而古北口汉站则由兵部车驾清吏司主管。古北口汉站初设之时原由满洲章京管理，康熙二十九年改设保定府通判（正六品）驻扎古北口管理。到康熙三十二年，又设古北口驿站同知管理。而康熙三十一年，古北口蒙古各站设蒙古员外郎管理。康熙三十二年，因古北口一路更属紧要，故特设管站同知一人，嗣后站务由员外郎与同知会同办理。这样，古北口汉站和蒙古站的管理归于一统，同由同知管理。

康熙三十九年，在古北口设驿传道并建驿传道署，由驿传道掌古北口汉站和蒙古站；乾隆五年又定古北口驿站由直隶提督统辖，乾隆十三年古北口驿站由巡视五城御史管理……一路加强的趋势，凸显了古北口驿站的重要。

时代更迭，经历过无数次战争洗礼的古北口，1933年还谱写了一曲惊天地、泣鬼神的抗战悲歌：自3月11日长城抗战在古北口打响第一枪后，古北口战役就成了长城抗战中作战时间最长、战事最激烈的战役之一。参战的第十七军徐庭瑶部，以民族大义为重，充分显示了中国军队抵御外侮的决心和能力。在那场旷日持久的绞杀战中，七名士兵为了掩护部队转移，孤军阻击武装精良的日军的猖狂进攻，至死都不退却，全部壮烈牺牲。他们顽强的战斗精神甚至赢得了敌人的尊敬：战后，日军不仅安葬了七位勇士，还专门立碑致敬。1934年3月，国民党政府军事北平分会在古北口老城外建"长城抗战古北口战役阵亡将士公墓"。1972年，香港邵氏（逸夫）电影集团，根据古北口七勇士的真实事迹，拍摄了一部名为《八道楼子》的抗战电影，演绎了那场壮志凌云的抗战故事。1997年，当地政府重新修建了古北口保卫战烈士陵园，时任民革中央主席何鲁丽为陵园题写对联："大好男儿光争日月，精忠魂魄气壮山河"，横批是"铁血精神"。古北口，再一次扬名天下。

榆林驿战火

"阵阵牛羊下远坡，疏林返照夕阳多。数声牧笛归村疃，几缕炊烟出薜萝。"这是明代官员、诗文家赵羾（hóng）《榆林夕照》诗中的句子。牛羊、夕阳、牧笛、炊烟、薜萝（薜荔和女萝，皆野生植物），好一派田园风光！然而，在这看上去很美的背后，榆林驿留给人们更多的却是战火与硝烟。

榆林驿位于今北京延庆区。榆林驿与鸡鸣驿原来同属河北省怀来县，东临居庸关，西通宣化塞上，自古就是战略要塞，是京西北交通线上主要驿站之一。

早在春秋战国时期，由蓟城（今北京）经居庸关、八达岭、榆林堡通往沮阳（今怀来县大古城）的交通干道上，车马接连不断，行人络绎不绝。到秦汉两朝，道路不断拓展，逐步向北延伸至蒙古，成为帝王巡边和长城内外经济交流及民族来往的通道。元世祖忽必烈为统一大业，在大都（今北京）通往蒙古上都之间设居庸、榆林、土木三个驿站。榆林驿为世祖中统三年（1262年）

设置，现存之榆林驿遗址则建于明英宗正统十四年（1449年）。

史载，元末明初，蒙古族瓦剌部崛起，其势力范围西至中亚细亚，东达朝鲜，北及西伯利亚，南到长城一带，成为元朝以后最大的蒙古汗国。明英宗正统四年，蒙古瓦剌部首领明顺义王脱欢（马哈木子）死，其子也先自称太师淮王，野心勃勃，虎视眈眈，觊觎着明朝的大片土地。明朝有识官员纷纷上书英宗，建议积极备战。正统六年，侍读刘球上书明确提到："至于瓦剌，终为边患。及其未及骚动，正宜以时防御。"正统八年，刘球应诏上言朝廷"所宜先务十事"中，谈到瓦剌"贡使日增，包藏祸心，诚为难测"，建议分遣给事、御史阅视京边官军，及时训练，选求良将，招募武勇，扩大屯田，整理盐法，充实军粮和储备，等等。可怜刘球忧国忧民的一片真心，被把持朝廷大权的宦官王振视为指责自己，系大逆不道，先将刘球下狱，再派人将其杀死。

就这样，皇帝昏庸，宦官弄权，明王朝政治黑暗，国防废弛，对瓦剌的咄咄逼人一味姑息退让。尤有甚者，为了中饱私囊，王振不惜出卖国家利益，年年向蒙古瓦剌输送武器。瓦剌统治者则年年派出大批使臣，假借向明朝廷进贡之名，诈取大量金银丝帛和各种"赏物"，胃口越来越大，以至产生吞并明王朝的野心。正统十四年七月，瓦剌首领也先寻找借口，兵分四路，大举入侵，也先亲率中路进攻大同。明军战败边报日至，王振却蛊惑挟持明英宗亲征。兵部尚书邝野、侍郎于谦、吏部尚书王直等极力谏阻，王振暴怒，英宗不听，一意孤行。仓促间，英宗与王振率50万大军自北京启程，出居庸关，过怀来，至宣府（今宣化市）。由于粮饷准备不足，又加连日风雨，行进困难，军士乏粮，僵尸满路，走走停停，狼狈不堪，于八月一日方抵大同。由于敌情不明，既不懂作战又心怀鬼胎的宦官王振，纯粹瞎指挥：始则要求大军北上，接着又调头向西南。原本企图带大军通过紫荆关，邀英宗绕道到他的家乡蔚州（今蔚县），以显其威风；走了40里之后，又恐其私产受损，遂改道向东北奔宣府。就这样，似无头苍蝇，东奔西突，八月十三日才在离怀来城20里的土木堡驻扎歇脚。而土木堡地势高，严重缺水，致人马两天不得水喝。立足未稳，瓦剌军赶到，一场混战，明军死伤过半，一败涂地。王振被护卫将军樊忠用锤捶死，明英宗朱祁镇当了俘虏。这一战史称"土木之变"。

土木堡距榆林驿约60里，土木之变使榆林驿遭到严重破坏。正统十四年末，明朝廷重新整顿北方防务，在榆林堡的废墟上重筑新城，称作北城。明隆庆三年（1569年）将北城修为砖城。在此之前，明武宗正德十三年（1518年）扩建了南城。北城为方形，每边长244米；南城东西长423米，南北宽245米。这样，北、南两城，一砖一土，呈"吕"字形，与明代北京城的结构相仿。

据考证，榆林堡南北城原来周长2000余米，占地约240亩。城内发现石槽21件、石碾24件、磨盘63件、条石及拴马桩等110余根。据乾隆《宣化府志》记载，乾隆年间，榆林驿额设驿马94匹，马夫、轿夫等138名，每年支出夫马工料等银3819两，每月支出俸米248.4石。由于接待过往使臣及其他官员人等，对米、面等食物的需求惊人。仅从上述石碾、磨盘的存量记载即可想见当年驿站的繁忙。

1900年5月，八国联军疯狂入侵。7月14日攻占天津，8月14日攻陷北京。慈禧太后在派人与侵略者周旋的同时，于15日扮成农妇，带着光绪帝及一批贵族、官吏等仓皇逃出北京城，西出延庆，北进怀来，曾在榆林驿歇脚。据传闻，怀来县令吴永亲自到榆林堡迎驾。见到吴永，慈禧太后放声大哭，说：予与皇帝连日历行百里，竟不见一百姓，官吏更绝迹无睹。今至尔怀来县，尔尚衣冠来此迎驾，可称我朝忠臣，云云。虽系传闻，却非空穴来风。据吴永口述《庚子西狩丛谈》称，"完全成一乡姥姥"的慈禧"自诉沿途苦况"："连日奔走，又不得饮食，既冷且饿。途中口渴，命太监取水，有井而无汲器，或井内浮有人头，不得已，采秫秸秆与皇帝共嚼，略得浆汁，即以解渴。"吴永奉上绿豆粥，一千人等"争饮豆粥，喋喋有声，似得之甚甘者……"

驿站是个大舞台。在榆林驿，炮火与战乱，皇帝与太监，国难与民灾,太后与县令,官员与文人,口述与题咏,各种活剧,曾经是"乱纷纷你方唱罢我登场"。榆林驿,是封建王朝衰败,逐步走向覆灭的历史见证。

第二章 "山望鸡鸣势入云"

燕赵大地 驿通天下

1995年8月17日，邮电部发行《古代驿站》特种邮票一套2枚，其中第2枚为《鸡鸣驿》。

　　鸡鸣驿，位于河北省怀来县西部鸡鸣山脚下。它距北京100多公里，距怀来县城15公里。该驿因山得名，因驿设城，以驿名定城名，全国仅见。它还被誉为中国邮驿史上的"活化石"。鸡鸣驿始建于元代。元太祖十四年（1219年），成吉思汗率兵西征，在通往西域的大道上，开辟驿路，设置站赤，鸡鸣驿的雏形初现。

　　明永乐十八年（1420年），鸡鸣驿扩建为宣化府进京师第一大站。成化八年（1472年）建土垣，隆庆四年（1570年）砖修城池。全城周长2330米，墙高12米，设东西两门，城中部建玉皇阁楼，城四角分筑角楼。东西"马道"为驿马进出通道，城南的"南官道"即是当年驿卒传令干道。到清代，鸡鸣驿更受朝廷重视。乾隆三年（1738年）拨专银修葺，使其真正成为一座固若金汤的"北国第一大驿城"。1913年，北洋政府裁汰驿站。鸡鸣驿的历史使命宣告完成，留下丰富的邮驿文化遗存。

鸡鸣驿城内设有驿丞署、把总署、公馆院、马号、戏楼、店铺等，另有寺庙八座，即永宁寺、龙神庙、白衣观音庙、财神庙、关帝庙、普渡寺、泰山行宫、城隍庙。驿城中最早的建筑是永宁寺，距今已经有800多年的历史了。

鸡鸣驿城设东西两座城门，门额上有"鸡鸣山驿"四个大字。登东城门楼远眺，城西北是有"山望鸡鸣势入云"（明代杨士奇《扈从巡边至宣府往还杂诗》）之称的鸡鸣山，城南则有"如带绕山根"（清代康熙《登鸡鸣山》）之称的洋河。如今前者依然巍峨，后者则仅见宽阔干涸之河道。

清康熙年间，鸡鸣驿设驿丞主管驿站事务，说明其地位重要。驿丞署乃驿丞及其属下办公之所，是负责驿站所有事务的行政机关，理所当然的驿城核心，居于驿城中部位置。该建筑为两进院，前殿后宅，并附后花园。后宅保存基本完好，大块方砖墁地、木门木窗、木炕沿等依稀保留了当年模样。

距驿丞署不远处是指挥署,为全城最高军事指挥长官的驻地。该建筑在驿城中规格最高,为砖木结构的五进连环院,雕梁画栋,石礅砖刻,随处可见。门楼上的砖雕,精美传神,内容极富创意。1900年8月八国联军攻陷北京后,慈禧太后和光绪皇帝一行西逃途中,曾驻跸于此,故它以"一夜行宫"为世人瞩目。至今二进院的山墙上还留有刻砖"鸿禧接福"四个楷书大字,作为慈禧太后在此居住的纪念。

驿丞署往北的泰山行宫,建于清代顺治八年(1651年)。虽说距今已300多年,但殿内48幅壁画仍清晰可见。那壁画,画工精细,色彩明艳,人物栩栩如生。壁画描绘的是东岳大帝之女碧霞元君的修道经过。每幅画的文字说明,似民间流行的"三句半"表演形式,诙谐独特,令人叫绝。如:"须弥山辞古佛菩萨下降, 劝世""灵霄殿奉玉旨金星下天,点化""御花园告天地一心修真,为忠""皇宫院辞父王要上泰山,修心"等。

居于城内西北部的驿馆,是过往军政官员下榻、驿使换马住宿的地方,类似今天的政府招待处。现存南北纵列两进院落。屋内门窗、隔扇、木销插头等做工考究,雕刻精致,有琴、棋、书、荷,以及蝙蝠、蜻蜓、蝉等不同形象,各有寓意。

驿馆往北,是马号。一般驿站只设一个马号,称"换马处"。鸡鸣驿因驿站之外设有军站,马号也设两个,分别称"大号""西号"。总面积逾一万平方米，四周建有围墙，实施封闭管理。

有关鸡鸣驿的题咏很多。如清代刘曾璇《早发过鸡鸣驿是日至宣府》："鸡鸣传古驿，到此恰鸡鸣。路狭斜临涧，山高见远城。土风邻北口，人语杂西声。回首关南道，寒云一望平。"

近代与鸡鸣驿密切相关的大事，除八国联军侵占北京时的慈禧西行，一夜驻跸外，还有就是，解放战争时期，著名的平津战役从这里打响。

平津战役是决定中国命运的"三大战役"中最后一次战役。它的序幕在鸡鸣驿与沙城之间的新保安镇拉开。据记载，1948年11月29日，中国人民解放军华北军区第三兵团首先向张家口外围国民党军发起攻击，至12月2日，对张家口形成包围态势。在北平的傅作义急令其驻守丰台、保卫北平的精锐第三十五军增援。12月4日，中共中央军委和毛泽东同志电令：华北野战军第三兵团继续切断张家口、宣化之敌的联系；华北野战军第二兵团以最快速度攻占下花园地区一线，割断敌一〇四军与张、宣之敌的联系；东北野战军先遣兵团则向怀来、南口之线急进，相继各个歼灭该线之敌。傅作义见势不妙，急令原驻部队固守张家口，三十五军撤回北平。12月6日，三十五军迅速通过宣化，当晚在鸡鸣驿宿营。12月7日，三十五军激战一天，占领新保安镇。然该军立足未稳，12月8日即被华北野战军第二兵团合围。从9

日夜间开始,国民党向西接应之第十六军主力五个团、第一〇四军两个师,左冲右突,作困兽斗,至 10 日下午,傅作义部五个师共 2.2 万余人在平绥线东段被歼灭,国民党军西撤绥远的通道被切断。12 月 22 日,华北野战军第二兵团经过 11 个小时激战,在新保安全歼傅作义的"王牌"第三十五军共 1.9 万余人,军长郭景云自毙身亡……

"鸡鸣传古驿,到此恰鸡鸣。"鸡鸣驿又一次见证了历史,新中国的黎明即将到来。

"折花"者家乡的驿站
——张家口

1982年8月25日,邮电部发行《中华全国集邮联合会第一次代表大会》邮票小型张,主图为甘肃嘉峪关魏晋时期墓室壁画——驿使图。

"折花逢驿使,寄与陇头人。江南无所有,聊赠一枝春。"这是南朝文学家陆凯的《赠范晔诗》。陇头,即陇山,在今陕西陇县西北。范晔,著名史学家,《后汉书》的作者。这首诗明白晓畅,脍炙人口,人们耳熟能详。在千年传诵的过程中,被简化为"驿寄梅花"等成语广泛使用。其中,仅宋代文人就有一大批。如秦观:"驿寄梅花,鱼传尺素,砌成此恨无重数。"黄庭

第二章 燕赵大地 驿通天下

坚："欲问江南近消息，喜君贻我一枝春。"苏轼："故人应在千山外，不寄梅花远信来。"曾巩："远寄一枝随驿使，欲分芳种恨无因。"范成大："韶江石老箫音在，庾岭梅残驿使迟。"千百年来，陆凯《赠范晔诗》成为横跨邮驿史、书信史和诗歌史等三界的经典。多少年来，人们都知道甚至会背诵这首诗，却未必知道它的作者陆凯是何方神圣。

陆凯，字智君，北魏代（今张家口涿鹿县山涧口村）人。他为人谨慎，好学，选为中书学生，拜侍御中散，历任通直散骑侍郎、太子庶子、给事黄门侍郎，出任正平太守，治理有方，号为良吏。《魏书》上有传。陆凯作为成语"驿寄梅花"的首创者，常年在外地为官，对各地驿站并不陌生。那么，他的家乡的驿站如何？且听慢慢道来。

张家口是一座有着悠久历史的塞上名城，又是著名的军事重镇。它位于河北省西北部，内蒙古高原南麓，东屏京华，西扼塞外，北靠广袤的内蒙古大草原，南接辽阔的华北粮棉产区，是沟通中原与北疆，连接京津、沟通晋蒙的交通枢纽，冀西北地区的中心城市。

远古时代，轩辕黄帝与蚩尤大战于涿鹿之野，擒杀蚩尤后，于釜山与各部族首领会盟议事，决定统一符契、共同结盟，各路诸侯公推黄帝为各部落共同的领袖，一统天下，成为中华民族形成史上的一座丰碑。对此，《史记·五帝本纪》《资治通鉴》有轩辕黄帝曾"合符釜山，而邑于涿鹿之阿""诸侯咸尊轩辕为天子"等记载。商、周时期，张家口为幽州。春秋战国时，张家口北为匈奴与东胡居住地，南部分属燕国、代国。秦代，南部改属代郡，北部属上谷郡。到汉代，大部分属幽州地界，小部分属乌桓、匈奴、鲜卑。隋代，东为涿郡，西属雁门郡。唐代，北部属突厥地，桑干都督府；南部多属河北道妫（guī）州、新州，少属河东道蔚州。五代后，属辽之西京道。金代，属西京路。元代，属中书省。明代，除蔚县一带属于山西大同府外，其他皆属京师（北京市）顺天府。清代，北属口北三厅（多伦诺尔厅、独石口厅、张家口厅），南属宣化府。

关于张家口的得名，普遍的说法是在明代嘉靖八年（1529年），源于堡子里（亦称"下堡"）。堡子里，明代属京师宣府镇，为万全右卫地。明宣德四年（1429年），指挥使张文始筑城堡，名张家堡（下堡）。成化十六年（1480年）增筑关厢。成化二十一年兵部尚书余子俊筑边墙，即外长城。嘉靖八年，守备张珍在北城墙开一小门，曰"小北门"，因门小如口，又由张珍开筑，所以称"张家口"。历史上，张家口又称"张垣""武城"等。

据史料记载，元代时，自燕京出发到蒙古，有两条驿路，均经过张家口地区。一条为上都路，辖驿站18处，驿马1936匹，车600辆，驴2020头，牛1340头。在张家口地区的驿站有独石驿、赤城驿、榆林驿、宣德驿等。另一条为大同路，辖驿站26处，其中陆驿19处，驿马2046匹，车80辆，牛450头；水驿5处，船50条，马100匹，牛200头，羊500只；另设牛站2处，牛306头，车60辆。

张家口驿，建于明成化二十年，旧名东门驿，清康熙三十二年（1693年）废，改为万全驿，设驿丞管理，有驿马46匹，马夫等75名。清代，由京城皇华驿至张家口驿，共430里。自皇华驿70里至昌平州榆河驿，60里至延庆州居庸关驿，60里至怀来县榆林驿，60里至怀来县土木驿，60里至宣化县鸡鸣驿，60里至宣化府宣化驿，60里至张家口驿。

明洪武初年，李文忠攻克元上都（今内蒙古多伦县西北），设开平府据守。在上都地方设驿八处：东面有东凉亭、沈阿、赛峰、黄崖等四驿，接大宁（今内蒙古宁城县）古北口；西面有桓州（今内蒙古正蓝旗西北）、威房（今内蒙古正蓝旗南）、明安（今张家口沽源县北）、隰（xí）宁（今张家口沽源县南）等四驿，接独石口。永乐年间，大宁丢失，开平府势孤难守，遂在独石口设开平卫。此后北方少数民族经常侵扰宣府、大同一带，驿路时断时续。

在今张家口地区设立的大型驿站，包括：明永乐十八年（1420年）的宣府驿，清康熙三十二年（1693年）改为宣化驿；另有榆林驿、鸡鸣驿、土木驿、独石口驿等。榆林驿、鸡鸣驿，已如前述。土木驿，在怀来城西30里，明代设置，西至鸡鸣驿60里，北至长安驿60里。独石口驿，元中统四年（1263年）置，隶上都路，南至赤城县云州驿60里。

清代，沙漠北部有两条重要驿路，均起自张家口。一为阿尔泰军台路，在清代远征准噶尔时设立；一为库伦驿路，为沟通与俄国交通贸易设立。阿尔泰军台路，起自张家口，向西北方向经土谢图汗、赛因诺颜两部抵乌里雅苏台，再经扎隆克图汗部至科布多，全长5850里，共78站。库伦驿路，利用自张家口至科布多的阿尔泰军台路，至赛尔乌苏站折向正北，至库伦（今蒙古乌兰巴托），再向北抵中俄边境恰克图（买卖城）。科布多至恰克图共计2380里，34站。

长城内外，内地边疆，张家口自古就是边防重镇，是战场，是"坐标"。后人至此，往往有感而发思古之幽情。唐代诗人胡曾于秋日登上涿鹿山，浮想联翩，赋诗《涿鹿山》："涿鹿茫茫白草秋，轩辕曾此破蚩尤。丹霞遥映祠前水，疑是成川血尚流。"前两句是对黄帝战蚩尤的历史功绩的肯定，后两句则流露出对战争造成人员大量死亡的痛心。先秦两汉时期，张家口怀来县大古城、阳原县曲长城两故城址为古上谷郡、古代郡之遗址。西汉名将、飞将军李广先后任这两郡军政长官（太守）。唐代诗人王昌龄以《出塞》诗赞之："秦时明月汉时关，万里长征人未还。但使龙城飞将在，不教胡马度阴山。"龙城，即喜峰口附近的卢龙镇，汉代右北平郡所在地。龙城飞将，当然指李广。另据《史记·李将军列传》载："（李）广居右北平，匈奴闻之，号曰汉之飞将军，避之数岁，不敢入右北平。"阴山，在今内蒙古自治区中部。诗的首句将大跨度的秦月、汉关联在一起，突出的是与匈奴作战的频繁和持久，同时也点出了"万里长征人未还"的历史背景。诗的后两句则以李广的英勇无畏来表达作者的理想与祈盼：保我疆土，让敌人不敢来犯。全诗大气磅礴，雄浑苍茫，且具言有尽意无穷的艺术特色。《出塞》不愧为名诗佳作，千百年来传诵不衰。

赤城、龙门两相宜

赤城也有杨家将,其代表性人物叫杨洪,明代中期名将。据考证,这一支杨家将真是北宋老令公杨继业的后裔。

杨洪,字宗道。庐州合肥人,生于六合(今江苏南京)。祖父杨政,父亲杨璟,子杨俊、杨杰、杨能、杨伦、杨信。杨政,从明太祖朱元璋勇起义师,积有战功,被授为汉中卫百户令。杨璟生得魁伟豪迈,咄咄英姿,不同凡响,骁勇善战,屡屡以功进阶。而杨洪,善骑射,遇敌辄身先突阵。正统十四年(1449年)土木之变中识破瓦剌计,论功由昌平伯进为昌平侯,兼掌左军都督府事。杨洪父子兄弟皆佩将印,有"一门三侯伯"之说。后人评价,杨璟作为北宋杨家将杨业令公十八世孙,是北宋以来又一名杰出的杨家将领军人物。继他之后,从六合走出的明代杨家将后裔,浴血疆场,忠勇报国,形成了"朱家天子杨家将,换王不换将"的格局。

就是这位杨洪,一生得寿七十,仅在赤城、马营、独石、宣化、怀来一带征战、镇守、屯垦、开拓就有整整四十二个春秋。赤城一带的山水草木，城堡烽台，社学庙坛，驰道良田，无不留有他的足迹。他创筑马营城，固筑独石、龙门、赤城诸城堡；修葺温泉瑞云寺；重建金阁山灵真观；请建龙门等八城社学；兴建龙关重光塔等，其胜迹比比皆是。与此同时，赤城一带的民风淳朴，士卒真诚，热土忠魂又使他遗情依恋，以致死后由京西而迁葬于塞外赤城。纵观杨洪一生，守边抚民，御外诲内，勋功卓著，位登极品。碑石有铭，史书有传，当年塞外各地民间老幼有口皆碑。

赤城县，别名霞城，地处张家口市东部、白河上游。它东接承德市丰宁满族自治县，南与北京市延庆区接壤，东南与北京市怀柔区相邻，西接宣化县，西南与怀来县相连，西北接崇礼县，北靠沽源县，是一块历史悠久的风水宝地。

人文方面，仅杨家将就使得赤城誉满燕赵。而地理方面，赤城的一家龙门驿也颇值得一说。

龙门，全国闻名。提到龙门，首先，想到的是"禹凿龙门"的神话。它在古籍中记载较多，如东汉班固《汉书》、东晋王嘉《拾遗记》、北魏郦道元《水经注》等。据《汉书·沟洫志》："昔大禹治水，山陵挡路者毁之，故凿龙门，辟伊阙。"阙，古代大门前两边供瞭望的建筑，高大雄伟，横空出世。传说中，大禹开凿的龙门主要有两处：一在陕西韩城东北与山西河津西北之间，一在河南洛阳之南。其次,就是人们耳熟能详的"鲤鱼跳龙门"的传说。相传鲤鱼洄游至龙门,少数腾跃而上者化为龙,不得上者则点额曝腮而下。于是,人们以"点额"比喻科举考试落第,"曝腮"即表示挫折、困顿。与"曝腮"相对应的是"烧尾",典出《太平广记》:"龙门下每岁季春有黄鲤鱼自海及诸川来赴,一岁中得龙门者不过七十二,初登即有云雨随之,天火自后烧其尾,乃化为龙。"后因以"龙门"指科举之事,也寓飞黄腾达之意,而把科考中名落孙山者称作"点额而还"。

神话也罢,传说也罢,表明龙门知名度很高。龙门县、龙门镇、龙门乡、龙门堡等之同时,更有龙门驿。并且,龙门驿还不止上述陕、山之间与洛阳之南两处,写龙门驿的诗作更是所在多有。如唐代杜甫写洛阳《龙门》:"龙门横野断,驿树出城来。气色皇居近,金银佛寺开。往还时屡改,川陆日悠哉。相阅征途上,生涯尽几回?"明代陆卿写福建安西《龙门驿》:"一棹全行画里,数家半住云中。细雨孤篷短梦,隔林萧寺疏钟。"棹,代指船。萧寺,佛寺的代称。明代徐问《龙门驿》写的是广西桂林灵川县龙门驿:"险仄漓江峡,龙门驿路通……天山勋亦壮,吾欲挂雕弓。"天山勋,指的是唐代薛仁贵"三箭定天山"之功勋。

与上述几处比起来,赞赤城县龙门驿的诗并不逊色。

据史料记载,龙门县,唐代长庆二年(822年)置,得名于县境北部的龙门峡。元至元二年（1265年）并龙门县入宣德为龙门镇，至元二十八年改为望云县，明宣德六年（1431年）废县设龙门卫，置龙门守御千户所，故龙门亦称"龙门所"。当年于龙门所西五十里处建龙门驿。清康熙三十二年（1693年），改龙门卫为龙门县，龙门驿归其管理。元代诗人杨允孚有《滦京杂咏》写龙门驿。滦京，元上都的别称，以临滦水得名，位于内蒙古自治区锡林郭勒盟正蓝旗上都镇。该诗写道："万古龙门镇两京，悬崖飞瀑一般清。天连翠壁千寻险，路绕寒流百折横。"两京指大都（北京）和上都（滦京）。镇两京、悬崖飞瀑、千寻险、百折横等，足见龙门气势雄伟，非同一般。

说起来，挺有意思。这赤城与龙门两地，相隔六十里，不仅历史悠久，如影随形，并且不是你统辖我，就是我领导你。史载，上古时代，尧分天下为九州，龙关属冀州。舜肇天下十二州，分冀州东北为幽州，龙关属幽州。夏禹复并十二州为九州，龙关和赤城同属冀州。商周，赤城属幽州，龙关仍属冀州。到了春秋战国时代，赤城、龙关均为燕国之地。秦代，始皇帝二十六年（前221年），分天下为三十六郡，其一曰上谷，赤城、龙关均属上谷郡地。隋代，赤城、龙关属涿郡的怀戎县（今怀来县）。唐长庆二年置龙门县后，赤城归属龙门县。北宋时，赤城、龙门同属辽，南宋时又同属金。元至元二年废龙门县。明代，赤城为万全都指挥使司统领下的赤城堡。至清代康熙三十二年置赤城县，属宣化府；同时废龙门卫，复置龙门县。如今，龙门是赤城县的一个行政区。

赤城，因"城东二里，山石多赤，望若雉堞（古城墙）"而得名。元代路过此地的人称它"市廛集商贾，有驿通上京"，为驿路上的重要一站。古人写赤城驿的诗有多首，主要集中在元代。其一，陈益稷《上都回宿赤城站》："涂山执玉会诸侯，宴罢回程宿岭头。白海雨来云漠漠，赤城秋入夜飕飕。皇图万里乾坤阔，客路几年身世浮。驿吏惊呼诗梦破，一声鸡唱隔云州。"其二，陈孚《赤城驿》："一溪流水绕千峰，宛与天台景物同。魂梦不知家万里，却疑只在赤城中。"其三，贡师泰《次赤城驿》："老夫辞家今一月，马上行行过冬节。山空野旷风栗烈，木皮三尺吹欲裂，貂帽狐裘冷如铁。痴云作雪还未雪……候吏来迎稍罗列。入门登堂火微爇，须臾冻解通身热。"冬节，即冬至。木皮三尺，意即由于天气寒冷，三尺厚的树皮都皲裂开来。候吏，驿吏。《次赤城驿》所写，冬至时节，赤城奇冷，而一进驿站，则"须臾冻解通身热"，说明赤城驿的管理还是不错的。

赤城，龙门，一县两驿，且均为名驿，值得点赞。

第二章 燕赵大地 驿通天下

卢龙塞外亭堠列
——承德驿站

1991年8月10日，邮电部发行《承德避暑山庄》特种邮票小型张。

　　写承德的诗歌，多年前读到高适的《塞上》，至今印象深刻："东出卢龙塞，浩然客思孤。亭堠列万里，汉兵犹备胡。边尘涨北溟，虏骑正南驱。转斗岂长策，和亲非远图。惟昔李将军，按节临此都。总戎扫大漠，一战擒单于。常怀感激心，愿效纵横谟。倚剑欲谁语，关河空郁纡。"卢龙塞，喜峰口一带的边塞，在今承德宽城境内。亭堠，古代用来侦察、瞭望的岗亭。北溟，即北海，泛指北方。虏骑，指向南进犯的契丹和奚族兵马。李将军,汉代的飞将军李广。按节,持节巡行。纵横谟,即在边塞纵横驰骋的谋略。

《塞上》为高适28岁第一次出卢龙塞时所作。当时塞外契丹、奚族时附时叛,朝廷采取讨伐及和亲的办法均未奏效。诗的前半部分八句表示对边塞形势的忧虑,后半部分忆及汉代飞将军李广雄镇边塞的往事,表达了绥靖边塞的愿望和报效无门的郁闷。

塞外名城承德,幅员辽阔,物产丰富,曾经是一农牧富裕地区。尽管《钦定热河志》卷五十五上说"承德府属金境,自慕容燕都龙城始有建置可言",但这一地带,自古以来在军事上、政治上都处于重要地位。早在周朝,承德一带就是燕、山戎、东胡活动的地带。燕,是公元前11世纪周分封的诸侯国,召公奭建都在蓟(今北京城西南),战国时成为七雄之一,曾有"齐桓公伐山戎,为燕地五百里,燕始强大"之说。《史记·匈奴列传》更有"燕亦筑长城"、置渔阳诸郡"以拒胡"的记载,现在承德地区围场满族蒙古族自治县境内尚残存古长城遗址。

为便于统治,清雍正元年(1723年)设热河厅。雍正十一年改热河厅为承德州。乾隆七年(1742年)罢承德州仍设热河厅,四十三年又改设承德府,属直隶省。承德曾辖领一州(平泉州)五县(滦平、丰宁、建昌、朝阳、赤峰),嘉庆年间升为热河都统署。承德一带是塞外少见的风景优美、气候宜人之地,加上木兰围场的设置，避暑山庄、外八庙等建筑群的陆续兴建，更给当地增添了诗意。木兰围场，是为加强北部边防、"合内外之心"而设的，是清军通过行围打猎，借以"王武、绥远"的禁苑、猎场和练兵场。

清代的邮驿由驿、站、塘、台、铺、所六种组织形式构成，其任务是，传递谕令、公文，禀报军情，运送贡赋、朝廷赏赐物品，迎送过往官宦、转运兵员及粮秣军需等。清代热河邮驿较为发达，主要有驿和铺两种形式。承德的驿路，向西南连通京师，向北连接蒙古游牧地区，往西控制回疆。条条驿路就像一根根神经连通全国各地，及时传递政府号令及各方面往来信息，对于统一多民族国家的形成和巩固发挥了重要作用。

据《承德府志》记载："承德驿置古北口外驿站，应付夫马奏销钱粮由古北口管站员外郎掌之，承德府属所司驿站，应付夫马奏销钱粮由热河道府州县掌之。"从京师至避暑山庄450多里，由皇华驿出发，经通州潞河驿、三河县三河驿、蓟州渔阳驿、遵化州石门驿、遵化州遵化驿、迁安县滦阳驿、喜峰口至承德。在公文传递上，分驿站传送、专差传送、急递铺传送三种方式。确立邮驿程限的基本原则是：一、因程设限，依限传递，即日行300里者，无分昼夜每一时行25里。400里、500里、600里按此递加。二、因地制宜，区别对待，即对于受地理交通等条件限制，不能按正常程限要求的，区别情况，适当放宽。如承德府属的滦平等驿，因山路难行，600里飞递者，限日行300里。三、选择捷径，分秒必争，即遇有特殊情况，各省之间和各地之间的驿路可随时调整。但上述原则的制订与调整权限均在京城的清政府军机处。

清制，"凡差遣给驿者，皆验以邮符"。邮符由兵部掌握，分两种：一种叫"勘合"，供官员因公驰驿或紧急军务驰驿用；一种叫"火牌"，取"火速"的意思，专为飞报军情而设。仅供兵部与各边总镇使用。关于公文传递时限，一般情况下，京城往来公文因性质和内容不同，程限5日、4日、1日不等。而标有"马上飞递"字样者，每日限行300里，若需紧急传送者，则标明"四百里""五百里"以及"六百里加紧"字样。

1681年，康熙帝为锻炼军队，在承德开辟了一万多平方公里的狩猎场。皇帝每年都要率王公大臣、八旗精兵来这里射猎、旅游，史称"木兰秋狝（xiǎn，狩猎）"。而承德避暑山庄，于乾隆五十七年建成后，每年的五月至九、十月份，清帝都要驻跸山庄，一边避暑一边料理国事，如在京师上朝议事一般。间或进行围猎、比武。于是，一支庞大的中枢宫廷机构，如内阁六部、院、司、寺、理藩院等各所属机构，内阁大学士、军机大臣以及各部主要官员等，一同前往，另有大批负责官员和办事人员随行。

这一阶段,承德便成为清政府的"第二中心",致北京与承德间的驿运空前繁忙。

为保证政府职能的运行,当时规定,中央各部门及各省送往北京的寻常报告,每三天一次由驿站递送承德;重要奏折从北京直投避暑山庄或围场;紧急报告规定日行程500—600里,准时递送;特急军报日行程超过600里。康熙帝平"三藩"时,邮驿接力一昼夜可行千余里。乾隆三十八年,大小金川战役,乾隆帝十分重视,坐镇北京与承德指挥,对往来的奏折及时批示,几度调兵遣将,详细部署,最终彻底平定大小金川的叛乱。清军攻克勒乌围的消息,驿差以八天时间,行程7000多里,赶到围场向乾隆报捷。即使是在木兰围场中,遇有特殊军报,乾隆帝也可立即批复。军机章京(办理文书的官员)赵翼,曾先后四次扈从木兰秋狝。据其《簷曝杂记》第一卷《军机直舍》记载:"扈从木兰时,戎帐中无几案,率伏地起草,或以奏事黄匣作书案而悬腕书之。夜无灯檠(灯架),惟以铁丝灯笼作座,置灯盘其上,映以作字,偶蒙拂(抖动),辄蜡泪污满身。"

平时,为了满足皇帝、后妃和王公大臣们的享受,木瓜、石榴、苹果、梨,从新疆运来;龙眼、甘蔗,从广东运来;荔枝从福建运来。这些也都要通过驿站飞驰转递。人们只知道唐代"一骑红尘妃子笑",为杨贵妃运送荔枝的故事,却很少知道乾隆帝吃荔枝同样是"一骑红尘",并且他吃后还常常写诗"显摆",如:"缀枝颗颗露华鲜,闽峤飞来路六千。""应为尝新荔子到,又教梦里一相逢。"

写塞上(包括承德)的诗歌很多。像曹操《却东西门行》:"鸿雁出塞北,乃在无人乡。"李白《北风行》:"燕山雪花大如席,片片吹落轩辕台。"出塞、出征,透着一种豪迈、豪情。唯北宋末代皇帝与此相反。北宋王朝灭亡,做了俘虏的徽、钦二帝被押出塞,"过石门,至景州,上卢龙岭,渡栾撒河"(《呻吟语》),触景生情,宋徽宗有《在北题壁》:"彻夜西风撼破扉,萧条孤馆一灯微。家山回首三千里,目断天南无雁飞。"宋钦宗则有《西江月》:"塞雁喳喳南去,高飞难寄音书。只应宗社已丘墟……寒沙风紧泪盈裾。难望燕山归路。"泪满衣襟,依依不舍,欲归不得,典型的亡国之哀。奈何!

秦皇岛的烽燧与驿站

"大雨落幽燕，白浪滔天，秦皇岛外打鱼船。一片汪洋都不见，知向谁边？往事越千年，魏武挥鞭，东临碣石有遗篇。萧瑟秋风今又是，换了人间。"这是1954年夏，伟人毛泽东在秦皇岛写下的著名词作《浪淘沙·北戴河》。词写得通俗易懂，却磅礴大气，慷慨奔放，内涵丰富，语近情遥。从此，原本名气不小的秦皇岛更是驰名中外，成为旅游胜地。

碣石，古山名，在今河北昌黎县北。《尚书·禹贡》有"夹右碣石入于河"的记载。另据史载，公元前215年，秦始皇东巡"之碣石"，刻《碣石门辞》，曾驻跸于此，故此地得名秦皇岛。《碣石门辞》写道："遂兴师旅，诛戮无道，为逆灭息。武殄暴逆，文复无罪，庶心咸服。惠论功劳，赏及牛马，恩肥土域。皇帝奋威，德并诸侯，初一泰平。堕坏城郭，决通川防，夷去险阻。地势既定，黎庶无繇，天下咸抚。男乐其畴，女修其业，事各有序。惠被诸产，久并来田，莫不安所。群臣诵烈，请刻此石，垂著仪矩。"该"辞"相传为秦始皇东巡到达碣石后,令丞相李斯所作,以颂始皇功德,并刻石铭记。专家考证认为,这是现存史料中最早写于碣石的诗文。

"魏武挥鞭,东临碣石有遗篇。"魏武者,曹操也。据记载,汉献帝建安十二年(207年),曹操率军平定乌桓后,班师途中,经过渤海之滨的碣石山,观海而作《观沧海》二首,其一曰:"东临碣石,以观沧海。水何澹澹(荡漾之貌),山岛竦峙(耸立)。树木丛生,百草丰茂。秋风萧瑟,洪波涌起。日月之行,若出其中。星汉灿烂,若出其里。幸甚至哉,歌以咏志。"

秦皇魏武,或坐车或骑马,都离不开路——无论它叫驰道还是直道,都离不开"邮",不管它叫"邮"还是"驿",或"邮""驿"并称。

秦皇岛地区历史悠久。在商周时期曾出现孤竹国、肥子国,战国时属燕国辽西郡,秦、汉、魏、晋和北朝历代相袭均属辽西郡,隋、唐、宋、辽、金称平州,元改平滦路、永平路,明清两代置永平府辖之。当时永平府地域包括现唐山市大部地区、秦皇岛市大部地区和辽宁市西南部地区,府治在今秦皇岛市卢龙县。秦皇岛背燕山、襟渤海,地理上乃军事要冲,自古为兵家必争之地,秦皇、魏武、唐太宗都曾东临驻跸。

烽火报警,自古就是我国边防通信的有效手段,并逐步形成制度。"五里一燧，十里一墩，三十里一堡，百里一城寨"，由周至汉，日益发展。秦皇岛地区当然也是如此。到明代，随着驿站制度的发展，烽火报警就全国来说已然被"边缘化"，但在局部地区，特别是边海防，仍在使用。像蓟镇总兵戚继光，当年在长城上修建、完善敌台和墩台，形成系列的同时，还建有烽火台十四座，大约每三里一座，它们使山海关一带的防御措施更加严密。据光绪五年（1879年）《永平府志》记载，明清两代，秦皇岛市境内还有一条从山海关起经抚宁、卢龙通往北京用烽火接力报警的烽燧系列："东至山海关城七里至五里台，又六里至栾家岭，又七里至汤河沿，又九里至凤凰店，又十里至望海店，以上属临榆；又十三里至高台岭，又九里过深河堡至马棚山，又四十里过榆关至白石铺，又二十五里过抚宁县至芦峰口，又六里至饮马河，又五里至新庄铺，又十里至吴达子营，以上属抚宁；又十里过双望堡至部落岭，又五里至十八里铺，又十二里至驴槽儿，又十五里过府城至鸭子河，又十里至望府台，又八里至安河铺，又七里至赤峰铺，又十里至野鸡坨，以上属卢龙。"

由于地理位置重要，历史上，秦皇岛地区的邮驿机构也相对发达。秦皇岛南临渤海，北倚燕山，东接东北平原，西靠京津广大地区，是关内通往东北的咽喉要道。秦始皇统一六国时，曾派王贲率军追击燕王喜，经此地至辽东。此后，秦始皇"书同文，车同轨"等治国大计陆续推行，驰道、直道遍布天下。元代站赤以大都为中心，向外辐射，遍及全国。据明万历二十七年（1599年）《永平府志》载："永平为京都辽海之冲衢，当朝鲜女真之贡道，符使速于星火，邮役纷如猬毛"，"迩年东征兵马十余万，羽檄交驰"。驿递之繁忙景象，可见一斑。清代推行"邮""驿"合并的改革，通信系统较前简化，效率有所提高。永平府是清代北京通往奉天的必经之地，驿路则是京师皇华驿通往关外的主要通道。从京师皇华驿出发，经通州潞河驿、三河县三河驿、蓟州渔阳驿、玉田县阳樊驿、丰润县义丰驿、迁安县七家岭驿、卢龙县滦河驿、抚宁县芦峰口驿、抚宁县榆关驿、临榆县迁安驿，至奉天沙河驿，总计745里。

清代秦皇岛地区驿站的编制及经费情况，清光绪五年《永平府志》有详细记载：

> 滦河驿属卢龙县，在南关东街，乾隆四十七年移县署东院。额设马七十二匹，夫役八十八名，内抄牌一名，兽医一名，马牌十三名，草夫三名，接递皂隶四名，马夫三十六名，杠轿夫四十名。每岁支工料银四千三百三十九两一钱五分二厘，遇闰加增银三百三十四两四钱零九厘。

> 芦峰口驿属抚宁县，在南关外。额设马七十二匹，夫役八十七

第二章 燕赵大地 驿通天下

名，内杠轿夫四十名，兽医一名，马牌子三名，草夫三名，抄牌一名，马夫三十五名，接递皂隶四名。每岁额支银四千二百九十二两七钱一分六厘，遇闰加银三百二十八两五钱七分四厘。

榆关驿属抚宁县，在县东四十里深河。额设马七十二匹，夫役七十六名，内杠轿夫三十名，兽医一名，马牌子三名，抄牌一名，马夫三十四名，草夫三名，皂隶四名。每岁额支银共四千零九十一两六分二厘，遇闰加增银三百二十七两三钱九分五厘，在乐亭支销。

迁安驿属临榆县，在西关外，乾隆二年改隶县治。额设马七十二匹，夫役八十四名，内兽医一名，马牌子三名，马夫三十六名，草夫三名，抄牌一名，杠轿夫四十名。每岁额支银四千三百九十八两九钱七分一厘，遇闰加银二百九十九两一钱八分九厘，归昌黎县应役。

有驿站处皆有诗。如唐代诗人高适《燕歌行》："摐（敲击）金伐鼓下榆关，旌旆（旌旗）逶迤碣石间。校尉羽书飞瀚海，单于猎火照狼山。"明代曾任刑部尚书的葛守礼《秦皇岛》："长城争奈禁宫胡，不死神仙亦有无。寂寞阿房深草木，空余绝岛伴烟孤。"明代曾任山海关兵部分司主事的邵逵《秦皇岛》："千寻碧浪纷如雪，万叠潮来吼如雷。草树当然笼碧嶂，烟霞依旧镇苍苔。追思漫忆长生药，回首沙丘事可哀。徐福楼船去不回，銮舆曾此驻丛台。"写秦皇岛，几乎离不开长城、碣石、秦皇、汉武、战鼓、羽书、碧浪、烟霞。而对秦始皇试图求仙长生的荒唐之举，也不免有所批判。

第二章 燕赵大地 驿通天下

"插羽不时传"
——山海关驿站

2016年8月20日，中国邮政发行《长城》特种邮票，一套9枚，其中第1枚为《关山沧海》，表现的是河北山海关长城和与其遥相呼应的辽宁丹东鸭绿江畔的虎山长城。

　　山海关，古称渝关、榆关、临渝关，历史悠久。殷商时期，它是孤竹国所辖之地。隋开皇三年（583年），设榆关城，唐代为临渝关，征伐高丽之师在此集结。元代为迁民镇。明洪武十四年（1381年）大将军徐达见这里"枕山襟海，实辽蓟咽喉，乃移关于此，连引长城为城之址"，建关设卫，因关在山、海之间而得名。古人曾写下"两京锁钥无双地，万里长城第一关"的美妙诗句赞之。

山海关位于秦皇岛市东北15公里，地处冀辽两省交界处，是万里长城的东部起点。境内长城蜿蜒26公里，南临渤海，北负燕山，一关雄踞，将山、海、关连成一片，战略位置十分重要。顾祖禹《读史方舆纪要》称："山海关为边郡之咽喉，京师之保障。"《畿辅通志》亦称其为"长城之枕护蓟燕，为京师屏翰，拥雄关为辽左咽喉"。

康熙二十一年（1682年），康熙第二次东巡山海关时写有题为《山海关》的一首诗。其"序"写道："连山据海，地固金汤，明时倚为险要，设重镇以守之。我朝定鼎燕京，垂四十年，关门不闭。既非设险，还惭恃德，偶赋数言，聊以记事。"虽说是"序"，却也诗意浓厚，尤其是"连山据海，地固金汤"所透露的是作者对山海关的高度赞美。其诗如下：

重关称第一，扼险倚雄边。地势长城接，天空沧海连。戍歌终岁苦，插羽不时传。作镇隆三辅，征输困百年。笳寒龙塞月，甲冷雉楼烟。历数归皇极，纲维秉化权。漫劳严锁钥，空自结山川。在德诚非易，临风更慨然。

全诗大意是，山海关雄踞长城险塞而障护京都，是扼守在

第二章 燕赵大地 驿通天下

中华山海边垣之国门,在天下所有关隘中当称第一。海陆险塞,长城蜿蜒,雄关浩气横空,渤海碧波荡天,如诗如画。年复一年的戍边之苦,紧急军事文书的频频穿梭。为护卫国土、保卫京都,近百年来常因战事频繁而为征输兵马粮草所困扰。胡笳映着塞上的月光,顿生寒意;城墙上生起烟火,铠甲仍然冰凉。大清王朝承袭皇权乃是天意,至极尊严,国家法纪则具有推行教化的力量。如果掉以轻心,不知加强防范,固若金汤的边防国塞,都将会前功尽弃。重视纲纪武备,固然重要;而德政教化,绝非易事。身临边关巡视,抚今思昔,情不自禁,感慨良多。

"插羽不时传",表明紧急军事文书的传递成为一种常态,这也是边关重镇的一大特色。同时,既是边关重镇,皇帝巡视或出行也会不时地到来。比如在山海关古城西大街,明代中叶建有承恩驿,是专供传递官府文书和军事情报的人员或过往官员途中食宿、换马的场所。乾隆皇帝当年到盛京祭祖,途经临榆县。这可是破天荒的大事。于是,当地官员为隆重迎接皇上亲临,将驿站进行彻底改造,特意把后面的王爷府装饰一新,供其驻跸。在驿站,乾隆帝停留数日,并题写"祥霭榑桑"的墨宝。祥霭即祥云,榑桑(古同扶桑)乃古代神话中海外的大树,据说生长在太阳升起的地方。

承恩驿之外,山海关还有迎恩楼,其西门直接连接御道,清朝皇帝曾多次出关入关，出入此门，并登上此楼。迎恩楼西门上一块大匾，蓝底黑字，正是乾隆帝御笔"祥霭榑桑"。两边挂藏头对联："祥霭度关城万里和风谐正气，榑桑升海岳五云光彩耀宏图。"海岳，指大海和高山。五云，指青、白、赤、黑、黄等五种云色。

据记载，当年乾隆皇帝东巡盛京途经辽西走廊时曾路过连山驿并写诗记之："连山相接塔山峰，沟濠壁堑凡几重……"（《吕翁山所过连山塔山皆我太宗文皇帝用武之地》）史载，明代洪武年间,山海关外设辽东都司,管辖今辽宁大部分地区。洪武二十年，从山海关至辽东都司治所辽阳城的陆路交通线上，共设置14处驿站，每处驿站相隔30—40公里。连山驿是山海关外继高岭驿、东关驿、曹庄驿之后的第四处驿站。驿站设置伊始，即开始兴修连山驿城（简称"连山城"）。连山驿城位于今葫芦岛市连山区连山大街中心。明代，连山驿隶属于宁远卫管辖，宁远卫所在地即今兴城古城。据明代嘉靖《全辽志》记载："宁远卫连山驿，城东北三十二里，递运所在本驿内。"

据考古调查，连山驿遗址平面略呈方形，南北长约250米，东西宽约240米，周长1020米左右，这与《盛京通志》记载"连山城周围一里二百六十步"大致相合。连山驿城面积仅有0.06平方公里，是名副其实的小城。

由于地理位置特殊——临海、边疆，故明代辽东驿站，与关内驿站的最大不同，是其军事功能占比很重。一是连山驿城修筑有防御设置，故连山驿亦被称为连山堡。崇祯十五年（1642年）春，随着松锦大战中明军惨败，连山成为明朝在山海关外的军事前沿。二是包括连山驿在内的辽东各处驿站的驿夫驿卒均为军士，负责管理连山驿各项事宜的不是驿丞，而是由驻军选派的百户（明代军职名）。明代的百户一般为正六品，而关内驿站的驿丞一般称作"未入流"，没"品"。

明朝后期，由于防务废弛，连山驿城年久失修，城垣已坍塌。尽管如此，连山驿城在明亡清兴的历史进程中仍然发挥着作用。崇祯十五年春，松锦大战明军惨败后，皇太极欲行韬光养晦之策，提出"以宁远双树铺中间土岭为明国界，以塔山为清国界，以连山为适中之地，进行互市贸易"的议和条款，遭崇祯皇帝拒绝，最终的结果就是，在兵戎相见之中明王朝"寿终正寝"。

在当今的连山驿城内，立有《连山驿站》石碑。碑文写道：

> 驿站为明长城防御体系之交通系统，关乎九边军事局势。明洪武二十年（1387年）七月，京师左军都督府自山海卫至辽东卫置马驿一十四，遂建连山驿。属宁远卫，给官马三十匹，驿夫一百二十名。其设置具宣上德，达下情，防奸宄，诛暴乱，驭边

疆等机宜。乃国家之血脉所以流通贯彻，使无壅阏之患也。凡期会簿书，闾阎疾苦，公使往还，边徼警急，莫不资焉。

史料记之，连山城周围一里二百六十步，南一门，名曰迎韶，连山河绕城而过。旧城改造时可见明代青砖等，见证古今连山城之衰兴。特立此碑，署文记之。

二〇〇九年五月

碑文文字简洁，内涵丰富，为同类文字中所鲜见。特别是今人挖掘史料，并刻碑记之，以传承、传播古驿历史，尤其令人称道。

戚继光与《传烽歌》

2008年7月19日,国家邮政局发行《古代名将——戚继光》纪念邮票,一套2枚。其中,第1枚为《练兵》,第2枚为《大捷》。

"南北驱驰报主情,江边花月笑平生。一年三百六十日,多是横戈马上行。"这是明代民族英雄戚继光的名诗《马上行》,是其效忠朝廷、保民除虏、不敢懈怠、戎马一生的生动写照。

戚继光,字元敬,号南塘,晚号孟诸,山东蓬莱人。家贫喜读书,通晓儒经、史籍等。承袭祖荫,明嘉靖二十三年(1544年)任登州卫指挥佥事,历官浙江参将、福建总督、神机营副将、右都督、左都督,加太子太保,录功加少保等职。他编建、训练的军队纪律严明,将士用命,作战勇敢,成为抗倭的主力军,人称"戚家军"。他与名将俞大猷一道,在东南沿海抗击倭寇十余年,扫除了多年为害沿海的倭寇之患,确保了沿海人民的生命财产安全,是著名的抗倭将领。隆庆元年(1567年),戚继光奉命率戚家军北上,被委命总理蓟州、昌平、保定三镇练兵事务,负责长城防卫,抗击蒙古部落的侵犯,活动在京、津、冀地区,致十六年内边境平静无事,留下了许多遗迹和传说。

当年,明代长城沿线划为九个防区,称"九镇"。蓟镇东起山海关,西至居庸关,拱卫京师,地理位置十分重要。然蓟镇长城始建于北齐天保七年(556年),戚继光到任时,千年的长城已有多处残损风化。为此,戚继光调配士卒,修复长城,将长城要冲地段包上砖石,在城墙垛口下设置望孔、射孔。增筑改建后的金山岭长城,布局严谨,可攻可守。经当代专家鉴定,金山岭长城是我国万里长城的精华之所在。障墙、文字砖、挡马石被誉为金山岭长城"三绝"。

万历七年(1579年),在蓟镇总兵戚继光和参将吴惟忠主持下,将山海关长城向东延伸入海。海岸砌石为垒,形成高10米,基宽8米、长30米的入海石头城,称为"老龙头"。从此,山海关构成了扼守陆海要塞的牢固防御体系。据清代《临榆县志》记载:"万历七年增筑南海口关入海石城七丈……有石为垒,截

第二章 燕赵大地 驿通天下

入海中，高可三丈许，长曰数倍，曰老龙头。"在波涛汹涌的大海里，老龙头城墙上矗立着河北境内长城的第一座，也是万里长城上唯一一座海上敌楼。戚继光亲自命名其为"靖虏台"，表示杀敌御辱的雄心壮志。靖虏者，平定边疆之谓也。靖虏台后来演变成"靖卤台"。明代张宁赞曰："百二山河拥帝京，铁关金锁接长城。辽阳千里无烽火，蓟北诸屯有重兵。"（《过山海关》）百二山河，比喻山河险固之地。明代进士张恺亦有《山海关》诗赞之："群山列剑水流汤，城郭连云锁路旁。何处险如兹处险，一夫防似万夫防。"

明代以前，长城上只有烽火墩台，作战防御能力不高。戚继光巡行塞上，见"先年边城低薄倾圮，间有砖石小台，与墙各峙，互不相救。军士曝立暑雨霜雪之下，无所借庇。军火器具如临时起发，则运送不前……敌势众大，乘高四射，守卒难立。一堵攻溃，相望奔走，大势突入，莫之能御"。有鉴于此，从隆庆四年开始，戚继光组织人力物力，创造性地在长城上大规模修筑"空心敌台"。空心敌台，即用石条和青砖砌成高大的敌楼，下层中空，里面可驻兵并储备军械、粮草等。如发现敌军进扰，既可点燃烽火报警，又可登楼迎战。且进可攻，退可守，是极具特色的军事工程。如是，至万历十五年，共建成空心敌台十六座。

戚继光是一位杰出的军事家，经文纬武，智勇双全。他带兵有方，部队训练有素；善于研究敌情，设计相应阵法；重视研发和营造兵器、火炮、战舰；注重修建军事工程、工事。镇守蓟门期间，他针对北方游牧民族擅长骑兵作战的特点，建立车营来克敌。每四人推一辆战车，战车里放置拒马器和火器。器械犀利，得心应手，加上戚家军纪律严明，使得蓟门军成为当时边境第一军。

将领的运筹帷幄，加上多项因地制宜、行之有效措施的推行，大大加强了蓟镇长城的防务，使连年多警、频遭入侵的险恶局面得到根本改观。万历初年，蒙古土蛮部还屡屡来犯，均被戚继光部连续击败。万历二年，一败涂地之土蛮部首领董狐狸率部属亲族300人叩关请降。从此，长城东线出现了明代历史上少有的太平景象。

尤为可喜的是，戚继光一生戎马倥偬（kǒngzǒng），还常常在战争间隙，用一支如椽之笔来抒发豪情壮志。如其名诗《山海关城楼》："楼前风物隔辽西，日暮凭栏望欲迷。《禹贡》万年归紫极，秦城千里静雕题。蓬瀛只在沧波外，宫殿晓瞻北斗齐。为问青牛能复度，愿从仙吏授刀圭。"《禹贡》，《尚书》中的一篇，是我国最早的地理著作，书中分全国为九州，因此后人常用"禹贡"指全国版图。紫极，帝王宫殿，这里指明中央政权。秦城，秦始皇统一中国，后人以"秦城"指代全国所有城市。静，通"净"。雕题，以丹青于额上雕刻花纹，为古代民族的一种习俗，这里指代明朝北部蒙古族的进犯部队。蓬瀛，蓬莱，瀛洲，古代传说中的海上仙山。晓瞻，早晨往高处看。青牛，传说中老子的坐骑，能腾空行走。仙吏，指老子。刀圭，道家用以量取仙药的用具，这里代指吃了可以成仙的灵丹妙药。该诗意境深远，借描写山海关地势险要，点出边防形势紧张，含蓄地批评了明初某些措施的失策，表达了防守好山海关的信心，最后流露出在功成之后从道求仙的意愿。

更加可喜的是，戚继光在修复烽火报警系统、建立空心敌台之同时，还利用悬旗、悬灯、放炮等多个手段，传达、通报不同的敌情。为此，训练有素的戚家军还有一首《传烽歌》，内容如下：

传烽号令妙无穷，编与墩军各一通：千贼以上是大举，百里余外即传烽。一炮一旗山海路，一炮二旗石门烽。一炮三旗燕河警，一炮四旗建昌功。二炮一旗太平寨，二炮二旗是喜峰。二炮三旗松棚路，二炮四旗马兰中。三炮一旗墙子岭，三炮二旗曹家烽。三炮三旗古北口，三炮四旗石塘终。若遇夜间旗不见，火池照数代旗红。贼近墙加黑号带，夜晦换盏大灯笼。贼若溃墙进口里，仍依百里号相同。九百以下是零贼，止传本协自成功。单用炮声分四路，不须旗火混匆匆。山海大墙皆一炮，石门喜曹二炮从。

燕河松古三炮定，四炮建马石塘终。零贼东西一时犯，两头炮到一墩重。该墩听炮分头说，东接西来西接东。但凡接炮听上首，炮后梆响即如风。炮数梆声听的确，日旗夜火辨玲珑。各军俱要留心记，若有差池法不容。

据记载，此套传烽报警系统文通句顺，明白晓畅，实用宜记，效果明显。蓟镇边墙延袤曲折两千余里，不过三个时辰即可遍传各台。各路兵马见烽即行收拾器械，或应速发，或应候报，或应赴边者，有条不紊，从容应对。这是战争史上的伟大创造。

戚继光文韬武略，有军事著作《纪效新书》十八卷、《练兵实记》十四卷等，是历史上著名的兵书。清代郑观应在《盛世危言》中，将戚继光列于"春秋时之孙武、李牧，汉之韩信、马援、班超、诸葛亮，唐之李靖、郭子仪、李光弼，宋之宗泽、岳飞"等诸名将之后，称他们"无不通书史，晓兵法，知地利，精器械，与今之泰西各国讲求将才者无异"。

戚继光著有诗文集《止止堂集》五卷，当时即享有"伟负文武才如公者，一时鲜有其俪"的赞誉。"鲜有其俪"意即没有对手。《四库全书总目提要》称赞戚继光的诗"格律颇壮""近燕赵之音"；清初杰出诗人、被尊为"一代诗宗"的王士祯，则将戚继光列为"古今名将能诗者"十一人之一。戚继光，文武全才，实至名归。

"渔阳鼙鼓"驿传来

"渔阳鼙鼓动地来",是唐代白居易的名诗《长恨歌》中的句子。《长恨歌》写的是唐玄宗李隆基跟杨贵妃的爱情故事。杨贵妃本是一邻家小女,"杨家有女初长成,养在深闺人未识",某一日进了宫,她的漂亮开始为人所知。多漂亮呢?"回眸一笑百媚生,六宫粉黛无颜色。"漂亮到了极致,盖过了后宫的所有美女。于是,"春寒赐浴华清池,温泉水滑洗凝脂。侍儿扶起娇无力,始是新承恩泽时";于是,"云鬓花颜金步摇,芙蓉帐暖度春宵。春宵苦短日高起,从此君王不早朝"。

有道是,一人得道鸡犬升天。杨家小女进宫,哥哥杨国忠做了当朝宰相。但这还不算完。杨家小女的"得道",使得当时社会的生育观念都发生了变化:"遂令天下父母心,不重生男重生女。"然物极必反。就在皇帝成天沉醉于骊宫的"仙乐风飘""缓歌慢舞"和心仪美人的时候,边疆出大事了:"渔阳鼙鼓动地来,惊破霓裳羽衣曲。"安禄山造反的消息传来,正在上演的《霓裳羽衣》戛然而止。

渔阳鼙鼓，渔阳在什么地方？还真不是一句话能说清楚的。

《史记》记载，召公奭与周天子同姓，姓姬氏。周武王灭纣后，封召公于北燕。作为一个诸侯国，北燕治下地域辽阔，都城设在蓟（今北京附近）。天津北部即为其属地。

蓟县（今天津蓟州区）历史悠久，战略地位重要，有"畿东锁钥"之称。春秋战国时期，以天津北部无终（今蓟州）一带为中心向四方辐射的驿道开始出现。战国时燕国置渔阳郡，秦代置无终县，隋代改设渔阳县。秦汉时所辖范围相当于今天的河北省围场以南，蓟运河以西，天津市以北，北京市的怀柔、通州以东地区。北魏时其治所曾移至雍奴（今津武清区西北），北齐时废掉。隋大业以后改称玄州、蓟州，1913年始称蓟县。而蓟州驿则在元代正式设立，为当今天津地区最早。

元中统元年（1260年），自大兴腊庄至蓟州庐儿岭驿路在蓟州设递铺23个。至正二十八年（1368年），知州赵伯敬重修设于城内西南隅堂子井东的蓟州驿。明洪武三年（1370年），将驿站由西南隅移至城南门外3里，建房42间，配备脚夫及马、骡若干，改称"渔阳驿"。渐渐地，一个新村庄在这里形成，取名"管驿村"，至今仍在。明正德六年（1511年）重修渔阳驿，将办理邮驿业务的正厅、后堂各5间，东西厢房八间整修得更加气派。明嘉靖年间，渔阳驿额设驿马33匹、骡子55头。明天启二年（1622年），渔阳驿由管驿村移至城内文化街路南，占地两亩，有正房5间，厢房8间，设驿马50匹，牛车30辆。

由于蓟州历史悠久，又是军事要塞，因此，渔阳驿的建设得到历代统治者的重视。据光绪《顺天府志》记载，清中后期，渔阳驿是京津地区最重要、最繁忙的驿站之一。康熙4次、乾隆28次来蓟州、登盘山，驿站的接待任务空前繁忙。其间，驿站配备驿马85匹、驴3头。供役人员有：马夫43名，车夫29名，轿夫32名，驿皂12名，驿书2名，兽医2名，共计120名。同时，渔阳驿下设递铺14处：往东通遵化有花城铺、黄土坡铺、豪门铺、马伸桥铺、淋河铺；往西通往三河有贾各庄铺、孙各庄铺、邦均铺、白涧铺；往南通往玉田有山北头铺、献桥铺、别山铺；往北有杨各庄铺、黄崖关铺。当时共有铺兵铺司62名。

从无终国到渔阳郡，历史上战事不断。如燕庄公二十七年（前664年），齐桓公发兵救燕并乘机北伐山戎；燕王喜二十八年（前227年），荆轲刺秦王未遂，秦军攻取蓟州，燕王北逃辽东，都离不开驰道、直道与驿务人员。唐代诗人杜牧《过华清宫绝句》其二云："新丰绿树起黄埃，数骑渔阳探使回。霓裳一曲千峰上，舞破中原始下来。"安禄山久有谋反之心，但唐玄宗耽于享乐，纵情声色，执迷不悟。皇太子等屡屡启奏，方派中使辅璆琳以赐柑为名探听虚实。璆琳受安禄山厚赂，回长安后盛赞安禄山的忠心。唐玄宗轻信谎言，更加高枕无忧，纵情声色，最终导致"舞破中原"，国破家亡。

安禄山起兵叛乱，史称"安史之乱"，发生于天宝十四载（755年）冬，地点在范阳（治所在幽州，今北京城西南）一带。当时，安禄山已经身兼平卢、范阳、河东三镇节度使，平卢是今辽宁朝阳，河东系指山西东南部。安禄山管辖面积之大，几乎涵盖了整个燕山地区，并且兵力雄厚，更善骑射，他大量豢养战马的地方就在今日蓟州一带。安禄山洞悉长安朝廷腐败、实力空虚的内情，又因与宰相杨国忠争权，所以以讨伐杨国忠为由，从范阳起兵造反。一时间河北州县，望风瓦解，太守、县令等或逃或降，或被擒杀。叛军锋镝迅速指向洛阳。尽管唐玄宗派遣大将封常清到洛阳募兵六万，也无济于事，洛阳很快失陷。接下来，潼关陷落，长安震动，唐玄宗一行仓皇"西南行"途中，行至马嵬驿（今陕西兴平西），军士哗变，最终处死杨氏兄妹。"君王掩面救不得，回看血泪相和流。"

"渔阳鼙鼓动地来，惊破霓裳羽衣曲。"鼙乃军中所用小鼓，这里借指军事行动。"渔阳鼙鼓"指安禄山叛乱，"动地"是说动静不小。"渔阳鼙鼓"如何"来"？当然是通过驿使、驿站。值得注意的是，安禄山谋反消息从范阳传到陕西临潼，一千多公里的路程，且大多崇山峻岭，山道崎岖，仅用六天，可见当时邮驿制度的完备和传递的快捷。

明代，抗倭名将戚继光于隆庆元年（1567年）奉调镇守蓟州，为总理蓟州、昌平、保定三镇北方边境军事和防御诸务的统帅。在今蓟州区黄崖关长城，不仅留有遗址，还有一些与之有关的传说、故事。其中，六号敌楼，如今被称作"巾帼楼"，民间称其为"寡妇楼"。据传说，戚继光主持修复这段长城时，有十六名河南籍的士兵献身。家中的妻子见丈夫逾期未归，便结伴千里寻夫，历经艰辛找到黄崖关前。得知丈夫献身的确切消息，十六名寡妇忍住心中的悲痛，将朝廷所发抚恤金捐出，修了这座敌楼。

隆庆三年，戚继光在奏折中明确提出"参邮为驿使，营叠皆传舍"的主张，意在动员在职参将、游击等军官和普通士兵一起，加强驿传力量，做好邮驿工作，于中可见他作为军事家的谋略。全军皆驿使，保证了军情的快速传递，御敌成效显著。

关于蓟州的诗词，这里仅录乾隆帝的《渔阳》："渔阳古名郡，沃野遍桑麻。士俗能知礼，民风喜不奢。长途来百里，怀古忆三挝。恰值清明日，迎神晚出衙。" 三挝，古曲名。典出祢衡击鼓骂曹，称祢衡在曹操宴席上裸身而奏，神色如常，鼓声悲壮感人。后遂用掺鼓渔阳、祢衡挝、渔阳挝、击鼓三挝、三下

1997年9月1日，邮电部发行《万里长城(明)》（第二组）普通邮票一套4枚。其中，第1枚为《黄崖关》。

渔阳等泛指鼓乐，或指击鼓相骂。渔阳鼜鼓，渔阳三挝，这渔阳跟"鼓"缘分不浅。

百年小驿——公乐驿

公乐驿,当年设在蓟州城西北部五名山下的一个小村庄,名叫公乐亭(一名公乐店)。村东有泉,四季不涸,人称"小海子",是么河的发源地。公乐亭位于小海子岸边,为明代所建,与蓟州城内名寺——独乐寺相距约40里,遥遥相对。

小小的公乐亭与高高的独乐寺相提并论,看似不在一个重量级,其实不然。公乐亭所在的五名山来头也不小。古人云:"山不在高,有仙则名。"五名山不高,但果真"有仙"。其"仙"来自哪里?来自创下"五子登科"奇迹的窦燕山。五名山即因窦燕山五子登科的故事而得名。

窦燕山何方圣贤?据《宋史·窦仪传》载:窦燕山名窦禹钧,五代后周时人,家住燕山府,人称窦燕山。窦禹钧远见卓识,尊崇文化,教子有方。他记取祖训,家教甚严,教导儿子仰慕圣贤,刻苦读书,积德行善。他建书房40间,买书数千卷,兴办义学,聘请文行之士为师授业。经过几十年的苦心经营,奇迹出现:五个儿子,长子窦仪、次子窦俨、三子窦侃、四子窦偁、五子窦僖,个个聪颖早慧,文行并优,为人处世,不愧不怍,成人后先后登科及第,时人赞为"窦氏五龙"。于是,《三字经》中有了"窦燕山,有义方,教五子,名俱扬"的名句,从南宋流传至今。而窦禹钧,虽无儿子那样显赫的为官记录,但本人享82岁高寿,无疾而终。连五代十国时期著名宰相冯道都特地写《赠窦十》赞之:"燕山窦十郎,教子有义方。灵椿一株老,丹桂五枝芳。"灵椿,喻年高德劭之人。

或许就是因为五名山有仙气,是故虽说村小,却也设有驿站,称公乐驿。据明《寰宇通志》"馆驿"条载:"公乐驿,在蓟州西四十五里。"公乐驿在今蓟州区白涧乡境内,是明辽东边路(由北京经潞河驿、三河驿、渔阳驿、阳樊驿、滦河驿等至沈阳卫北的奴尔干都司)和大宁三卫旧址路(由北京经潞河驿、夏店驿、公乐驿、渔阳驿等至大宁都司)邮传要道上的一个陆路驿站。

蓟州白涧,山清水秀之地。《蓟州志》卷一有载:蓟州"城西四十里,有一涧道,发于盘山,水色照鉴毛发,四时澄然如秋"。于是有"白涧秋澄",为"蓟州八景"之一。明代蓟州诗人崔富即以《白涧秋澄》咏之:"抱谷怀山湛复停,一条素练绕云屏。玉绳冷浸三千尺,珠斗平涵数点星。白鸟常涂天外影,苍龙时露镜中形。分明幻出无尘境,几度游鉴眼倍清。"湛,清澄。停,平静。素练，洁白的布匹，喻涧水。玉绳，喻涧水狭长。清末诗人刘化风则有《游公乐亭》诗："茫茫无极似江乡，稻垄莲塘一味凉。无数柳荫圆似笠，临风谁唱小沧浪。"沧浪，《孟子·离娄上》："有孺子歌曰：'沧浪之水清兮，可以濯我缨；沧浪之水浊兮，可以濯我足。'"后遂以"沧浪"指此歌。

公乐亭村在清嘉庆、道光年间还出了个武术家，叫商仕芝，是北少林武术的传人。村里习武者代代相传。少林武术已被列为天津市非物质文化遗产。

与山中公乐亭遥遥相对的城内独乐寺，俗称"大佛寺"，占地两万余平方米。始建于隋，是国务院 1961 年第一批公布的全国重点文物保护单位、中国仅存的三大辽代寺院之一，也是中国现存著名的古代建筑之一。1932 年 4 月，当代建筑历史学家、建筑教育家和建筑师，被誉为"中国近代建筑之父"的梁思成先生，第一次远离大城市进行调查的第一座古建筑即独乐寺。《蓟州志》卷一载："城西门内，寺名独乐，殿高五丈余，每元日之晨，盘山舍利塔有灯冉冉下，先至独乐，后及诸古刹，故为独乐晨灯。近有人见者，不必拘泥于元旦，常亦或有之。""独乐晨灯"亦为"蓟州八景"之一。明成化十四年（1478 年）进士、绩溪（今属安徽）人胡富，曾任南京户部右侍郎，后拜尚书，有《独乐晨灯》诗赞之："高阁层棱数十重，晨灯遥映日光红。依稀萤火笼纱幕，仿佛残星缀月宫。朱箔影摇金灿烂，碧窗光透玉玲珑。何如化作光明烛，遍照贫家万室空。"梁思成先生经过考察，称独乐寺为："上承唐代遗风，下启宋式营造，实研究中国建筑蜕变之重要资料，罕有之宝物也。"

  作为千年名刹，独乐寺最早可追至唐代贞观十年（636年）。唐代天宝十四年冬，安禄山起兵叛唐并在此誓师，据传因其"思独乐而不与民同乐"而得名。于是有了如下传说：一天，乾隆皇帝在刘墉等大臣陪同下，先游公乐亭，再参拜城东四方台的古刹十方院后，下榻在独乐寺行宫中。在行宫，乾隆帝站在观音阁下，若有所思，吟出个上联："公乐亭，独乐寺，公乐不如独乐乐。""罗锅"刘墉灵机一动，马上对出下联："四方台，十方院，四方不如十方方。"对仗工整，巧妙地将乾隆帝的一天行程纳入联中，又暗含皇帝不能"独乐"，要与民"同乐"的深意在内。

  据资料推测，公乐驿的设置时间在明永乐十年（1412年）左右。正德七年（1512年）废除夏店驿和公乐驿，在两驿中间的三河县设置三河驿。这样看来，公乐驿堪称"百年小驿"。

"津门首驿"河西驿

"燕山府里界河横,辽宋分疆是武清。"(清代蒋诗《沽河杂咏二十八首》)旷日持久的辽宋大战,名扬天下的杨家将,在武清也有一些故事在流传。其中之一即:在明代,杨家将后裔杨清,璟国公杨璟第八子,老令公杨继业的第十九世孙,与兄昌平侯杨洪皆生于瀛西(武清河西务),因文笔超群被誉为"京师第一铁笔"。杨清当年曾随燕王朱棣扫北,屡立战功。朱棣做了皇上后,给杨清的封土在武清河西务,赐名"九千户"。于是,这一带便流传有杨家"父子兄弟皆佩将印,一门三侯伯"的佳话。杨氏家族与经大运河从南京过来的陈氏家族共同捐地数百亩,首建孔庙,同年建起白河书院,为当地培养人才,为社会进步贡献多多。

河西驿,位于武清县(今武清区)旧城关东北15公里的河西务镇。该镇南距天津、北距北京各60公里,为京东水陆通衢,元明清三代漕运要地,有"京东第一镇"之称。

《长安客话》载:"河西务,漕运之咽喉也。江南漕艘毕从此入……西岸旅店丛集,居积百货,为京东第一镇,户部分司于此榷税。"清代文学家朱彝尊《日下旧闻》引《方舆纪要》述:"河西务在县东北三十里,自元以来,皆为漕运要途……今为商民攒集,舟航辐辏之地。设户部分司驻焉。""有河西务,并置巡司于此。"

据乾隆《武清县志》载,元代至元二十四年(1287年)"正月,以修筑柳林河军三千,疏浚河西务漕渠","八月,在河西务置马站",设站官管理,为元代1591处驿站之一,是极冲级大型驿站。"是年,自京畿运司分立漕运司,于河西务置总司。""海运兴起,在河西务段设漕使司,建十四座漕粮仓。"同年,元世祖忽必烈为了测试担负急递任务的"贵赤卫"们的长跑能力,曾组织由河西务至皇城的名为"贵由赤"的长跑比赛,可见元朝廷对设置初期的河西务驿站之重视。明代洪武二年(1369年)依诏改"站"为"驿",仍为极冲级。河西驿额设夫役152名,驿马33匹,每年经费3454.7两,设驿丞管理。由于它是由京及津的第一个驿站,故有"津门首驿"之称。

明代罢海运兴河运,京杭大运河成了沟通南北经济文化的大动脉。河西务成了京津间的重要码头。隆庆六年(1572年)筑砖城,城内外设府衙、钞关(税关)、驿站、漕运司、巡检司、户部分司等 13 个大小衙门。自此漕运更加兴旺，市场愈加繁荣。明代大学者蒋一葵写道："河西务，漕运之咽喉也……两岸旅店丛集，居积百货，为京东第一镇也。"

由于河西务地处京津交通要道，道路建设不断加强，舟车相会，驿骑往还，官兵粮饷，源源不断，小镇也日见繁华。当年，无论是争名于朝的官员文人，还是逐利于市的商贾摊贩，以及五行八作、三教九流，等等，途经于斯，莫不驻足，尽睹万舟骈集之奇观。元代诗人傅若金《河西务》写道："驿路通畿甸，敖仓俯漕河。骑瞻西日去，帆听北风过。燕蓟舟车会，江淮贡赋多。近闻愁米价，素食定如何？"敖仓，秦代在敖山所置谷仓，故址在今河南省郑州市西北邙山上，地当黄河和济水河分流处。燕蓟，燕古国名，公元前 11 世纪，周分封的诸侯国，建都于蓟，在今北京城的西南角，周封尧启于此，后为燕国国都。江淮，指长江流域及淮水一带，建有 14 座大粮仓。"燕蓟舟车会，江淮贡赋多"，并不夸张。

明代文渊阁大学士李东阳《舟发张家湾宿河西务》写道："苍茫正合尘中眼，缥缈真乘水上舟。江月海云疑似梦，画图诗卷坐消忧。沙边细浪随鸥鸟，树里青山入舵楼。行过驿亭三十里，五更风急住滩头。"这里写的不是河西务的繁忙，而是它的风景：沙边鸥鸟，树里青山。而荷兰人约翰·尼霍夫曾于清顺治十二年

（1655年）随荷兰使团来过中国，又有其所著《荷使初访中国记》中，则既有它的繁忙、风景，当地人的热情："七月十一日，我们来到河西务……该城方圆步行约半个小时，有一道城墙，郊区沿运河两岸伸展颇远，所有前往北京的船都必须经过此地，在此缴纳通行税，所以这个小镇非常出名。使臣阁下在此受到热烈的款待，当地长官还在他的府第里隆重宴请他们。"

而荷兰人有关"在此缴纳通行税"之说，道出的是一个事实：明正统元年，天津钞关从市内移至河西务，商货进京须由此地领取红单进京交税。户部分司、巡司、钞关等机构办理进北京的相关手续，均由河西驿派差递送北京。津京驿路的繁忙，不言而喻。

明代隆庆年间，由岁贡任武清县知县的广宁人李贲，曾有《河西务》诗，对河西务大加赞美："铁瓮新城十万家，闾阎旧俗竞繁华。堤连第宅公勋店，岸拥旌旗使者艖（小船）。税榷五材充国计，商通四海足生涯。会同诸夏咽喉处，各利烟波炫晚霞。"新城，据《武清县志》："河西务，旧无城，明隆庆六年始建。康熙七年水涨城圮。"闾阎，即乡里。税榷，即征税。五材，指金、木、皮、玉、土。诸夏，原指周代王室所分封的诸国，后代指全中国。由以上所记可知，明代，这河西务着实繁华，也确实美。

根据史料记载，清中期，河西驿配备供役人员152名，驿马33匹。供役人员中包括：马夫16名，驿皂8名，轿夫27名，纤夫99名，驿书1名，兽医1名。

　　北运河是天津由水路通往北京的咽喉要道。但该河流沙通塞无定，却又难以疏治。而武清县杨村经河西务、张家湾至通州一段淤浅又最厉害。尽管当地政府不断采取措施试图疏浚，但经常发生边疏边淤的情况。船经杨村后开始溯流而上，常常会因水深不足而前行困难。没办法，每遇此种情况，便使用纤夫拉船驱进。而杨村、河西务每年天暖时平均每天通过的船只至少30艘，对纤夫的需求量很大，99名都难说够用。清光绪年间，户部尚书翁同龢乘船经过，有《杨村道中》记其忧虑："一曲得一曲，流沙浅复深。风帆对湾亚，岸柳过河阴。若使建瓴势，将毋高屋沉？津沽蓄众水，虑此一沉吟。"流沙对北运河航运几乎是致命的。翁同龢之"虑"绝非杞人忧天。光绪朝后期，北运河漕运日见颓势，杨村驿、河西驿两个极冲级驿站逐渐地风光难再。

　　河西驿是元明清三代运河沿岸的繁忙驿站，各代均设专职官吏管理。清乾隆二十年（1755年）推行"裁驿丞、归州县"的改革，将河西驿驿丞裁撤，驿站归并到武清县，驿务由河西务同知兼管。而河西务同知兼顾力量有限，只能委托驿幕代理。这一改革的直接结果是，河西驿地位下降。从此，曾经盛极一时的"津门首驿"开始走下坡路。

杨村岸头驿使回

杨村镇位于天津市武清区境内东南部，京津塘高速公路与京山铁路之间，夹河成镇。北运河、京津公路纵贯镇中，水陆交通发达，自古即是繁华地。

"野水千帆集，人声沸暮烟。楼台两岸寺，灯火一河船。邻舫多欢笑，深更尚管弦。我怀念故土，秉烛照愁眠。"这是清代天津诗人梅成栋的《夜泊杨村》。千帆云集，人声鼎沸，楼台林立，灯火河船，再加欢声笑语，丝竹管弦，夜幕下的杨村，如一幅油画般迷人。

杨村驿于元至元三十年（1293年）设于武清县北运河西岸杨村务。元明时陆路有京畿大道、州县官道从旁通过。北运河为漕运要道，水陆交通十分便利。据《大清一统志》记载："杨村驿在杨村务，与河西驿皆有驿丞，明置极冲，在县南五十里。""杨村驿东二十里为桃口，又二十里为丁字沽。由杨村而西北四十里为黄家务，又三十里为河西务，皆运道所经也。"

第二章 燕赵大地 驿通天下

元代漕运兴盛，杨村又是重要的水陆码头，名闻遐迩。杨村驿是天津沿北运河溯流而上的第一个驿站，过往官员、驿使和商旅络绎不绝；每逢夏秋之际，粮艘沽船帆樯林立，昼夜不息。同时，杨村是北上船舶的停泊地与转运地，部分大船（时称"遮洋船"）只有在这里过驳至小船（称"浅船"），才能沿河运送粮食货物至北京。这些，已经足够杨村驿忙活了。但同时，杨村驿还要应对一些非正常情况的随时发生。元代诗人傅若金《杨村》诗云："杨村岸头驿使回，直沽洋里海船来。军夫伐鼓欺行旅，百里维舟不敢开。"一方面，是军方对邮驿秩序的干扰摧残，驿使难行；另一方面，洋里海船，百里维舟，折射出来的，是这里的繁华。漕运枢纽，咽喉之地，一旦有事，犹如社会时钟停摆一般，影响的可不只是驿务。

明代罢海运兴河运，京杭大运河成了沟通南北经济文化的大动脉。杨村成了京津间的重要码头。为保证京师及北方防军的粮饷供应，政府下大力量对南北大运河进行疏浚拓宽。永乐九年至十三年（1411—1415年），先后疏浚了扬州至淮安、临清至济宁、通县至北京等段，使江南至北京的大运河全线畅通，航运条件大为改善，漕运数量不断增长。加上明承元制，"常事入递，重事给驿"（平常文书交给递铺，重要和紧急文书交给驿站），杨村驿的驿务依然十分繁忙。

明朝诗人李时勉有《咏杨村驿》诗："小驿临河口，萋萋草草堂。门口一古井，阶下几垂杨。寂寂尘生榻，喧喧鸟过墙。"河口、草堂、古井、垂杨，诗情画意，似无"驿骑如星流"的喧嚣。但笔锋转处，却是驿使的繁忙与无奈："逢迎惟驿使，木偶被衣裳。"驿使无论昼夜，送往迎来，忙得团团转，像是木偶披了件衣裳。

清朝中期，杨村驿的驿船按极冲级水驿标准配备外，另配驿马34匹。供役人员有马夫17人、驿皂8人、轿夫27人、纤夫99人、驿书1人、兽医1人，共计153名。之所以仅纤夫就编制99名，个中原因，当然是因为北运河流沙通塞无定，杨村经河西务、张家湾至通州一段淤浅厉害，常常边挖边淤，漕船溯流而上，需由纤夫拉船驱进。对此，《读史方舆纪要》卷一百二十九有载："杨村以北，通惠之势，峻若建瓴。白河之流，淤沙易阻，夏秋水涨，则惧其潦（即涝）。冬春水微，则病其涩（不畅）。浮沙之地，既难建闸以备节宣，惟有浚筑之工耳。"据记载，杨村、河西务在每年天暖季节，平均日通过船只至少30艘，设99名纤夫并不算多。

清乾隆二十年，河西务驿丞被裁撤，而杨村驿得以幸免，原因是其离县治较远，"县管"有难度。杨村驿由此成为清后期全国保留专职驿丞的65个驿站之一。

第二章 燕赵大地 驿通天下

元明清三代，中央政府一直在杨村设驿站、驿丞、管河主簿、巡检官等机构与官员。特别是清代，因需要大批南方漕粮以供奉内府，当时漕运兴盛已达登峰。为了增加漕运量，拨往各码头的官造驳船数不断增加。与此相适应，沿运河在通州、天津、济宁、淮安等地设巡漕御史。后来又在杨村增设满、汉巡漕御史各一人，管理驳船及北运河疏浚。相关统计资料显示，清嘉庆六年（1801年），发直隶的驳船1500只，杨村集中了640只；嘉庆十六年时，总体数量增为2500只，仅杨村一地即有官家驳船1000只。

清代，京杭大运河还是连通世界的黄金水道。运河中不光有运粮的漕船，还有皇家的商船，以及民间的、外国的各类船只。大批的洋货、广货、川货源源不断运往北京或沿途销售。杨村成了各类商品集散的大市场，出现了商民攒集、舟航辐辏、酒店喧阗、货殖充牣的繁华景象。

另据记载，清康熙、乾隆帝曾多次沿水路或驿路到武清巡幸，分别在筐儿港、杨村、标垡、栾城、崔黄口、城关、王庆坨、蔡村、夏庄、许家庄、东马坊、河西务、宝稼营等地驻跸。皇帝的出巡和回銮，自然使平时繁忙的杨村驿更加繁忙。

写杨村驿的诗有很多。如元代道士马臻《舟次杨村》："前望同舟远不分，打头风急御河浑。蹇驴无力索船缆，行到杨村日已昏。"次，即停泊。御河，指北运河。蹇驴，即疲乏的驴。索船缆,即拉纤。明代文渊阁大学士李东阳《杨村阻风》写道:"春风东来河水浑,惊沙走石天地昏。舟人喧呼怒涛涌,海若战斗群龙奔。首船咫尺不得上,去路仓皇安可论?床攲几侧坐未稳,乘月夜过蒲沟村。"床攲几侧,即床歪几倒。蒲沟村,即今北辰区蒲口村。清康熙年间岁贡中书舍人张霆(shù)《杨村道中》:"又向杨村道上行,间关能不动幽情。野花一路开无主,水国千帆列作城。双燕偶然同客语,数蝉随处作秋声。漫云马上浑无事,敲遍西风句未成。"有意思,元明清三朝的人,到杨村都遇到了风。巧合乎?

桃红柳绿杨青驿

2003年1月25日,国家邮政局发行《杨柳青木版年画》特种邮票一套4枚,分别为《五子夺莲》《钟馗》《盗仙草》《玉堂富贵》。

杨柳青,多么美妙的名字!

清代诗人沈峻赞它:"杨柳桃花三十里,罟(渔网,用网捕鱼)师都惯唱南腔。"(《津门棹歌》)湖南巡抚查礼称它:"万顷桃花千树柳,一鞭收拾在诗囊。"(《杨青驿马上口占》)清代天津诗人李庆辰更把它比作"小扬州":"诗人曾说小扬州,风景凄凉已到秋。杨柳驿边黄叶落，桃花市口白云浮。寒波渐入杨芬港，晚色遥侵篆水楼。纵少渔人歌夜月，是谁沽酒古堤头。"(《津沽秋兴》）桃花口在今天津市北辰区与红桥区交界处，自明末至清代，那里桃花盛开全国有名，有"杨柳人家飞海燕，桃花春水上河豚"（《发桃花口直沽舟中述怀》），"湿帆暮雨桃花口，一棹樵风送客行"（《桃花口》）等诗句。康熙四十七年（1708年），康熙帝乘龙舟离杨青驿回銮北上，拐过三岔河口再行不远，发现天津桃花口桃花更胜江南一筹，遂调寄《点绛唇》一首，有"再见桃花，津门红映依然好。回銮才到，疑似两春报"之句。扬汾港，南运河一渡口。篆水楼，《天津县志》卷七："篆水楼在城外东北隅，楼临三岔河口。"

　　桃红柳绿，诗情画意，杨柳青之美，名不虚传！

　　杨柳青，津门历史名镇。先秦时期曾是黄河、海河的入海口。相传，三皇五帝时期，为治水"三过家门而不入"的大禹，曾称此处为"流口"；商朝末年，军事家、政治家、西周开国元勋姜子牙受封后，曾在子牙河、卫河的河堤上栽种好多柳树，预防水土流失之同时，营造了一道绿色风景，"流口"逐渐改名为"柳口"。金贞祐二年（1214年），这里置柳口镇，设柳口巡检，名叫李咬住。由于元代文学家揭傒斯"杨柳青青河水黄，河水两岸苇篱长"诗句的广为流传，"杨柳青"名扬天下，古柳口渐渐变得鲜为人知。

随着京杭大运河的开通，漕运兴盛，境内船户益多。至明嘉靖初年，杨柳青已成为"商贾云集，货来八方"之地。

明永乐年间，杨柳青开始设立驿站，原归武清县管辖。嘉靖十九年（1540年），划归河间府静海县。清雍正初年，全国曾大幅裁减驿夫、驿马，杨青驿未能幸免。但不久因马少差繁，遂又增添。雍正三年（1725年）天津改卫为州。雍正八年正疆域，杨青驿归天津县辖，极冲级。南至静海县70里，水行100里；东至宝坻县梁城所140里，水行170里；北至武清县杨村驿60里，水行170里；西北至顺天府皇华驿，陆行250里，水行400里。雍正九年，升直隶州为天津府后，杨青驿的地位随之提升，并纳入行政序列。直隶州升为天津府另置天津县后，杨青马驿主要应付天津府差事，及接济静海、武清差事。

杨青水驿最早属武清县，设在南运河畔、旧城关南150里的杨柳青镇。明嘉靖十九年移属静海县后，移至天津城外大运河畔，极冲级。之所以从杨柳青镇移至天津城外，是因为"河海咽喉，神京牖户"的天津已从当初设置的军事卫所，变为一个殷盛的卫城，不但是北京门户，而且是北方漕运中心，运输、商业、盐业发展尤快。这些对驿站的需求更多，使用率更高。

清代，杨青水驿设夫头10名、探听夫2名、水驿夫95名、买办送牌夫2名，年实领工食等银927.75两。杨青马驿设在天津卫至保定的官驿大道上，在水驿附近，设马夫12名、驿递夫等14名，有驿马20匹，极冲级。同时，杨青驿在天津境内设递铺5处，即州前铺、县前铺、桃花口铺、炒米口铺、稍直口铺，共有铺司17名，另有伺候院道厅铺司5名、铺兵5名。

从明初天津设卫至嘉靖十九年不足200年的时间内，杨青驿对当地经济、文化及民俗民风形成与发展的贡献都难以估量。其一，杨柳青原是一个小村落，建驿后逐步发展，一百多年后成为一个具有鲜明特色的北方名镇。其二，依靠京杭大运河和与之配套的水陆驿站，文化和信息的传播渠道通畅，给世代以打鱼为主的杨柳青人带来了商品意识。南来北往，市场活跃成为杨柳青镇的一景。诚如揭傒斯所写："河边病叟长回首，送儿北去还南走。昨日临清买苇回，今日贩鱼桃花口。"（《杨柳青谣》）临清，县名，今属山东省。桃花口，在今天津市北辰区。驿站建立后，杨柳青人的生意逐步做到了北京、东北及江南。至清光绪年间，杨柳青人还随左宗棠西征部队"赶大营"，一路为部队提供军需及服务，至后来成为新疆地区早期的外地商家。其三，南方优秀民间文化随大运河驿站进入杨柳青。据马逸先《杨柳青年画小史》载："随着南人北迁，南货北运，在江南深受人民喜爱的苏州桃花坞木版年画，也传到了北方，受到了北方人民的欢迎。于是在明崇祯年间，杨柳青一带也出现了木版年画。"聪明的杨柳青人在学习、继承传统的基础上，经过多年实践，创造出独具特色的"杨柳青木版年画"。同时，杨柳青也以"家家能点染，户户善丹青"而闻名遐迩。

桃红柳绿地，杨青驿路长。历史名镇、名驿，引来明清两代文人、官员题咏颇多。明代文学家、《西游记》作者吴承恩的《杨柳青》有云："春深水涨嘉鱼味，海近风多健鹤翎。谁向高楼横玉笛，落梅愁绝醉中听。"明代政治家、文学家于慎行写道："杨柳青垂驿，蘼芜绿到船。笛声邀落月，席影挂长天。"（《杨柳青道中》）明代文人唐之淳写道："杨青驿前杨柳青，马头南去船北行。北方土寒春尚浅，三月尽时莺未鸣。"（《杨青驿》）清代文学家、《桃花扇》的作者孔尚任则有《舟泊天津》："津门极望气蒙蒙，泛地浮天海势东。昏到晓时星有数，水连山外国无穷。柳当驿馆门前翠，花在鱼盐队里红。却教楼台停鼓吹，迎潮落下半帆风。"

名镇名驿，相携相伴。名句佳作，相映生辉。经过历代杨柳青人的辛勤劳作和各地文人墨客的妙笔生花，杨青驿随杨柳青镇一起走红。

从杨家将说到静海驿

公元959年,后周周世宗北伐辽国取得南燕全部土地,奠定了北宋与辽以界河(今海河、大清河)为界的基础。当时的天津地区处于双方交界处,海河以北属辽幽都府(后改析津府),海河以南属北宋高阳关路乾宁军和沧州清池县。为防御辽兵的掳掠骚扰,宋朝政府在塘泊方向险厄处设置一系列的"寨""铺"等军事据点。在乾宁军有钓台、独流北、当城、沙涡、百万涡等寨。在清池县有乾符、巷姑、三女、泥姑、小南河等寨。这些寨都担负着军事防卫和交通邮驿等任务。宋太祖赵匡胤在建立宋朝的第二年就下令"诸道邮传以军卒递",即实行以军卒代民役的邮驿制度,从事邮驿事务的军卒称为"铺兵"。应该说,这一变革在一定程度上减轻了百姓的负担。

辽宋长期对峙,戍寨铺递通信组织更加严密,网络更为发达。由于军事通信与邮驿通信合二为一,驿站更加繁忙。辽军多次越界侵犯,宋朝杨家将与其在静海一带屡屡激战,因而留下许多有关杨家将的传说和地名遗址。

　　静海有三处戍寨,其中钓台寨所在地称古城洼。民国《静海县志》载:"钓台村西北二里许有古城,城垣久废,城址或隐或现,宛然可寻。相传为宋杨璟(杨延昭,即杨六郎)屯兵处。"传说古城洼是杨延昭的大营,其辕门设在古城洼北部,后来这里建村,就取名"辕门口"。杨六郎、辕门口,令人想到戏曲舞台上的《辕门斩子》。其实,"斩子"是假,将穆桂英招于帐下,大破辽军天门阵才是真。元朝时辕门口改称"元蒙口",延续至今。元蒙口西边不远有宗保村,据说是杨六郎之子杨宗保驻防地。而子牙镇焦庄子村相传为杨六郎"哼哈二将"之一焦赞的驻防地。双塘镇又有八虎洼,传说为杨家八虎与辽军作战的战场。东滩头乡谭庄子相传系宋军探马驻地,原名"探马庄"。子牙镇还有个村子叫王二庄,相传在北宋真宗年间,杨延昭曾率兵驻此。每当临阵,杨延昭率兵出征,其母佘太君常在此登高眺望,故名"望儿庄"。清末,这里改称"王儿庄",后演变成现名。

　　对于这段历史,光绪年间曾任北洋大臣的周馥十分熟悉。他于1893年写有《天津至保定途中杂咏八首》。其中之一写道:"界河水浅草萋萋,当日杨家按鼓鼙。千载尊攘同一念,至今人羡六郎堤。"下注"六郎堤在苏桥之西,人谓宋杨延昭所筑"。如今"六郎堤""苏桥"遗址何在?不得而知。而在杨柳青西南、子牙河东岸有一村子名叫"当城"。据说，这里在宋代只有十几户人家。杨六郎曾在此安营扎寨。为建中军大营，他曾发动士兵用衣服前襟兜土奠基。大营建成后，挡住了从西刮来的大风。杨六郎看后，随口说道，这大营真好比一座挡风城。从此，这个村子被称作"挡风城"。年长日久，"挡风城"成了"当城"。

按下杨家将的故事不表，这里且说驿站。

明永乐二年（1404年）建城后，天津成为北京通往东北、南方的交通必经之地和水运枢纽，驿站由此得到了空前的发展。仅在天津地区南部即有流河与奉新两处驿站。

流河水驿，在今河北省青县东北流河镇，永乐二年置，极冲级。流河镇地处大运河卫河西岸，南至乾宁驿60里，北距静海奉新驿70里，是大运河北段天津右卫的重要驿站。明代文学家、王府长史瞿佑《流河驿》写道："河水滔滔不尽流，今来古往几春秋。波涛不覆渔翁艇，馆舍常迎使客舟。青眼有情惟岸柳，白头无闷是沙鸥。从今解却尘缨去，一任沧波孺子讴。"据《司册》记载，清同治十年（1871年），流河水驿共有水驿夫85名，夫头10名，探听夫2名，买办、送牌夫各1名，共计99名，一年共支银1641.875两，遇闰年加增。

奉新驿，在静海县南城外，永乐三年邑令尚朴设置，隶属天津卫，水、陆相兼，南北通衢。水驿为极冲级，马驿为次冲级。

据《读史方舆纪要》载："奉新驿出县北五十里为杨柳青，又十里为当城，又十里为里堡城，又十里为小南湖，又十里即小直沽，天津卫设焉。又县南十五里有双塘渡，为南北通衢。"

依傍京杭大运河，静海及奉新驿曾风光一时。官船商旅络绎不绝，文人墨客题咏不断。明成化进士文林《静海驿》写道："深夜驿途静，长河瀚海通。舟明沉水月，灯暗落潮风。暝色浮烟外，春光欲雨中。年年苦行役，踪迹任飘蓬。"明永乐进士曾棨（qǐ）的诗也提到"春光"："皇华千里客，何意此相逢。水郭春光早，邮亭柳色浓。"春光，柳色，自然美。然前述那位明代文学家瞿佑笔下的静海，可就差多了："古县临河口，遗民住岸旁。荒田多废弃，破室半逃亡……"虽说都是明代人，面对同一静海驿，看到的情形却不一样。

明代驿制规定，像静海这样的驿站，水驿极冲级应配船15至20只，每船有船夫10名；马驿次冲级应配马30至60匹。马驿之马又分为上、中、下三等，在马脖上挂小牌，写明等第。水驿船则不分等级档次。到清代，奉新水驿设水驿夫85名，夫头10名，探听夫2名，买办、送牌夫各1名，额设工料银2104两余；马驿则设驿马15匹，设马夫7名半，驿递等夫16名，额设工料银388余。据《大清会典》，静海县境内清初至光绪朝额设递铺四处，铺司兵20名。四处递铺为：总铺（在城铺），向南15里至双塘铺，再 15 里至钓台铺（又 25 里至青县流河铺），北 25 里至良王庄铺（又 15 里至天津县炒米店铺）。

清同治九年（1870 年），李鸿章任直隶总督兼北洋大臣后，久驻天津，至津、京、保定之间往来公牍骤增，驿差浩繁，时有六百里加急文报往来，"深夜驿途静"的情境难再。但当时的驿站弊端丛生，每况愈下，掣肘严重。为此，身负重任的李鸿章，不得不从 1875 年起连续三年上奏"添驿"。除第一次请求为天津县添马 50 匹，马夫 25 名，静海、大成、高阳等三县各添马 30 匹，马夫 15 名奏准外，后两次均未获准。这让雄心勃勃想干点事儿的中堂大人，情何以堪！

第二章 燕赵大地 驿通天下

道边邮亭连古堠
——涿州邮驿

1988年11月25日,邮电部发行《中国古典文学名著——〈三国演义〉》(第一组)特种邮票一套4枚,分别是《桃园三结义》《三英战吕布》《凤仪亭》《煮酒论英雄》。

东汉末年,朝政腐败,再加连年灾荒,民不聊生。刘备有意拯救百姓,张飞、关羽又都想干一番事业。三人志同道合,于是选定张飞庄后一桃园,备下青牛白马,作为祭品,焚香礼拜,结为异姓兄弟，发誓不求同年同月同日生，只愿同年同月同日死。宣誓完毕，三人按年岁认了兄弟。刘备年长，做了大哥，关羽第二，张飞最小，为三弟。于是有了《三国演义》中的"桃园三结义"。桃园三结义的故地在哪里？在涿州。故事的两位主角刘备与张飞同是涿州人。

位于北京西南部的涿州，历史悠久。春秋战国时期，涿州为燕之涿邑，西汉时期置涿郡，三国时改称范阳郡。唐代曾用涿郡、范阳、涿州、涿县、幽州等地名。元代涿州升为涿州路。涿州素有"京畿南大门""天下第一州"之誉。

据宋代吕颐浩《燕魏杂记》称，"涿州西南二十里，有蜀先主（指刘备）庙，以关羽、张飞配。乡老言祖父相传，先主故居也。庙左右大木环绕。云：'先主为儿童时，尝戏于木下。'所说与《蜀志》相合"。涿州现存有三义宫（昭烈庙）、楼桑庙、张飞井、张飞墓、风雨竹碑、忠义店等众多遗迹。三义宫，又名三义庙，为纪念刘、关、张桃园三结义而建，位于今涿州市松林店镇楼桑庙村。始建于隋代，唐、辽、元、明、清各代均有修葺，距今已有1400年的历史。整座庙宇金碧辉煌，气势雄伟，金代即被列为"涿州八景"之一，名曰"楼桑春社"。每年农历三月二十三，刘备诞辰之日，各方百姓云集于此，举行盛大的祭祀活动。宋代朱熹有诗曰："楼桑大树翠缤纷，凤鸟鸣时曾一闻。合使本支垂百世，讵知功业只三分。"清代王锐新亦有《咏楼桑》："千秋正统垂青史，两字公平定紫阳。多少称王称帝者，问谁庙貌似楼桑。"

另外，历史上涿州还诞生过北魏地理学家郦道元，东汉政治家卢植，唐朝诗人卢照邻、贾岛和佛教禅宗六祖慧能，宋太祖赵匡胤、北宋哲学家邵雍，等等。

据考，远在春秋战国时期，燕国境内便出现了涿（城）。秦代，涿系咸阳到北京的驰道干线上的必经之途。西汉时，"燕之涿、蓟，富冠海内，为天下名都"。唐武德七年（624年），改涿县为范阳，大历四年（769年）置涿州。宋、辽、金时期，涿地交通道路迅速发展。元、明时期，涿当南北交通要冲。至清代，涿州已被称作"十八省通衢"了。

奴隶社会的商代，"涿"就有"邦畿千里"之称，是商都北至燕亳的必经之地。交通的发达给驿路的开通创造了极为便利的条件。秦始皇统一中国后，大力筑长城、修驰道，建立起以首都咸阳为中心的邮驿交通网路。东汉时，邮驿交通网络的东路干线由洛阳经邯郸到达涿、蓟。唐代国力强盛，邮驿空前发展。以长安为中心的邮驿通信干线向四方辐射。其中北路干线北上进入今保定地区，经安喜（今定州市）、北平（今顺平县）、永乐（今满城区），达范阳（今涿州市），至幽州（今北京市）。宋元时期涿州曾设范阳驿，明代嘉靖中叶改称涿鹿驿，先置于州治西，后移至城内馆驿街（现公益街）。

清代的邮驿有两条干线经过涿州。其一，由京师皇华驿南行140里至涿州的涿鹿驿，再70里至新城县汾水驿、70里雄州归义驿，再70里接任丘鄚（mào）城驿，与去往山东驿路相连。其二，由皇华驿至涿鹿驿分道，50里至涞水县塔崖驿，40里至易州清苑驿，90里至涞源县上陈驿，100里至唐县倒马关驿。

清雍正五年（1727年），涿鹿驿曾被废止。据清乾隆三十年（1765年）《涿州志》载："涿州驿，旧在州治西南馆驿街，明嘉靖间置。康熙年知州郭子治重修，初设驿丞一员。雍正五年裁驿亦废。今驿舍移至州治后，额设马一百九十一匹，夫八十八名半，杠轿夫一百四十名，兽医三名，马车抄号两名，杠轿听事两名，造册书手一名，接递皂隶三十五名。铺递所共十一处，额设铺兵六十一名：州治前铺兵十三名，忠义店铺兵六名，松林店铺兵六名，泽畔铺兵六名，管头铺兵四名，楼桑铺铺兵四名，三家店铺兵四名，刁窝铺兵四名，酱家铺铺兵三名，鲁家铺铺兵三名，湖梁铺铺兵八名。"至光绪十二年（1886年），涿鹿驿额定马匹与马夫数未变，杠轿夫增加到160名，年耗银12454.16两，遇闰年追加饷银918.87两。

当时境内驿路，主要有三条：

（1）自馆驿街出南关向正南至管头铺，再向南至楼桑铺、三家店铺，出县境去往高碑店方向。

（2）出南关向西南 10 里，至忠义店铺，再 10 里至松林店铺，再 15 里到泽畔铺，出涿州境。

（3）沿鼓楼大街出北关过永济桥 10 里，至胡良铺，过仙峰坡，到挟河铺出境与京师驿路相接。

涿州驿，因距北京仅百里之遥，是京畿南大门，故有什么风吹草动，很快会"捅"到皇上那里。仅举两例。

其一，元代中统元年（1260 年），于路总管府设置专职视察驿站的官员——脱脱禾孙。《元史·百官志》载："各处脱脱禾孙，掌辨使臣奸伪。"脱脱禾孙设在"郡邑之都会，边路之冲要"，也就是交通枢纽处。据《永乐大典》记载，至元三十年（1293 年）五月，在良乡、涿州驿站设立脱脱禾孙："良乡、涿州驿当孔道，内外转运必由于此，比之他路繁剧劳苦莫甚……且见口北榆林站以路当通道，故设脱脱禾孙二员，诘验谬伪。而燕南保定，往者亦为充实。正南泉兴至大名，西南庆都至真定两路设置脱脱禾孙二员以莅之。即今大名、泉兴之驿已罢，所掌惟保定至真定一道而已，若将此处脱脱禾孙徙于涿州治事……官民两便。"很快奏准，奉旨实行。

其二，乾隆三十八年，直隶总督加太子少保衔周元理上奏：

"南石槽军站,接递军营山西巡抚鄂宝夹板,并广西巡抚熊学鹏报匣。因兵书将夹板报匣与火票互错发往,至涿州驿,将鄂宝夹板查出驳回……而熊学鹏之报,已误由军站驰送。"就此,皇上谕旨称:"军营文报往来,各该站理宜小心检点,以免歧误……至鄂宝夹板,既经涿州驿查对火牌,驳回更正。而熊学鹏报匣,误发军营,沿途各站员接到时,何以未能查出,亦难辞咎。著交周元理一并查明参奏,交部分别议处。"

涿州驿地位重要,话题多多,历代文人题咏不断。如北宋王安石《出塞·涿州沙上饮盘桓》和苏轼《次韵子由使契丹至涿州见寄四首》,宋末文天祥《保涿州三诗·涿鹿》,明末清初钱谦益《和范致能燕山道中绝句八首》之二《范阳驿》等。

"涿州百里近都门,北来南去无晨昏。道边邮亭连古堠,时平不置官军守。"(明代杨士奇《涿州行》)前两句说的是涿州的地理方位,驿路的繁忙。"道边邮亭连古堠"让人想到战争,而"时平不置官军守"则回到天下太平的情景之中。这当然是国人世世代代的祈盼。

易水边上说驿站

"风萧萧兮易水寒,壮士一去兮不复还!"当年荆轲刺秦王出发时惊天动地的《易水歌》,不愧为慷慨悲歌之最强音!

荆轲,战国末期著名刺客,姜姓,齐国贵族庆氏后代,迁居卫国,卫国人称其"庆卿"。到了燕国,燕人叫他"荆轲"。荆轲好读书、击剑,以其擅长的剑术去游说卫国国君卫元君,希望能得到任用,被拒绝。后来,荆轲云游至赵国榆次、邯郸,也一无所获。云游到燕国,与屠狗夫、善于击筑(筑,一种弦乐器)的高渐离对上了眼。荆轲嗜酒,每天与高渐离饮于燕市。酒酣耳热之后,高渐离击筑,荆轲和而歌,一会儿乐一会儿哭的,旁若无人。然荆轲为人正直,喜欢与贤士、豪杰及年高有德者交朋友。在燕国,道德学问皆好而隐居不仕的田光就很喜欢荆轲,认为他不是一般人。

不久,在秦国做人质的燕太子丹逃回燕国。说起来挺有意思,这燕太子丹曾做人质于赵国,而秦王嬴政生于赵国,小时候跟他相处甚欢。待到嬴政做了秦王时，太子丹则在秦国做人质。然秦王待他不好，因此丹设法逃回，并决心报复。后来，秦国出兵讨伐韩、魏、赵等三国，并对燕国虎视眈眈。对此，燕国君臣皆惶恐不安。太子丹去向师傅鞠武问计，鞠武纵论秦国民多兵强，军备充足，指出秦如欲向外发展，"则长城之南、易水之北"即燕国之全部，将很难保全，告诫他万不可轻举妄动，触怒秦王。

不久，秦将樊於（wū）期得罪了秦王，逃来燕国。秦国以"金千斤，邑万家"购樊将军首级。而太子丹毫不犹豫收留了他。鞠武认为不妥，应让樊将军逃往匈奴，以免惹祸。太子丹却说，我不愿因迫于强暴的秦国而抛弃我所同情的朋友，我豁出去了。鞠武说服不了太子，遂建议他去向田光请教。后者推荐了荆轲。

太子丹见到荆轲，提出刺杀秦王的想法，荆轲满口答应。于是，太子丹尊荆轲为上卿，安置在上等的宾馆里，每日美食珍宝，车骑美女，款待之。经过一番考虑，荆轲提出："欲见到秦王，须备两份重礼：一是樊将军首级，二是燕国国土督亢（督亢即指燕国南面肥沃的土地，包括今河北涿州、定兴、新城、固安一带）。有此两件重礼，秦王必乐于见臣，臣才有机会下手。"要樊将军脑袋，太子丹不肯，荆轲则私见樊将军，陈明原委，樊将军遂自刎。

闻讯，太子丹挥泪将樊将军首级装入特制的盒子里封好，又以百金购入匕首一把，令工匠用毒药煮炼过，封好，并命勇士秦舞阳为荆轲助手:"刺秦"行动进入"倒计时"。

秦王政二十年(前227年),易水边上,太子丹及知此事者,皆着白衣白冠(即丧服)为荆轲送行。祭过路神,喝过酒,高渐离击筑,荆轲和而歌,音调苍凉悲壮,催人泪下。荆轲唱道:"风萧萧兮易水寒,壮士一去兮不复还!"歌声慷慨激昂,众宾客皆双目圆睁,怒发冲冠。唱罢,荆轲登车,义无反顾地踏上征程。

在秦国咸阳宫,荆轲为秦始皇献上燕国督亢地图,秦王打开地图,图穷而匕首见(现),荆轲乘机"左手把秦王之袖,而右手持匕首揕(刺)之。未至身,秦王惊,自引而起,袖绝……荆轲逐秦王,秦王环柱而走"。最终,刺秦王不成,荆轲被杀……

"此地别燕丹,壮士发冲冠。昔时人已没,今日水犹寒。"(唐代骆宾王《于易水送人》)易县地处太行山东麓北端、华北平原西北边缘。史载,隋开皇元年(581年)在易水河北岸以土建城,置易州,东西分设朝阳、广武二门。开皇十六年又于州东二里许置易县。明代隆庆二年(1568年)重修石砖城,东西设迎晖、靖远二门,各置瓮城。至清雍正年间,直隶易州,领涞水、广昌(今涞源)二县。

明代,今易州境内设有清苑和上陈两处驿站。清康熙《畿辅通志》卷八《公署》载:清苑驿,在州治东。上陈驿,在州治西北六十里。清苑驿,明洪武七年(1374年)置,属保定府易州。

雍正《畿辅通志》载：清苑驿为稍冲（次冲）级，现存马二十六匹，车马两匹，骡三头，夫役共四十三名半，共银一千七百两七分四厘一毫九丝。遇闰按月加增，知州掌之。

清乾隆《直隶易州志》卷七《邮政》载："清苑驿，马二十六匹，差骡三头，中车一辆，车马两匹，车喝子一名，马夫八名半，兽医一名，拨马夫四名，马牌子一名，马房梳手一名，看差听事夫两名，背包回马夫等夫八名，长夫十二名，夫头一名，公馆茶夫一名，看徒犯防夫一名，抬盘夫一名，厨子一名，买办一名。""岁额工料工食银一千五百三十两六分六厘七毫七丝一忽。闰月加一百二十七两五钱五厘五毫零。"

至光绪年间，清苑驿额设马七十匹，马夫三十四名，骡二十三头，驴六头，杠轿等夫五十一名，驿书一名，兽医一名，车夫十名。现额实存夫役九十七名，驿马七十匹，车骡差骡二十三头，差驴六头，额设裁存夫马工料银四千六百二十四两二钱八分三厘三毫三丝一忽。（光绪《畿辅通志》）由此可知，到光绪年间，清苑驿规模扩大，人员、马匹及开支等大幅增加，已升格为极冲级。

据《明代驿站考》，上陈驿属保定府易州，也是洪武七年置，在今河北易县西。明嘉靖三十六年移于今易县西北紫荆关城内。雍正《畿辅通志》载：上陈驿在州西九十里紫荆关城内。明洪武七年置于关东十五里，后移于此。稍冲。现存马二十二匹，车马两匹，驴四头，夫役共四十六名半。共银一千七百六十五两八钱八分二厘二毫五丝七忽。遇闰按月加增，驿丞掌之。清乾隆《直隶易州志》卷七《邮政》载：上陈驿原额驿马二十二匹，车马两匹，驴四头。马夫十名半，长夫十二名，夫头一名，兽医一名，马牌子一名，梳手一名，送公文马夫两名，背包回马夫八名，更衣、公馆茶夫、看徒犯防夫、厨子、买办共六名，车喝子一名。岁额工料银一千五百八两二钱九分四厘二丝五忽。于雍正十三年添设龙华店、王安镇腰站两处，马八匹，夫四名，岁额工料银二百三十六两五钱二分。管理方面，设驿丞兼巡检。该志卷十二《职官》载："上陈驿驿丞，雍正十一年奉文兼巡检。"光绪《畿辅通志》亦载：上陈驿"有驿丞兼掌巡司。旧与塔崖驿为二驿，今塔崖驿废而上陈驿移置关内"。

驿站之下，设急递铺。清代，易州额设急递铺十六处（其中含今涞源三处），司兵六十名。主干线驿路，东从二十里铺入易县境，西至五回岭的乌龙背山口出易县境，全长约一百三十里。急递铺分别是：二十里铺—十里麻屋庄铺—十里在城铺（总铺）—十八里三岔口铺—十七里管头铺—十里龙华铺—十三里泥洼铺—七里上陈驿铺—十五里紫荆关铺—十五里盘石铺—十里玉山铺—约五里至乌龙背山口，入涞源县境。

易水扬波，太行巍峨，燕赵悲歌赞荆轲。自慷慨悲歌、图穷匕现等成语广为传颂之后，两千多年来，以易州、易水，燕赵慷慨等为题材的诗文可谓年既久而不衰。如晋代陶渊明《咏荆轲》："燕丹善养士，志在报强嬴。招集百夫良，岁暮得荆卿。君子死知己，提剑出燕京。素骥鸣广陌，慷慨送我行……其人虽已殁，千载有余情。"明代石珝（xǔ）《易州道中》："西风羸马经行地，易水长城是旧都。壮士入秦名尚在，客卿归赵势全孤……"清代乾隆皇帝亦有《易州道中作》："易水流沙率不深，潦收野渡那须寻。荆轲山矗秋云表，想像当年壮士心。"

从金台顿到保定驿

史载,北宋太平兴国四年(979年)六月,为夺回五代时后晋石敬瑭割给契丹的燕云十六州(今北京至山西大同等地区),宋太宗赵光义自镇州(今正定)北上,七月与辽国打了一场"高梁河之战",一去一回曾两次在金台顿住宿。去时雄心勃勃,攻城略地;回时则溃不成军,狼狈不堪,"坐骑"竟是一头小毛驴。从此,金台顿出了名。

金台顿,"顿"即馆舍,住宿之地。要说"金台",就须从公元前说起。

公元前314年,燕王哙禅位于相国子之,引发燕国内乱。临近的齐国乘机出兵侵占了燕国的部分领土,杀了燕王哙和子之。此前流亡韩国的燕昭王当上国君后,卑身厚币,招纳贤士,消除了内乱,并决心广招天下英才,振兴国家,夺回失地。他拜访郭隗(wěi),求计问策。郭隗讲,古之人君有以千金使涓人(亲近的内侍)求千里马者,马已死,五百金买其首而返。你要真心求贤,就应向其学习。燕昭王认为有理,采纳其建议,拜郭隗为师,筑黄金台,"置千金于台上,以延天下之士",没过多久就迎来了"士争凑燕"、人才济济的局面。其中包括著名的魏国军事家乐毅、齐国阴阳家邹衍、赵国游说家剧辛等。经过三十年的休养生息,国家殷富,士卒效命。燕昭王二十八年(前284年),遣乐毅率军联合三晋及秦楚之师攻齐,大破齐军,占领齐国城邑七十余座,燕国进入鼎盛时期,燕昭王名扬天下。唐代沈亚之《上寿州李大夫书》:"昔者燕昭以千金市骏骨而百代称之。"宋代范仲淹《上张右丞书》:"昔郭隗以小才而逢大遇,则燕昭之名于今称道。"

关于黄金台的具体位置,一般认为在今保定地区境内,包括定兴金台陈村、定兴北章村、易县燕下都城址内等。另有燕上都蓟城一说。

而保定得名,有一个过程。保定古称上谷。宋代建隆元年(960年),朝廷于清苑县置保塞军,取保卫边塞之意。太平兴国六年(981年),保塞军升为保州。靖康二年(1127年),北宋灭亡,金兵陷保州,仍沿宋制,称保州,又名金台驿。南宋宝庆三年(1227年),保定开始筑城。元太宗十一年(1239年),改顺天军为顺天路,保州为其路治所在地。因保州为元大都的南大门,元世祖至元十二年(1275年)顺天路改为保定路,寓"保卫大都,安定天下"之意。从此,"保定"之名延续下来。

春秋战国时期,保定地处燕南赵北。今保定地区大部属于燕国。燕国是周朝的一个诸侯国,为了保持同周朝廷的联系并发展生产、抵御外侮,把"馆驿之设"看作是"所赖于布政施令,为行政之助"(《周礼·地官·遗人》)的重要事情来做。周赧王二十年(前295年),燕国内乱,齐赵等诸侯国群雄角逐,互相兼并,战争频繁,今保定地区则成为兵家必争之地,亦成为战事所需的馆驿之设的重地。凡交通要道,不但沿途庐室林立,而且馆舍整洁,道路两旁还种有树木,打有水井。信使起程上路,"夜可以寝,昼可以憩,有井以备饮食,有树以为藩蔽",可谓"行者之至如归矣"(《古今图书集成·考工典·驿递部》)。

秦统一六国后,公元前221年,秦始皇开始以首都咸阳为中心修建驰道,后又陆续修筑"直道""新道"以及在边远地区修筑"五尺道",构成了以咸阳为中心的全国驰道网。今保定地区在秦时先后属恒山郡、广阳郡、代郡、巨鹿郡,境内的古驰道,是在战国时期形成的南北车马大道的基础上扩建而成。这条南北驰道,由黄河岸上的温(今河南温县西南)北上,经安阳、邺城(今临漳县西南)、巨鹿(今平乡县西南)、东垣(今正定县)、曲逆(今顺平县东南)、武遂(今徐水区西)、涿(今涿州市)而达蓟(今北京市),贯穿整个保定地区。

唐代国力强盛，邮驿空前发展。当时，以都城长安为中心向四方辐射的邮驿通信干线有五条，其中北路干线北上进入今保定地区，经安喜（今定州）、北平（今顺平）、永乐（今满城）、范阳（今涿州）至幽州（今北京）。

北宋年间，都城在河南开封。宋太祖的祖陵在保州清苑县御城村。而保州又为宋辽之边塞。据记载，雍熙三年（986年），北宋攻契丹时，抗辽名将杨延昭（杨六郎）为其父杨业（杨令公）部先锋，出雁门关，战于朔州城下，旋知景州，后被任命为保州知州兼缘边都巡检使。其州衙就设在今保定西大街。当时，保州军务政务繁忙，每天都需要向京城报告情况，听取指令，使保州通往开封的驿道，相当繁忙。

辽、金时代邮驿网路，以幽都为中心向四方辐射，其中有：自幽都过良乡、涿州、新城，西通易州，东至雄州，南下安肃军、保州、望都、定州一路，全长约六百六十里。

元代，疆域辽阔，交通发达，邮驿（站赤）制度成为巩固政权的重要手段。邮驿机构以路（州、府）为枢纽而设置。驿路分为三种：一称帖里干道，蒙语意为车道；二称木怜道，蒙语意为马道；三为纳怜道，即蒙语小道。彼时，今保定地区境内车道、马道，畅行无阻，设有驿站十五处。

明代迁都北京后，保定更成为明、清两代南下的咽喉和京畿重镇，金台驿也就成了这条干线驿路上的枢纽。明永乐年间，在今保定区域设有驿站十二处，驿铺六十八处。急递铺每十里一置，每铺设铺司一人，铺兵五到十人。各州、县设总铺长，专职巡视各铺。

清代，在今保定地区境内设置的驿站共十五处，即：清苑县金台驿、满城县陉阳驿、安肃县白沟驿、定兴县宣化驿、新城县汾水驿、唐县县驿、博野县县驿、望都县翟城驿、容城县县驿、蠡县县驿、雄县归义驿、祁州州驿、安州州驿、高阳县县驿、新安县县驿。雍正二年（1724年）保定成为总督署所在地后，各地往来保定的公文和信函大增。据记载，雍正年间，金台驿有驿马一百二十匹，驿驴十三头，役夫二百三十二名，年耗银一万零六百九十六两五钱，其规模在直隶驿站中是数一数二的。

据清同治《畿辅通志》卷一二二《兵制四·驿站一》载："清苑县金台驿，在县治东一里许，宋金台顿也。明置驿于此，今因之，极冲。又有递运所在县西南五里，明永乐七年置，今裁。"即是说，宋代在清苑县设金台顿，明代在金台顿设金台驿，为极冲级大站。其人畜配备，据《置驿一》载，清苑县金台驿，马一百二十匹，马夫五十五名，驴十三头，杠轿等夫一百九十七名，驿书一名，驿皂二十八名，兽医一名。

光绪《保定府志》卷三十三《兵制》："清苑县金台驿，在府城西关南，裁存驿马二十匹，差驴三头。"卷四十二《旧署舍》载："在府署东南，今名馆驿街……乾隆初移驿于府城西关。驿承厅在驿内。金台驿馆在府城西北。"于是，清苑县金台驿进了保定府。据《保定市北市区地名志》："金台驿街，位于西关街道办事处辖区内，南北走向……清代曾在此设驿站，盖街得名为金台驿街。"

明代祝颢《题金台驿》："西风匹马上金台，燕赵山河实壮哉。万里有谁收骏骨，千秋无复见奇才……""收骏骨"即"千金市骏骨"，广招天下才。全诗通过寓意深刻的典故和鲜明的形象，表达了诗人对于人才被埋没、国家衰落、看不见希望的感慨和忧虑。

万里长城龙泉关

1948年3月23日开始，毛泽东、周恩来、任弼时率中共中央机关和解放军总部由陕北米脂县杨家沟向河北省平山县西柏坡转移途中，于4月10日从山西五台山出发东进，经长城岭上晋、冀两省交界处的龙泉关进入河北省阜平县境内，5月26日抵达西柏坡。龙泉关见证了中华人民共和国成立前夕的重要历史性时刻。

阜平县龙泉关驿，跟盂城驿、鸡鸣驿两个名驿比起来，似乎名声不大。然而，细考之下发现，龙泉关驿除设置时间较晚外，它的地位一样重要，并且传奇故事也不比前两驿少。

阜平县位于河北省保定市西部，地处两省（河北、山西）四市（石家庄、保定、忻州、大同）九县（曲阳、唐县、涞源、行唐、灵寿、平山、五台、灵丘、繁峙）交会处，自古被誉为"冀晋咽喉""畿西屏障"。据考证，早在夏、商时代，阜平这里就有人居住。周代之前属冀州，周代属并州，春秋为奚子国（或鲜虞国），战国时为东垣，秦时属巨鹿郡。西汉时属冀州常山郡，东汉时属中山国，隋代属恒山郡，唐代属镇州，宋代属真定府。金代明昌四年（1193年）始置阜平县。元初属恒州，后更属真定路，明代改隶真定府。清顺治十六年（1659年）阜平县废，康熙二十二年（1683年）复置，仍属真定府。雍正元年（1723年）真定府改名正定府，阜平县仍属之。

万里长城龙泉关。龙泉关明长城遗址由上关与下关两部分组成。明正统二年（1437年）筑下关，景泰二年（1451年）又于其西北筑上关，两关相距十公里。现存关城遗址为上关关城。作为明朝内长城的重要一段，阜平长城城墙下部以条石作根基，上部包大块柴烧青砖，城墙上筑有敌楼、战台、烽火台等。为了防范北方鞑靼、兀良哈、瓦剌等部族的侵扰，阜平境内设置敌楼十座，烽火台八处，战台八座。

龙泉关东距阜平县城三十多公里，西距五台山风景区约三十公里，为冀晋两省间的咽喉要道，也是中国佛教圣地五台山的"东大门"。龙泉关号称五台山"四关"之一（另三关为雁门关、平型关、牧护关）。南北山上各筑有一座石砌烽火台。清顺治十一年（1654年），设驻守参将，康熙三十二年（1693年）设游击，乾隆十八年（1753年）设守备。如今，龙泉关镇拥有久负盛名的古城三道街、千年古树、马刨泉、六郎庙、三箭山、招堤寺、龙宿庵、烽火台等景观，及明万历古碑等历史文物。

据《保定邮电志》载，阜平县"明代设龙泉关驿，并设急递铺两处"。另据《阜平县志》载："清雍正元年，阜平县由当地县公署额设总铺及递铺四处，总铺东二十里至长寿庄铺（今西庄村），再二十里至张家庄铺，二十里至王快铺，二十里至沟里铺（今曲阳属地）。"

龙泉关地处冀晋咽喉要地，是著名的军事重镇，又是古御道、驿道、商道。同时，因毗邻中国佛教圣地五台山，故又是著名的求佛问善之道。这样，"四道"合一，历代帝王及文臣武将、骚人墨客、商贾香客等，途经龙泉关，或驻跸，或逗留，或触景生情，或借题发挥，甚或题壁抒怀，留下了不少诗文佳作与民间故事。

据记载，明崇祯六年（1633年）八月初四，徐霞客曾夜宿龙泉关，第二天登长城岭。其游记写道，在长城岭绝顶"回望远峰，极高者亦伏足下，两旁近峰拥护，惟南来一线有山隙，彻目百里。岭之上，巍楼雄峙，即龙泉上关也。关内古松一株，枝耸叶茂，干云俊物。关之西，即为山西五台县界"。"古松一株"，即当地人传说之"挂甲树"。相传，宋朝名将杨六郎在此与北辽交战时，连役几日，人困马乏之际，忽遇这棵伟岸挺拔的松树，随手把盔甲挂在树枝上，坐在树下休息。后人便称此树为"挂甲树"，且有诗咏之："将军忠义宋干城，挂甲犹传百世名……感慨示衣树上客，杨郎吾欲配颜卿。"关于杨家将，这里有杨六郎饮马的"马刨泉"遗址，在龙泉关西沟五里处有"六郎校场塔"，以及"孟良借粮"等传说故事。

递铺中的王快铺，设在王快村。据当地传说，王快，古时叫王槐，因河边有一棵老槐树得名。当年，康熙帝曾在树下钓鱼，绿荫遮蔽，清风送爽，曾连呼"痛快，痛快"，"王槐"从此更名"王快"。另据传说，康熙帝过王槐村，曾拟有"王至王槐王快乐"的上联；待行至龙泉关，一位当地秀才（一说是庙里住持）则以"龙到龙泉龙泉清"应对，也算趣事一桩。然这些并不完全是空穴来风。经查《康熙朝实录》，康熙帝还真到过王快："康熙二十一年，庚寅，上驻跸王快镇。"

另据传说，一年，康熙帝巡幸五台山返回途中，在龙泉关驿站休息后正要起轿，突然接报，前方山梁之上有大蛇盘踞阻住去路。龙颜震怒，命御林军弓箭手一起放箭，将大蛇射死。查《康熙朝实录》："康熙二十二年，辛卯，上驻跸真定府龙泉关。丙申，上回銮，于长城岭西路旁射殪（死）一虎。是日，驻跸龙泉关。"康熙帝射蛇，无据可考，射虎倒有"实录"。

还是据传说，康熙帝第一次去山西巡幸的路上，途经龙泉关一带时，在招提寺见一座峥嵘突兀的山峰迎面矗立，显得特别高大。于是悬赏：射箭超过山顶者奖银五十两。然而众随从所射之箭均飘落半山腰。见状，康熙帝遂亲自引弓，连发三箭，"皆逾峰巅"，从此这座山就叫"三箭山"。至乾隆朝，直隶总督方观承在此立下石碑纪念此事，乾隆皇帝还亲自撰写了碑文。石碑上，康熙二十二年（1683年）皇帝"经此，勒马而射，连飞三矢……民遂名其处为三箭山"等字迹清晰可见。

传说之外，现存古籍中，有关龙泉关的诗词很多。

其一，明代僧人释得清在赴五台山时路过龙泉关，见此雄关苍凉曲折，遂赋诗《龙泉关》："策杖烟霞外，重关虎豹林。路当崎曲险，山入寒垣深。惨淡寒云色，萧条落日阴。边笳如怨客，呜呜岭头吟。"全诗大意，拄杖山林中行走，知此常有野兽出没。山路崎岖，人迹罕至。山色凄凉，落日寂寥。胡笳声声怨，悲壮动人心。昔日的万里雄关，一片苍凉荒芜，情何以堪！

其二，另一首《龙泉关》："碧涧深千丈，苍岚仰万寻。一夫荷戈戟，何惧房如林？"山高涧深，令人想到一夫当关、万夫莫开的豪迈。提气！

至于清代皇帝咏龙泉关的诗就更多。这当然与他们多次西巡（据文献载，康熙帝五次，乾隆帝六次）过阜平有关。康熙、雍正、乾隆三帝之中，以乾隆诗作为最多。其仅以《龙泉关依皇祖原韵》为题，就有"再依""三依"直至"六依"，另有《三箭山叠旧作韵》《度龙泉关》《度龙泉关山西省诸臣来接》等。谨录其《三箭山我皇祖经此三箭连逾峰巅因以得名丙寅秋过之曾成近体重瞻圣迹再赓前章》:"山名三箭志曾闻,嶪嶪孤峰迥绝群。忆昔乌号发连矢,至今雀跃服千军。初来西狩秋方杪,重度东风春欲分。我亦弯弓思继武,惟殷仰止恧瞻云。"大意是,曾经听说前辈三箭"连逾峰巅"的壮举,三箭山果然高耸入云,卓绝超群。想当年良弓一箭接一箭射出,至今说来仍使千军欢呼雀跃。第一次狩猎时在秋末,此次再来则在春天。我亦弯弓搭箭想继承前辈的武功,然高山仰止而自愧望断白云,高不可攀。全诗忆前辈功绩,自叹弗如,励志之意图明显。

第二章 燕赵大地 驿通天下

燕赵之间说定州

报载,从1959年到1995年,国家先后发掘了五座中山王墓,出土文物一万多件,包括金缕玉衣、长信宫灯、麟趾金、掐丝镶嵌金辟邪等稀世珍宝,使当年小小的中山国名扬四海。

历史上,中山国可是赫赫有名。中山国的前身是北方鲜虞部落,为白狄,最早在陕北绥德一带,后逐渐转移到太行山区。公元前5世纪,当中国进入战国时代之后,鲜虞逐步崛起,建立起中山国,国土嵌在燕赵之间。讲到战国,人们一般称"战国七雄",即秦、楚、齐、燕、韩、赵、魏。其实,"七雄"之后,还有第八雄,即中山国。战国时的中山国,在中国历史上是奇葩一样的存在。据考,它在公元前506年首次出现,直至公元前296年被赵国灭掉,虽仅存续两百多年,但《史记》《左传》《竹书纪年》等重要典籍里,或多或少都有记载。

春秋时的鲜虞国,大致上说,南至今石家庄一带,北至今唐县西南,西面至今太行山脉的井陉、盂县一带,东面至今日的河北藁城、晋州。春秋末至战国初年，中山国开始扩张领土。至战国中期，中山国的疆域，包括今河北保定地区南部、石家庄地区大部、邢台地区北部及衡水地区西部，南北约两百公里，东西约一百五十公里。其间，西倚太行山，东望渤海湾，国土嵌在燕赵之间的定州，成为中山国所在地。

秦代，定州为巨鹿郡辖境。西汉初期，置卢奴（今定州城）、安险（今固城村一带）、新处（今大辛庄一带）、苦陉（今邢邑一带）四县，属中山郡。景帝三年（前154年），改中山郡为中山国（有别于春秋战国时的中山国），封皇子刘胜为中山靖王，治所在卢奴，领县十四，包括今天的满城、唐县、深泽、安国、望都、无极、徐水、顺平、蠡县等。直到东汉灵帝熹平四年（175年）中山节王刘稚为止，在定州先后世袭了十七代中山王，统治三百多年。公元384年，后燕慕容垂攻克中山郡卢奴，中山归后燕所属。

东晋隆安元年（397年），北魏道武帝拓跋珪率军打败后燕，攻克中山，尽得后燕玺绶、图书、库府珍宝。当时太行山以东广大地区，多为北魏新攻克占领之地。为防止变乱，拓跋珪以中山为重镇，设置行台来管理中山郡周围军政事务；又取安定天下之意，设置安州，州治在卢奴。隆安四年（1400年），拓跋珪又将安州改称定州，下领中山、常山、巨鹿、博陵、北平五郡。中山郡则领七县，即：卢奴、上曲阳、新市、毋极、魏昌、安熹、唐县。北魏之后历朝历代，在定州的设置，或郡或州或府，直到1914年定州改为定县。

秦统一中国后，拥有广大疆土，筑长城、修驰道，建立了以国都咸阳为中心的邮驿交通网。东汉时，其东路干线由洛阳渡河经邯郸、保定而达涿、蓟。定州自在其中。唐代国力强盛，邮驿设置遍于国内，分为陆驿、水驿、水陆兼办三种。据清代同治《畿辅通志》卷一百二十四《兵制六·驿站三》："定州永定驿，在州治北。明置。极冲。又有递运所在州南门外。"另据《置驿一》：定州永定驿，马一百匹，马夫四十五名，驴二十头，驴夫两名，杠轿等夫一百二十名，驿书两名，驿皂三十名，兽医一名。

定州在北宋时因地处北疆，与辽国接壤，其军事地理位置重要，被称为"九州咽喉地，神京扼要区"。朝廷曾派多名要员前来任职，如王显、司马光、韩琦、苏轼、吕端、吕公著、宋祁等。同时，定州又是个出名人的地方，如战国名将廉颇，西汉音乐家李延年，唐代诗人崔护、郎士元，宋代理学家程颢、程颐兄弟，可谓群英荟萃，交相辉映。

有名人自然就不缺名诗，不缺故事。

唐代杰出诗人陈子昂《感遇诗三十八首·其四》："乐羊为魏将，食子殉军功。骨肉且相薄，他人安得忠？吾闻中山相，乃属放麑翁。孤兽犹不忍，况以奉君终。"诗以两个历史人物的两则故事，借古讽今，寄寓遥深。两个历史人物，即乐羊和秦西巴。乐羊是战国时魏国的将军，魏文侯命其率兵攻打中山国。然乐羊的儿子在中山国，中山国君将其子杀死，煮成肉羹，派人送给乐羊。乐羊那厮为表自己忠于魏国，竟吃了一杯！秦西巴是中山国君的侍卫。中山君打猎，猎到一只小鹿，交秦西巴带回。秦西巴见老母鹿一路跟着，悲鸣不止，心中不忍，就把小鹿放了。事后，中山君认为秦西巴忠厚慈善，就让他做太傅，教育王子。

表面看来，这是一首咏史诗，实则是一首针砭时弊的讽喻诗。当时，武则天为了夺取政权，杀了许多唐朝的宗室，甚至太子李宏、李贤与皇孙李重润。上行下效，满朝文武大臣为表效忠武则天，做了许多自以为"大义灭亲"的残忍事。大臣崔宣礼犯了罪，武后想赦免他，而崔宣礼的外甥霍献可却坚决要求判处崔死刑，甚至头触殿阶，以示其不私其亲。陈子昂对这种残忍奸伪的政治风气十分厌恶，于是借诗以讽。清代陈沆《诗比兴笺》称此诗"刺武后宠用酷吏淫刑以逞也"，可谓一针见血。

宋代诗人苏轼曾任定州知州，时间从宋哲宗元祐八年（1093年）九月始，虽不足一年，但在定州政声颇佳。下车伊始，即定下"整军经武，振兴经济，关注民生"的治州方略，主政期间严明法纪、警众革弊，增修弓箭社、保国强边，扶危济困，鼓励生产，政绩明显。他还亲自组织驻军操演，恢复春季阅兵制度。然老将、马步军副总管王光祖瞧不起这被贬的文官，故意怠慢军机。苏轼马上令人修书，拟上奏弹劾，王光祖立即惮服，使军纪大为严明。但好景不长，转年六月，苏轼被贬惠州。苏轼一生命蹇时乖，屡屡遭贬，辗转流离，杭州、密州、徐州、黄州、湖州、扬州、定州，大概都习惯了。当其南下行至临城（属赵州）、内丘（属邢州）时，一向阴沉的天气忽然晴朗透彻。苏轼驻足，看到太行山脉的苍翠秀美，激动之余，浮想联翩，自以为是"吉兆"。于是写下《临城道中作》："逐客何人着眼看，太行千里送征鞍。未应愚谷能留柳，可独衡山解识韩。"诗前有引文："予初赴中山，连日风埃，未尝了了见太行也。今将适岭表，颇以是为恨。过临城、内丘，天气忽清彻，西望太行，草木可数，冈峦北走，崖谷秀杰。忽悟叹曰：'吾南迁其速返乎？退之《衡山》之祥也。'"

诗中"愚谷能留柳"，用柳宗元谪居永州时的典故。柳宗元在唐顺宗"永贞革新"失败后被贬为永州司马。在永州期间，写下《八愚诗》，并为之作《愚溪诗序》。柳宗元借愚溪自况，表达志向不得施展的愤懑。"衡山解识韩"，则以韩愈为例。唐德宗贞元十九年（803年），关中大旱，地方官员瞒报灾情。监察御史韩愈怒上《论天旱人饥状》疏，如实汇报灾情却遭谗害，被贬为阳山县令。一年多一点的时间，贞元二十一年春，韩愈获赦免北归。未"留柳"而"识韩",或许是"速返"之祥。但是,感觉很美好,现实却很残酷:苏轼此次南下,不仅没能"速返",还在贬惠州三年后,再被南贬至儋(dān)州。鬼使神差,命途多舛。奈何!

第二章 燕赵大地 驿通天下

正定出了个赵子龙

1990年12月10日,邮电部发行《中国古典文学名著——〈三国演义〉》(第二组)特种邮票一套4枚,其中第3枚为赵子龙《单骑救主》。

"他四弟子龙常山将,盖世英雄冠九州。长坂坡,救阿斗,杀得曹兵个个愁。"京剧《甘露寺》中《劝千岁》脍炙人口的唱段,即使不能说是家喻户晓,起码可以说是知名度相当高。特别是,当年曹操攻打荆州,刘备和夫人、孩子失散。赵云(字子龙)单枪匹马去救。先救回甘夫人,又在破墙后找到怀抱幼主的糜夫人。糜夫人自尽,赵云怀揣幼主力闯重围,乱军中杀了个七进七出,最终平安地将阿斗带回到刘备身边。那英雄,那豪迈,果然是冠九州,美名扬。"常山将",常山在哪儿?在今河北省石家庄市正定县。有言道:"正定是个好地方,那里出了个赵子龙。"

正定,1994年1月4日国务院命名的国家历史文化名城。古称常山、真定,历史上曾与北京、保定并称"北方三雄镇"。此外,还叫过安乐垒、恒州、镇州、中山、东垣等。公元前414年,中山国建立东垣邑,即今石家庄市东古城。中山国被赵国所灭,东垣邑归赵国所辖。公元前221年,秦帝国下井陉灭赵,随即吞并六国,天下一统,推行郡县制,以东垣邑为治所设东垣县。公元前196年,阳夏侯陈豨(xī)叛汉,汉高祖刘邦率兵平息叛乱,从期盼稳固政权、希望天下从此真正安定下来考虑,改东垣县为真定县。

如今的正定县城,是东晋十六国时期元玺元年(352年)所建,初名叫安乐垒(安乐城)。公元398年,北魏道武帝拓跋珪将常山郡治由今东古城移到了安乐垒。公元578年,北周将定州和常山郡各一部分分出设立恒州,治所在安乐垒。公元596年,隋朝将真定县一部分分出设常山县,治安乐垒。渐渐地,东古城叫真定,安乐垒叫常山。不久,撤销常山县并入真定县,而真定县治由东古城迁到今正定城。唐建中三年(782年),升恒州为真定府。不久,又称为恒州。唐兴元元年(784年)五月,升恒州为大都督府。长庆元年（821年）为避皇帝（赵恒）名讳改恒州为镇州。后汉时升镇州为真定府。宋崇宁年间，真定府辖真定、藁城、栾城、元氏、井陉、获鹿、平山、行唐、灵寿九县及北砦、天威军两处军事要塞，共92000户，人口11.3万。金代辖真定、藁城、栾城等九县及三个军镇。元代辖真定、井陉、获鹿等九县，有13.7户，人口24万。明代辖定、冀、赵、深、晋五州27县。清雍正元年（1723年）为避皇帝（胤禛）名讳改"真定府"为"正定府"，至民国二年（1913年）撤府存县。

改革开放初期，曾有"要致富，先修路"的说法。其实，我们的祖先早就这么做了。太远的不说，就说秦始皇统一六国后，车同轨、书同文、修驰道，名扬天下。当年秦代经过东垣的驰道有两条：一条由咸阳向东经东部（今濮阳南）转北，经西河（今安阳）、邯郸、巨鹿（今平乡西南）、恒山至广阳（今北京），再向东北经右北平（今蓟州），至碣石（今昌黎北）；一条由恒山经井陉、太原至咸阳。加上原有的大道，东垣初步成为四方通达的交通枢纽。

唐代广修御道，开驿路，邮驿得到很大发展。真定县城南设醴泉驿，新市镇设伏城驿。经真定县的驿路有四条：西路过井陉，出娘子关，经太原至长安；北路经新市镇、定州、保州至范阳（今北京）；南路经邢州、邯郸、相州（今安阳）至洛阳；东路经赵州至沧州。宋代，真定为宋、辽、金三国交战的拉锯地带，战略地位凸显，故宋王朝设河北西路，以真定府为都转运使使廨（xiè，公署）；又以真定府为商业交易中心，设易务管理机构管理。金代，每五十里置驿，十里置铺。重要文书要求腰铃传递日行三百里，敕书传递日行五百里。泰和六年（1206年），诏令真定等地设置提控急递铺官，加强对驿站的管理。

明朝建都北京后，真定府"北临京师，南通九省"，为"京畿屏障，河北之根本"。明代，县设驿，置驿丞。真定城南有恒山驿（后迁城内），城东北有伏城驿。驿铺有十处：城内有总铺，西路有五里铺、十里铺、石家庄铺、坛马铺，西南路有柳林铺，北路有五里铺、十里铺、北牛铺、新城铺。主要官马大道（御道）有二：一条从北京经保定、真定、井陉至太原，全长575公里；一条从北京经保定、真定、邢台、邯郸至开封，长972公里。

清代，以真定府为中心，通往周围各府、县共有九条大道：（1）正定—凌透—东庄—南村—南五女—大丰屯—藁城。（2）正定—东关—罗家庄—固营—藁城。（3）正定—北五里铺—牛家庄—二十里铺—新城铺—吴村—藁城。（4）正定—西古城—柳林铺—肖家营—赵陵铺—获鹿。（5）正定—斜角头—大孙村—西汉—白店—获鹿。（6）正定—北五里铺—北白伏—七吉—南楼—良下—化皮—行唐。（7）正定—西柏棠—王古寺—上水屯—

曲阳桥—高平—韩家楼—灵寿。（8）正定—南十里铺—西兆通—杜家庄—北豆—宋营—韩通—藁城。（9）正定南—十里铺—二十里铺—三教堂—壁铺—栾城。

　　清代在真定境内设驿站两个，驿铺八处。两个驿站分别为：恒山驿，在县治东南。设驿丞1名，驿马109匹，车马2匹，马夫51名半，兽医1名，传报拨马夫9名，抄牌书手2名，馆夫3名，厨役6名，买办1名，防夫1名，驿杠轿夫100名，所杠轿夫10名，赶车夫1名，大、小夫头4名。伏城驿，在城东北45里。有驿丞1名，驿马68匹，马夫34名，兽医1名，传报拨马夫9名，抄牌书手2名，买办、厨役4名，防夫1名。八处驿铺分别是：府前总铺，铺兵6名；城南10里铺，铺兵7名；二十里铺，铺兵7名；城北十里铺，铺兵7名；二十里铺，铺兵7名；四十里铺，铺兵7名；辛庄铺，铺兵5名；丰家铺，铺兵4名。另有墩台17座。古为土建，乾隆四年（1739年）改建砖瓦。各墩台设马兵2名、守兵3名。唯新城铺设外委1名、马兵1名、步兵1名、守兵7名。

　　正定，无愧历史名城；恒山、伏城两驿，无愧名驿。写两处驿站的诗词很多。明代高叔嗣有"城临沱水新桥在，路绕恒山旧驿通"（《送陈永和钧改官之真定学曩府君教处》）的名句，同时代刘茹亦有"紫陌纷纷逢驿骑，青帘处处卖壶浆"（《伏城晓发》)的佳言。有趣的是，正定的月亮好像也比外地的圆，纷纷入得文人"法眼"。如宋代史达祖《齐天乐·中秋宿真定驿》一词。开头写道："西风来劝凉云去，天东放开金镜。照野霜凝，入河桂湿，一一冰壶相映。"大意是，西风拂来，秋云渐退。金镜似的月光洒满大地，如铺了一层冻霜。月光入水，光照四野。天上月与水中月交相辉映，更添几分雅致。

再如，清代杨桂森《伏城驿中秋》："一样团圞月，分来两地看。老亲增想望，客子祝平安。几岁青衫湿，长宵白露寒。何时归去好，堂上劝加餐。"团圞（luán），即团聚，所谓"天上月团圞，世间人聚会"。每逢佳节倍思亲，中秋节思亲，那叫"千里共婵娟"。客思家，家思客，年复一年，岁岁此夜，作者慨叹，何时是个头呢！全诗明白晓畅，道出的是人之常情。

荣登邮票小型张的井陉古驿道

2013年4月25日，河北井陉"秦皇古驿道"照片荣登中华全国集邮联合会第七次代表大会邮票小型张。当天，河北省邮政公司、河北省集邮协会在井陉东天门风景区举行该小型张首发式。现场，除河北省暨石家庄市邮政相关领导、井陉县委县政府领导外，省市集邮界名流暨各地邮人踊跃，据称有上千人。仪式简短，签售火爆，反响颇佳。苦只苦了小型张设计者赵玮女士及古驿道照片的提供者、年逾古稀且大病初愈的摄影家单德，从上午10点多一直签售到下午3点多。

"四方高，中央低，如井之深，如灶之陉……故谓之井陉。"（《太平寰宇记》）井陉位于河北省西部，素有"天下九塞第六塞，太行八陉第五陉"之称。井陉地处燕赵与秦晋间的交通要隘，是沟通华北平原与黄土高原的重要通道，为历代兵家必争之地。

公元前221年，秦王嬴政统一六国，建立起我国历史上第一个高度统一的、中央集权的封建王朝。与此相适应，秦始皇颁布法令，废封建，设郡县，修驰道，开灵渠，书同文，车同轨，并在此基础上统一全国邮传。据考证，秦在修驰道的同时，还辟有直道，主要服务于皇帝巡视边防，同时作为边疆与内地的邮传通信干线。秦代以后，驿道很快四通八达，贯通全国。无论驰道、直道、驿道，如今在井陉东天门风景区，被称为"秦皇古驿道"的这一路段，当年均是由咸阳进河北去山东、下辽东的必经之地、咽喉要道，人称"燕晋通衢"。

井陉历史悠久，千年古县。据《史记·秦始皇本纪》载，秦始皇统一六国的第二年即公元前220年，他即开始"治驰道"，为出巡各地作准备。而公元前210年第五次出巡病死沙丘后，由赵高、李斯等护送辒辌（wēnliáng）车（一种封闭严密又有通风设备的卧车）过恒山、井陉，经太原、雁门抵九原，回到咸阳。在井陉所走，即是这条古道。就此，清代郑大进有诗曰："廿载升沉话始皇，郎当西度走辒辌。可堪回首东征日，赵国山河黯夕阳。"

据考证，公元前221年，秦始皇统一中国后，曾发动民夫加宽、修整了战国时期的井陉古道。自咸阳出函谷关，渡黄河北上，经晋阳，而后东越井陉至东垣，去往辽东，成为秦时重要驰道。两汉时期，井陉为常山重镇，道路交通曾繁荣一时。魏晋时战乱频仍，井陉道路一度受阻，故北魏登国元年（386年）曾从井陉沿当年韩信破赵的故道披荆斩棘，重开井陉道路。唐代对突厥用兵，高宗征调民夫修整井陉道路以供军需。宋时井陉为河北西路与河东路往来要道，不但多次修整，并在受河溪所阻之处建立数座石拱桥、木桥以供通行。金元时期井陉升为威州，为北方重镇，曾多次修整井陉官道。至清代，井陉已成为东达获鹿、正定通往北京，西达平定、盂县通太原，南通元氏、赞皇、昔阳，北通平山、阜平等地的四通八达之所。

据民国《井陉县志》："井陉古时驿路，东由获鹿县城西行十里，入本县境，历头泉、下安、东天门、微水、长岗、横口、北张村、郝西河、东窑岭、河东，越治城，经南关、朱家疃、板桥、长生口、小龙窝、核桃园，至山西省平定县，出固关，长约百里。"

井陉古驿道，或穿山而过，或傍水而行，起起伏伏。因年代久远，如今保存下来的还有几段，让人得窥当年风采。而"经典路段"则在井陉白石岭，如今辟作东天门风景区。东天门，为古道的至高点，是一组关城建筑，分东、西两阁。两阁插于南北两座山峰之间，浑然一体，犹如两把铁锁，将关隘牢牢锁住。清人赵文濂有诗咏之："箭筈通天辟一门，去天尺五蹑云根。狼烽四起汹兵气，鸟道千寻凿石痕。曲径通幽新路辟，丸泥塞险旧关存。成安老将知兵者，隘口何无劲卒屯。"成安老将，即成安君陈余，

"背水之战"主角之一。

两阁相比,东阁更雄伟。阁上一匾,题有"西通秦晋"四个蓝底金字,苍劲有力。东阁由基、洞、阁三部分组成。基设在两峰连接处,凿岭石而成。基石上以石券洞,洞顶建阁。整个建筑通高约八九米,门拱高约四五米,宽不足三米。最精彩的莫过于穿阁而过的两道车辙痕,长约三四十米,车辙深处约三十多厘米,浅处也有十几厘米,通体呈淡淡的青色,石质细腻如玉,表面光滑如镜,令人想到两千多年来的车轮碾轧、风雨侵蚀,想到造物主的精妙"设计",巧夺天工。

提到古道,全世界都在讲"条条大道通罗马"。2000年8月,国际古迹遗址理事会理事、世界遗产协调员亨利·克利尔先生到井陉考察后认定:这条古道历史悠久,至少要比罗马古道早建成一百年。

井陉驿站,古名"陉山驿",设在天长镇井陉旧县城的察院东,驿铺总铺则设在县治东。东西大约每隔十里设一铺。西路通山西平定州有板桥、龙窝等铺,东路通河北获鹿则有西河、横口、微水、白石岭、上安、下安等铺。

白石岭驿铺建于清嘉庆十六年(1811年)。两百多年来,它历经风霜雨雪及多次地震的侵袭,至今保存完好,被称作古邮驿史上的"活化石",如今辟为古邮驿陈列室。石屋用当地青石条构筑，面阔三间，长 12.8 米，宽 7 米，高 5 米。平面采用典型的河北民居布置方式，坐北朝南，对称布局。中间为堂屋，两侧为厢房，三间开间尺寸相同。石屋上方正中砖刻四个大字："立鄙守路"。这四个字见于《国语》。原话为："周制有之曰：'列树以表道，立鄙食以守路。'"鄙，即边地，或曰边境、偏远之地。食，即饮食。据《周礼》记载："凡国野之道，十里有庐，庐有饮食；三十里有宿，宿有路室，路室有委……"按此段驿道所处位置，距陉山驿约三十里。这里设"宿"应是正常情况，而"路室有舍"，"舍"无疑即这三间石屋了。

古今多少事，都在古道中。两千多年的井陉古驿道上，发生过无数大事要事。择其要者：公元前 204 年，韩信以三万人马，以东天门为依托，背绵蔓水列阵，与统兵二十万的赵王歇、大将陈余决战。帷幄运筹，避实就虚，背后偷袭，拔旗换帜，乱敌军心，终于斩陈余、擒赵王，创造了战争史上以少胜多的奇观。于是，唐代刘禹锡有"将略兵机命世雄，苍黄钟室叹良弓"（《韩信庙》）句，宋代韩琦有"破赵降燕汉业成，兔亡良犬日图烹"（《井陉口谒淮阴侯》）句，明代霍鹏有"汉家江山谁造就，功高盖世淮阴侯"（《汉家江山谁造就》），等等。再如近代阻击法德联军的庚子之战。1900 年 8 月，八国联军攻入北京后，以讨伐义和团为名，先后侵占保定、正定、获鹿，妄图从井陉进入山西。

清廷命山西大同镇统领刘光才督军到井陉设防。刘光才驻扎在东天门，依山脊绵亘之势修筑长墙工事，蜿蜒十数里，并筑有坚固炮台多座。10月19日，法军马步大队以猛烈的炮火突袭东天门，遭到将士的顽强阻击。长墙、炮台被炸毁多处，但敌军抛下多具尸体退回获鹿。此后，联军又多次骚扰偷袭，均遭痛击，无法西进。如今，当年修筑的长墙工事（史称"庚子长墙"），断断续续，依稀可辨。

历代文人墨客关于井陉的题咏还有很多。如清代谭嗣同："平生慷慨悲歌士，今日驱车燕赵间。无限苍茫怀古意，题诗独上井陉关。"（《井陉关》）清代梁允植："背水当年事，登临感慨深。幸成韩信绩，空负左车心。残碣留名姓，寒云变古今。遥看拔帜处，败叶满秋林。"（《过井陉》）

沙丘：曾经的历史名城

沙丘，望文生义的话，就是土山包。然而，位于河北省邢台市广宗县城北十余里、老漳河边上的沙丘（亦称"沙丘平台"），足以颠覆人们的认知：由商至秦近千年间，那里建筑宏伟，离宫别馆成群，为帝王休闲享乐之所在，分明一座古代"不夜城"。史载，商纣王、赵武灵王、秦始皇等三位历史名人的生死都与沙丘有紧密的联系。说沙丘为历史名城，绝不过分。

商纣王是历史上有名的贪图享乐、荒淫无度的皇帝。《史记·殷本纪》载："帝纣资辨捷疾，闻见甚敏；材力过人，手格猛兽；知（智）足以距（拒）谏，言足以饰非；矜人臣以能，高天下以声，以为皆出于己下。"意思是，纣王天资聪颖，能言善辩，反应灵敏，接受能力很强，并且气力过人，能徒手与猛兽格斗。他以巧诈拒绝臣下的劝谏，以花言掩饰自己的过失。他恃才在大臣面前夸耀，凭声威到处抬高自己，认为天下的人都比不上他。

据《史记·殷本纪》注引《竹书纪年》："纣时稍大其邑，

南距朝歌，北据邯郸及沙丘，皆为离宫别馆。"朝歌，位于今河南省鹤壁市淇县境内，是商朝后期的陪都。纣王在位期间，横征暴敛，搜刮民财，大兴土木，"南距朝歌，北据邯郸及沙丘"，皆为离宫别馆，供其享乐。《史记·殷本纪》还说，纣王"厚赋税以实鹿台之钱，而盈巨桥之粟，益收狗马奇物，充仞宫室。益广沙丘苑台，多取野兽飞鸟置其中"，"乐戏于沙丘，以酒为池，悬肉为林，使男女倮（同裸）相逐其间，为长夜之饮"。鹿台，纣王所建之宫苑，在商都殷（今河南安阳）附近。巨桥，纣王时之粮仓名。益广，拓展。纣王倒行逆施，极端奢侈，疯狂淫乱，几于殄灭人性的兽行，最终导致约公元前1046年周武王率诸侯伐纣，商朝灭亡。

赵武灵王是战国中期赵国第一位称王之人，也是位颇有作为的君主。他瞄准中原各国相互征伐、无暇顾及赵国之际，果断在赵国实行胡服骑射制度（让百姓穿短衣胡服，学骑马射箭），并亲自训练士兵，使得赵国很快成为秦、齐、楚之后的第四大强国。但由于他在传位继承人问题上处置不当，最终酿成大悲剧。赵武灵王二十七年（前299年），他传位于太子章之弟赵何（即赵惠文王），自号主父（太上皇）；而将太子章封于代郡（今河北蔚县），称安阳君，以田不礼为宰相。

公元前295年，赵武灵王和惠文王游于沙丘。公子章与田不礼诈称主父召见惠文王，蓄谋将其谋杀以篡位。事败，田不礼被杀，公子章逃到主父宫中。赵惠文王之属随即包围主父宫，杀了公子章，然后下令宫中人出宫，后出者灭族。宫中人尽出，唯主父赵武灵王不得出。被困的赵武灵王苦无粮食，靠掏宫中鸟蛋为食，三个月后，饿死沙丘宫。

一个自焚而死，一个活活饿死，而秦始皇则是病死。

秦始皇出生于邯郸，死于邢台沙丘宫，燕赵大地果真是他的"出生入死"之地。

统一中国之后，秦始皇一方面积极运筹，要建设一个强大而统一的秦帝国；另一方面，他开始求仙问道，以求长生不老。《尚书·尧典》载，天子要五年巡狩一次，以纪政要。而秦始皇自称帝的第二年（前220年）开始，即大规模出巡，直到始皇十二年（前210年）病死沙丘。十年之内，五次巡游，走过了今天的甘肃、宁夏、内蒙古、陕西、山西、河北、河南、山东、江苏、安徽、浙江、江西、湖北、湖南、四川等十五个省区，行程万余里。

公元前220年，秦始皇第一次出巡秦帝国的西部边境，主要是陇西郡（今甘肃东南部）、北地郡（今甘肃东北部）。陇西、北地，是秦人发迹的地区。不忘故土、巩固后方的意图明显。

公元前219年，秦始皇第二次出巡的目的地是东南地区。途经今山东、江苏、安徽、湖南、湖北等地，这些地方大部分是过去的齐、楚两国领土。仪仗队浩浩荡荡，各类驾车一百多乘，华盖遮天，旗幡猎猎，随从甚众，并且金戈铁马，全副武装，一路上威风凛凛，欲在东方地区树立声威、巩固统治的意图明显。先到峰山（在今山东邹县），在峰山立"峰山刻石"，歌颂其统一全国的功绩；再登泰山，举行封禅典礼，让人知其是天之骄子。至胶东半岛海滨时，听信方士徐福上书煽惑，同意派其赴海中仙山求长生不老之药。

公元前218年初春，秦始皇第三次出巡依然是东方。这表明他对征服的东方六国并不放心，同时对海上求长生不老之药仍存幻想。

公元前215年第四次巡行的是东北和北部边地。从咸阳到碣石，一路上经过原韩、魏、赵、齐、燕等地，他看到过去各国交界地带的边防城郭、堤防、关塞、亭障仍在，遂下令"环城郭，决通堤防"，使得全国交通变得顺畅。同时，这次巡行还决定开始筑长城和修直道两大工程。当然，仍念念不忘长生不老，故巡行的第一目标即渤海之滨的碣石。在那里，在派人继续入海寻找"仙药"，并留下为自己歌功颂德的"碣石刻石"之后，率领车队巡行北部边境，经过无终（今天津蓟州）、渔阳（今北京密云西南）、沮阳（今河北怀来东南）、代地（今河北蔚县）、善无（今山西右玉县南）、云中（今内蒙古托克托县东北），返回咸阳。

第二章 燕赵大地 驿通天下

始皇三十七年（前210年）十月，秦始皇第五次出巡至浙江绍兴会稽郡，登会稽山祭大禹后，沿海而上，北抵琅琊郡（今山东胶东地区）。据《史记·李斯列传》记载，当年七月（秦历以十月为岁首，故七月仍在始皇三十七年），秦始皇至沙丘时病重，遂令赵高写信给长子扶苏："以兵属蒙恬，与丧会咸阳而葬。"信写好用印封口，还未来得及交付信使，秦始皇就驾崩了。而当时知道此情的，只有胡亥、李斯、赵高及亲近的宦官五六人。李斯认为，始皇死在外边，太子未确定，恐发生变故，须隐瞒消息，于是将始皇的遗体置于辒辌车中，百官奏事、上食，一如往常。

此时，赵高开始"活动"。他对公子胡亥说："皇上驾崩，没有遗命封其他儿子为王，唯独给长子写了诏书。长子至，即立为皇帝；而你没有尺寸之地，怎么办？"胡亥回答："我听说，英明的皇帝和父亲，深切地了解臣下和儿子。知道哪个该继承，哪个该受封。父亲不下命令，不封诸子，我无话可说！"赵高说："不然。如今天下之权，存亡在公子你、我及丞相李斯手中。你要认真考虑：让别人做自己的臣子和做别人的臣子，制人和制于人，岂可同日而语！"胡亥认为，废兄立弟是不义；不奉父诏而怕死是不孝；才能浅薄，勉强依靠他人的力量当上皇帝不能算有本事。赵高巧舌如簧，给他"上课"："顾小而忘大，后必有害；狐疑犹豫，后必有悔；断而敢行，鬼神避之，后有成功。"希望你照我说的去做。胡亥仍犹豫。赵高强调时机不可错过,延缓则后悔莫及。说动了胡亥,赵高又去找李斯,对其引经据典,议古论今,软硬兼施,威胁利诱,终于逼其就范。

一切就绪之后,赵高与李斯共同策划,假托始皇帝诏书,立胡亥为太子,并拟赐长子扶苏书:"朕巡天下,祷祠名山诸神,以延寿命。今扶苏与将军蒙恬将师数十万以屯边,十有余年矣。不能进而前,士卒多耗,无尺寸之功;乃反数上书,直言诽谤我所为;以不得罢归为太子,日夜怨望。扶苏为人子不孝,其赐剑以自裁!将军恬与扶苏居外,不匡正,宜知其谋;为人臣不忠,其赐死!以兵属裨将王离。"

就这样,一封伪诏书在加盖始皇帝玺印,密封后派胡亥的亲信紧急送往上郡,交到扶苏手中。读罢假冒的诏书,扶苏欲自杀。蒙恬觉得此事恐怕有诈,主张再请示一下,"复请而后死,未暮也"。扶苏未听,自杀。蒙恬不肯死,被拘禁于阳周(秦县名,故城在今陕西省子长县北)。于是,一场政变在无战火硝烟之中悄悄完成。沙丘成为改变秦帝国历史走向的见证地。

邢台驿里替人愁

"龙岗驿置几经秋,南接邯郸北内丘。凡马已甘辕下死,孙阳何处问骅骝?"清代诗人黄远芳《驿马》诗,道出了龙岗驿南连邯郸,北接内丘,交通便捷,通往顺德府所辖各县的非同一般。龙岗驿在哪里?在古邢台。孙阳,春秋时期著名的相马师。骅骝(huáliú),周穆王"八骏"之一,这里泛指骏马。

邢台驿站,说来话长。

邢台,古称龙岗、邢州、顺德府,地处燕赵大地之南部,拥有 3500 余年建城史。"邢"作为地名,最早见于《竹书纪年》所载:"商祖乙九祀圮于耿,迁邢。"邢台历史上曾四次建国、五次定都,有"五朝古都、十朝雄郡"之称。战国时期为晋邑,赵襄子采食于此,故有"襄国"之名。邢台西依太行山、与山西毗邻,东沿卫运河、与山东相望,北连正定、冀州,南接广平府、大名府,是中原经济区的北方门户。交通发达,是南北御路的一部分,更是通往秦陕的古要道。邢台还是唐朝皇室祖籍地(唐祖陵），发生过尧舜禅让、胡服骑射、巨鹿之战、黄巾起义等影响中国历史进程的大事件，破釜沉舟、鹿死谁手、民脂民膏、腹背受敌等近百条成语、典故也源自邢台。

史载，商代建都于殷（今安阳市），曾迁都于邢（今邢台市西南）。古代文献中即有商王子亥驾车到有易（今河北易县）部落进行贸易活动的记载，说明彼时就已开辟自商都殷经邢至有易的官马大道。商代在沙丘（今广宗县）扩建园林行宫，建立了巨桥（今曲周县）粮仓，以商都殷（后来是邢）为中心，通往巨桥粮仓和沙丘行宫的行车马道也已开通。

至周朝，以都城镐京（今西安市）为中心，通往各诸侯国皆有官马大道。邢台当时被封为邢国，是政治、经济、文化和交通之中心城邑。周朝形成"三公""六卿""五官"庞大的官僚体制，其中包括交通管理系统。据《左传》载，"司空以时平易道路"。《周礼》记载，"匠人营国，遂人治野"，"凡国野之道十里有庐，庐有饮食……五十里有市，市有候馆，候馆有职"。这些说明当时对道路建设和管理已有明确分工：城邑内道路由匠官修筑，野外道路由遂官治理，沿路设有服务设施。

春秋战国时期，邢国曾一度国势兴旺。据《左传》记载，公元前661年，新兴势力"狄人"进攻邢国，齐桓公会同曹军救邢。为了安全，迁邢都于夷仪（今山东聊城南运河东岸），并筑城垣。

公元前635年正月，卫侯灭邢，邢为晋邑。韩、赵、魏三国分晋后，邢为赵国属地，改称"信都"。信都境内的交通干线主要有三条：一、由赵国都城邯郸经信都、内丘、房子（今临城）北上至中山（今灵寿）、燕国（今北京）大道；二、由邯郸经曲梁（今永年）至沙丘，经宗城（今威县）过平原渡口（今山东平原县）至齐国都城临淄；三、信都经巨鹿（今平乡）、沙丘至宗城。

秦始皇统一六国后，五次大规模出巡，曾三过巨鹿郡。特别是第四次，从洛阳经河内郡（河南武陟县）、邯郸、信都、恒山、蓟县、至碣石（今河北省昌黎县）。三过巨鹿，对邢台当时东西、南北道路的扩展起到重要的促进作用。秦二世三年（前207年），秦将章邯重兵围攻巨鹿，即历史上有名的"巨鹿之战"。楚怀王派宋义、项羽率军北上救赵。项羽带兵渡过漳水，破釜沉舟，以一当十，呼声动地，大败秦军，给秦王朝以致命一击。

公元前202年刘邦称帝，后建立西汉王朝。建武元年（25年），刘秀在鄗南（今柏乡）称帝即位，建立东汉政权。柏乡历来是南北交通要道，是驰道、御道经过之地。汉代商业、手工业比较发达，"船车贾贩，周于四方，废居积贮，满于都城"。经济繁荣促进了交通运输业进一步发展。通信则延用秦代驿传制度，5里设邮，10里设亭，30里设驿或传。

公元330年，石勒建立后赵王朝，建都襄国。公元581年隋朝建立，589年，隋朝皇帝杨坚将襄国改名为龙岗县。公元1120年宋钦宗改龙岗为邢台。金代称邢台为邢州。元代中统三年（1262年），元世祖忽必烈为旌表邢州大治之功，改为顺德府。至元二年（1265年）升为顺德路。元代邢台地区有清河渡口、临清（今临西）两处水驿站，马驿则有邢台、内丘、柏乡、沙河等四处。同时，设有急递铺，计有：柏乡固城店、十五里铺、十里铺、驻家铺、内丘十里铺、都城铺、邢台康庄铺、沙河铺等八个。明洪武元年（1368年），顺德路又改顺德府，直至清末。

明清时期，邢台设龙岗驿，先在老城东关，后迁至西门里西仓巷（马神庙）一带。龙岗驿南连邯郸，北接内丘，通往顺德府所辖各县。

清代皇帝出巡多次，凡御道所经之地，20里一茶馆，30里一尖馆（打尖之馆，即吃饭之地），60里一住院（宫苑）。凡御辇经临，都要兴师动众，洒水垫路，整顿路容，以显皇威。清朝路政管理已成定制。路政由工部水清吏司掌管，邮驿则由工部车驾清吏司掌管。省设驿传道，府、州、县设铺司，主要驿站设驿臣管理。据记载，清代同治年间龙岗驿设有马86匹，驴20头，有马夫42名，兽医1名，加上其他皂隶等共计54人。

清代词人陈维崧路经顺德府时，曾写有一首《南乡子·邢州道上》："秋色冷并刀，一派酸风卷怒涛。并马三河年少客，粗豪，皂栎村中醉射雕。残酒忆荆高。燕赵悲歌事未消。忆昨车声寒易水。今朝，慷慨还过豫让桥。"豫让桥，讲的是战国时晋国将士豫让为给故主智伯报仇，行刺赵襄子的故事。第一次未遂，被赵放掉。第二次是在信都城北五里官道上的一座石桥上，又被抓住。面对赵襄子，豫让说："明主不掩人之善，而忠臣有死名之义。过去你宽赦我，天下没有不称赞的。今天我罪当死，只求把你的衣服让我用剑砍上几下，以满足我为智伯报仇的愿望，便死而无憾了。"襄子即脱掉衣服传给他，豫让奋起举剑连砍三次，大呼："我可到九泉向智伯回报了！"便破腹自杀于桥上。此后，石桥改名豫让桥。

陈词的大意是，秋风凛冽，凄冷如刀，酸目的狂风呼啸而来。邢州年轻人并马驰骋，粗犷豪放，躺卧栎林，醉中弯弓射大雕。微醉中，忆荆轲刺秦出征，高渐离击筑壮行，燕赵之地至今悲歌未消。忆往昔，仍觉易水凄寒；看今朝，我又慷慨地跨过豫让桥。陈维崧虽非燕赵之士，却也有股子"慷慨悲歌"之气。

南宋"中兴四大诗人"之一范成大有《邢台驿》诗。其写作背景是，南宋王朝与金议和之后，和平使者来往于南北之间，络绎不绝。南宋乾道六年（1170年），范成大奉命使金，公干之外，留下一批诗作。《邢台驿》即其中之一："太行东麓照邢州，万叠烟螺紫翠浮。谁解登临管风物，枯荷老柳替人愁。"首句写邢台的地理位置，次句写山中景色：群峰攒聚，山叠峰连，烟云缭绕，青紫翠绿。然如此壮美之山河，却沦入金人之手，范老夫子禁不住感慨万端：南宋朝廷偏安一隅，苟且偷安，该愁者不愁，只有我这枯荷老柳，杞人忧天"替人愁"！

邢台驿里，"枯荷老柳替人愁"，尽管声音微弱，却也见其忧国忧民的一颗赤子之心。

信陵君窃符救赵

1986年10月17日，邮电部发行《中华全国集邮联合会第二次代表大会》邮票小型张一枚。主图采用的是故宫博物院收藏的战国邮驿凭证——虎节。

信陵君窃符救赵，人们大都不陌生。然有些细节还需在此唠叨唠叨。

窃符救赵，"符"是什么？符，中国古代朝廷传达命令、调兵遣将及任命官员时所使用的凭证，用金、铜、玉、竹或木等制作。符上面刻有文字，剖为左右两半，由朝廷和相关官员双方各执其一；用时合二为一，方为有效。而这里要说的是虎符，虎形，铜铸，背有铭文，从中间分为两半，右半留中央，左半授予统兵将帅或地方长官。调兵遣将时由使臣持符验合，立即生效。另据记载，虎符始于春秋战国时期，除了秦国称"符"，齐楚等国均称"节"。虎节作为一种信物，证明持有者得到君主赐予的某些权力，全国通行，且作用也不只是调兵。

1973年考古工作者在陕西西安市北沉村发现一尊杜虎符，据考证为战国中晚期文物。其铭曰："兵甲之符。右在君，左在杜，凡行被甲，用兵五十以上，必会君符，乃敢行之，燔燧（燃放告警的烟火）之事，虽毋会符，行殴。"大意为，这是调动军队之符印，右半符留在君王处，左半符在杜地的军官手中。凡调动士兵五十人以上者，必须与君王的右符相合。若遇紧急情况，虽没有君王的右符，也可以举烽。

信陵君窃符救赵的故事，见于司马迁《史记·魏公子列传》：战国时代，秦昭王曾派白起为将，大败赵国的长平军，活埋降兵四十万人。到魏安釐（xī）王二十年（前257年），又进兵包围了赵国的国都邯郸。赵国赵惠文王的弟弟平原君赵胜的夫人，是魏安釐王同父异母的弟弟信陵君魏无忌的姐姐。因了这层亲戚关系，赵国几次写信向魏国求援，魏王才派将军晋鄙统领十万大军前去救援。就此，秦王派出使者警告魏王："我很快就要攻下赵国。诸侯谁要敢救赵国，那攻下赵国之后，必定先去打谁。"魏王忌惮秦国，便派人告诉晋鄙，部队先驻扎在邺城（魏地，在今河北省临漳县），按兵不动，静观事态发展。平原君的使者连续到魏国催促信陵君，责备说：赵"胜所以自附为婚姻者，以公子之高义，为能急人之困。今邯郸旦暮降秦而魏救不至，安在公子能急人之困也！且公子纵使看不起我，抛弃我，看着我投降秦国，难道就不可怜您的姐姐吗？"就此事，信陵君数请魏王，宾客辩士说王万端，然魏王畏秦，终不为所动。

信陵君为人仁爱宽厚，礼贤下士，士人因而不远千里争相归附于他，最高峰时其门下有门客三千。当年，各路诸侯以公子贤，多门客，不敢加兵谋魏十余年。此次邯郸被围，赵国危在旦夕，而魏王迟迟不出手。无奈，信陵君决定亲自带领门客约车骑百余乘，决心与秦军拼个你死我活。临行前，他去向自己非常敬重的一位古稀长者、大梁（今河南开封）夷门的守门人侯生（名嬴）告别。信陵君将自己之所以欲死秦军事具告。侯生却说："公子勉之矣！老臣不能从。"公子行数里，心里纳闷，自思自问：吾待侯生毕恭毕敬，奉为上客，天下人皆知。今吾将死，而他曾无一言半辞送我，我岂有所失哉？觉得有问题，于是又带领车队返回，去问侯生。侯生笑了，回答："臣故知公子之还也。"曰："公子喜士，名闻天下。今有难，无他端，而欲赴秦军，譬若以肉投馁虎，何功之有哉？……然公子遇臣厚，公子往而臣不送，以是知公子恨之复返也。"公子再拜，请教其中缘由。侯生避开众人，提出"窃符"之事。

侯生献计说：第一，魏国军队的兵符常藏在魏王的卧室里，而如姬是魏王最宠爱的妃子，能够自由出入魏王的卧室。若能通过如姬把兵符偷出来，则大事可成。第二，闻如姬之父为人所杀，如姬悬赏三年，自王以下，欲求报其父仇，未能如愿。如姬哭告公子，公子使客斩其仇头，敬进如姬。如姬之欲为公子死，绝无所辞，只是未有机会。公子诚一开口请如姬，如姬必许诺，则得虎符夺晋鄙军，北救赵而西却秦，这可是春秋五霸之功业啊！

信陵君从其计，去请如姬帮忙。如姬果然成功地盗出虎符，交予公子。

公子临出发前，侯生再出一计：将在外，主令有所不受，以便国家。公子即使合符，而晋鄙不授公子兵，而复报告魏王，事必危矣。我的朋友屠户朱亥乃一位大力士，可以随公子一起去。到时候，晋鄙听公子的，交出兵权，万事大吉；如不听，可让朱亥将其杀死。公子听罢，哭了。侯生问："公子畏死邪？何泣也？"公子回答："晋鄙嚄唶（久经沙场的老将），往恐不听，必当杀之，是以泣耳，岂畏死哉？"于是公子请朱亥随行。朱亥笑曰：我不过一屠夫，公子竟多次登门问候我。今公子有事，正是我效命的时候。于是决定跟公子走。公子再次谢过侯生。侯生表示，我本应随公子出征，但已老迈不能。我将计算公子的行程，待公子到达晋鄙军之日，我将"北乡自刭，以送公子"。

公子一行到达邺城，出示兵符，要晋鄙交出兵权。晋鄙面对合符，果然心生怀疑，对公子说："今吾拥十万之众，屯于境上，国之重任。今单车来代之，何如哉？"欲不听。那朱亥随即用藏在袖中的四十斤铁椎椎杀晋鄙。接着，信陵君凭兵符将魏军纳于帐下，下令："父子俱在军中，父归。兄弟俱在军中，兄归。独子无兄弟，归养。"经过这番整顿，得选精兵八万人，进兵击秦军。秦军撤去，邯郸之危得解，赵国保住了。赵王及平原君亲自迎公子于边界。赵王再拜曰："自古贤人，未有及公子者也！"

就在信陵君到达邺城晋鄙军中之际，侯生果然面向北方自杀。

盗兵符，传假令，杀晋鄙，必惹恼魏王，信陵君心知肚明。因此，在击退秦军保住赵国之后，他派部将率领军队返回魏国，自己则独自和门客留在赵国。

"侯嬴夷门监，朱亥猪狗屠。薛公卖浆者，毛公一博徒。公子枉见之，腰膂屈若无。"这是明代文学家王世贞《信陵行》开头的几句。侯嬴、朱亥，已如前述。薛公、毛公，一为酒店掌柜，一为娱乐场老板。两人是十年后秦国攻打魏国时，晓以大义，促使公子立即启程，回国救魏者。这"老四位"均处社会底层，而公子不仅能够躬身自请，以礼相待，还能在关键时刻，虚心听取并真正采纳他们的意见。于是，引发诗人对信陵君的礼贤下士、从善如流，发出由衷的钦佩与赞赏。

从邯郸道中说到丛台驿

"邯郸道中"一词见于唐代文学家沈既济的传奇《枕中记》:"开元七年,道士有吕翁者,得神仙术,行邯郸道中,息邸舍……俄见旅中少年,乃卢生也。"交谈中,卢生讲述自己困顿不得志之现状。吕翁即给他一个瓷枕,让他枕着睡觉,并说这样就可以实现自己的愿望。当时,旅舍的主人正在蒸黍(黄粱)做饭。卢生遂枕瓷枕睡去。梦中,卢生娶媳妇,中进士、做官,仕途顺利,连连升迁,直至拜相,恩宠极盛。后被同僚陷害,被捕入狱,自刎获救。几年后复被起用,封为国公。子孙满堂,富贵无比,八十岁后老死——可谓一生辉煌。

待卢生梦醒,发现自己仍在旅舍中,吕翁在侧,且主人蒸黍未熟,一切如故。吕翁告诉他:"人生之适,亦如是矣。"于是卢生大悟,谢吕翁曰:"夫宠辱之道,穷达之运,得丧之理,死生之情,尽知之矣。此先生所以窒吾欲也,敢不受教。"稽首再拜而去。

第二章 燕赵大地 驿通天下

发生在邯郸道中的这一幕,别开生面。邯郸道、邯郸驿,瓷枕、黄粱梦,世代流传。清代袁枚《邯郸驿》:"暮雨潇潇旅店来,自看孤枕笑颜开。黄粱未熟天还早,此梦何妨再一回。"清王伯仪《宿邯郸驿》:"不遇青瓷授枕师,空庭徙倚欲何之。于今谁醒痴如梦,只羡卢生睡醒时。"其他诸如"俱是邯郸枕中梦,坠鞭不用忆京华"(宋陆游)、"只知紫绶三公贵,不觉黄粱一梦游"(宋苏轼)、"何须更待黄粱熟,始觉人间是梦间"(宋王安石)、"梦中不识邯郸道,记得诚斋煞认真"(明唐寅),名人名诗名句,千古流传。

邯郸,历史悠久,文化灿烂,是中华文明的重要发祥地之一。战国时期,邯郸作为赵国都城,历经八代国君达一百五十八年之久,是我国北方的政治、经济、文化中心。秦统一六国后,它又是"天下三十六郡"郡治之一。汉代,则与长安、洛阳、临淄、成都共享"五都"盛名。北宋时期,邯郸东部的大名成为北宋都城汴梁的"陪都"。其成语典故文化,在华夏历史文化长廊中独树一帜,有"中国成语典故之都"的美称。

据考,邯郸道上的驿站,在殷商盘庚年代就已出现。战国时,七雄并峙,战争频繁,各国修筑长城,设置亭障,伺望守烽,通报边情。为此,在主要道路上约每隔三十里设一驿站,传宣君命,飞报军情,同时设传舍供乘传使者歇息之用。邯郸是战国时期今河北南部的交通枢纽,以其为中心的通信网逐步形成,交通线共有五条:第一条,北上经信都(今永年西阳城遗址)、房子(今临城),达中山及燕国。第二条,南下经邺(今临漳邺镇)、番吾(今磁县)至大梁(今河南开封)。第三条,经曲梁(今永年)、广宗、宗城(今威县)过平原渡口至齐都临淄(今山东淄博)。第四条,经武安(今武安固镇古城)至上党(今山西长治)。第五条,经邺卫(今河南濮阳)至陶(今山东定陶)。

秦统一六国后,以国都咸阳为中心,在全国各郡县修驰道,设驿传,派官吏管理。在从北平郡经巨鹿等郡至邯郸郡南下安阳,及自邯郸郡西行经武安县达上党郡治长子(今山西长子县西)等两条驰道上,邯郸郡都是重要的交通枢纽,设有驿站。汉代驿站在秦邮旧制的基础上,开始按大小分成邮、亭、驿、传四种,其距离大致是五里设邮、十里设亭、三十里设驿或传。

隋唐两朝,邮驿有了空前发展,制度更为完备。当时,以都城长安为中心,全国设置驿站一千六百三十九所,其中现河北省境内有一百二十多所。元代邮驿(站赤)是中国历史上邮驿制度发展的全盛时代,以陆路交通闻名于世。设置行省,发展邮驿,成为维持其统治的重要措施之一。元代驿站以大都为中心,全国设驿站一千三百八十三处。元至元十五年(1278年)改洺磁路为广平路,属中书省,辖一司、五县、二州。明洪武元年(1368年),

朱元璋下令整顿和恢复全国驿站时，广平路改为广平府，辖境大致在今邯郸、邢台一带，旧治在今邯郸市永年区广府镇。转年，朱元璋又颁诏将元朝的"站"一律改称"驿"。接着，在建立水马驿及递运所的同时，全国各州县普遍设置急递铺。急递铺一般每铺相距十里，每铺设铺长一名，设铺兵十名，辟路则设铺兵或五名或四名。邯郸急递铺，总铺设在城里，总铺以下，南有庞村铺、张庄铺，北有刘二庄铺、王化堡铺，每铺均设铺兵十名。洪武元年邯郸县设有丛台驿站，永乐十年（1412年）改为驿站递运所，有马七十四匹，马夫两名，驿包军十五名，兽医一名。永乐十三年邯郸设邺城驿（今临漳境内）。

清代初期，战争连绵不断，驿政废弛，驿路不通，军情政令不能及时传递，对清朝统治造成严重威胁。为此，清政府采取了许多措施整顿邮驿。经整顿，邮驿组织由驿、站、塘、台、所、铺六种形式构成，规模庞大，网路纵横，无论在广度和深度上，都超过了前朝。据《邯郸县志》记载，清光绪二年（1876年）邯郸丛台驿进行重修，建台楼一所，北房六间，厅七间，马槽九间，马夫房三间，抄书房三间。

说起来，这丛台驿很有些来头，知名度甚高。丛台在邯郸城东北角的城墙上。丛台之名，据说是因当时有许多亭台建筑连接垒列。《汉书》颜师古注："连聚非一，故名丛台。"丛台，亦名武灵丛台,相传建于赵国武灵王时期。赵武灵王建造丛台的目的,是观看歌舞和军事操演。丛台有天桥、雪洞、妆阁、花苑诸景,结构奇特,装饰美妙,当时即扬名于列国。古人曾用"天桥接汉若长虹,雪洞迷离如银海",描绘丛台的壮观。不知不觉间,武灵丛台成为古城邯郸的象征。

据《邯郸县志》记载,唐穆宗长庆元年(821年)左右,诗人白居易路过丛台驿时,曾留诗一首:"邯郸驿里逢冬至,抱膝灯前影伴身。想得家中夜深坐,还应说着远行人。"外出旅行,思乡、念家,乃人之常情。大诗人也不例外。

据考,白居易之外,唐代许多诗人如李白、杜甫、岑参、王昌龄、高适等都到过邯郸,并留有诗作。且李白到邯郸还不止一

1983年8月10日,邮电部发行《中国古代文学家(一)》纪念邮票一套4枚,其中第1枚为《李白》。

次，留有诗作十一首。其中，有"救赵挥金槌，邯郸先震惊"（《侠客行》）的说古，也有"观兵洪波台，倚剑望玉关……遥知百战胜，定扫鬼方还"（《登邯郸洪波台置酒观发兵》）的豪迈。《自广平乘醉走马六十里至邯郸登城楼览古书怀》更精彩："醉骑白花马，西走邯郸城……相如章华巅，猛气折秦嬴。两虎不可斗，廉公终负荆。提携袴中儿，杵臼及程婴。立孤献白刃，必死耀丹诚。平原三千客，谈笑尽豪英。毛君能颖脱，二国且同盟。"一首诗愣把邯郸历史上叱咤风云的蔺相如、廉颇、公孙杵臼、程婴、平原君赵胜及门客毛遂等赵国将相名士尽纳其中，称得上群英荟萃；同时也将人们耳熟能详的成语典故如完璧归赵、怒发冲冠、负荆请罪、刎颈之交、毛遂自荐、脱颖而出等和盘托出，果然是"慷慨悲歌"。妙！

第三章　"邮"胜劣汰　裁驿归邮

驿站,国之重器。历朝历代,无不重视。置驿治驿,屡屡不断。然只为官不理民,亘古不变,致日暮途穷。而官办、官民共享的近代邮政诞生,只几十年,便走向全国,连通世界。于是,优胜劣汰,驿站被裁。

第三章 "邮"胜劣汰 裁驿归邮

张居正治驿

从历史上看,几乎每次朝代更迭之初,统治者都会对驿站制度进行整治,驿站的运作会较前朝有所进步。像明代洪武元年(1368年),朱元璋上台伊始,便出重拳治驿,效果明显。但"整治"过后,时间一长,驿弊死灰复燃,驿政接着走下坡路。到嘉靖三十四年(1555年),名臣海瑞又铁腕治驿,结果招致诽谤中伤,于隆庆五年(1571年)被罢官。紧接着,明代迎来史上第三次治驿,主角为内阁首辅张居正,虽说成效显著,但最终也以失败而告终。

张居正,字叔大,号太岳,湖广江陵人。明臣,政治家。嘉靖进士。隆庆元年以吏部左侍郎入内阁,六年起任内阁首辅。张居正生活在明代嘉靖、隆庆、万历三朝。他目睹社会各种矛盾的日益尖锐,官场腐败、政治黑暗、贪污受贿盛行,国困民穷、危机四伏等现实,极力主张改革。万历初年,他提出并推行政治、经济、军事等一系列改革措施,历时十余年,成效显著,致明朝统治一度出现振兴迹象，其本人也成为明代历史上权势最重的内阁首辅。《明史》称其"勇敢任事，豪杰自许。然沉深有城府，莫能测"。

张居正的改革，以整顿吏治、清除积弊为着眼点。其中，革除驿弊、清理驿传是重要组成部分。

明初驿制严格，官员驰驿有明确规定，非军国大事，不得利用勘合驰驿。勘合，乃古时符契文书，上盖印信，分为两半，当事双方各执一半。用时将二符契相并，验对骑缝印信，作为凭证。凡调遣军队、车驾出入皇城、官吏驰驿等均须持勘合。明代用于边戍调遣，有调军勘合和军籍勘合。后来，由于吏治腐败，驿禁松弛，兵部和各省抚按无视相关规定，随意填发勘合，甚至在勘合上不填写使用有效期。于是，造成有的人据为己有，无限期使用；有的人借赠亲友，辗转使用，致驰驿者日益增多。而那些非法持有勘合者到驿站后，往往张口就要粮、要柴、要炭、要菜、要酒、要夫、要马，百般索取，为所欲为。尤有甚者，有的持勘合者嫌要这要那麻烦，直接把需索的名目折合成银两强行勒索，美其名曰"折干"。驿站经费本来有限，当疲于应付、不堪重负时，则设立种种名目或直接或间接转嫁给当地百姓，致百姓怨声载道。

针对上述种种弊端，张居正从削弱和限制官员驰驿特权入手，提出了清理驿传的六条措施。主要包括：

凡官员人等非奉公差，不许借行勘合；非系军务，不许擅用金鼓旗号。虽系公差人员，若轿杠、夫马超过规定标准者，不问是何衙门，俱不许应付（答应），违者一体治罪。

抚按司府各衙门所属官员，不许托故远行参谒，经扰驿递，违者参究。

有驿州县，过往使客供送应得廪粮蔬菜，州县只送油烛柴炭；如有借此科敛者，由抚按官参究。

凡经过官员有勘合者，只令驿递应付，有司不准擅派里甲（即徭役）。其州县司府官朝觐给由入京，除本官额编门皂量行带用外，不许分外再派长行夫马。

凡官员经由地方，系京职方面以上者，虽无勘合，亦令巡路兵快防护出境，仍许住宿公馆，量给薪水烛炭，不许办送礼物。

凡内外各官丁忧（即父母之丧）、起复（指官吏革职后被重新起用）、给由（官员履历递送）、升转、改调、到任等项，俱不给勘合，不许驰驿。

此外，张居正还对邮驿勘合管理、驿递检查等办法作出修改。明确规定，自京往外省者，兵部发给"内勘合"，回京时缴回兵部，不回京者缴省抚按衙门，年终一并缴回兵部；自外省入京者，由抚按衙门给"外勘合"，至京后交兵部，须回省者，另由兵部换给"内勘合"。

为人称道的是,作为封建时代的政治家,位居内阁首辅的张居正知道"欲正人先正己"的道理,坚持改革驿传要先从自身做起。他的儿子回原籍应试,张居正让其出钱雇车而行;父亲过生日,他让仆人背着行李,自己骑毛驴前往祝寿。万历八年(1580年),他的弟弟张居敬病重回乡休养,保定巡抚特意发给驰驿勘合。张居正得知,一面致信巡抚"仆恭在执政,欲为朝廷法,不敢不以身先之",一面让其弟将勘合交还。

由于"以身先之",张居正对违例官员的处罚,自然也能放开手脚,绝不留情。对敢于顶风违例或者无视改革新政的官员,他毫不手软,坚决处分。像甘肃巡抚侯东莱的儿子擅自驰驿,张居正得知,当即革去官荫,引起朝野震动。连明王室派遣去武当山进香的皇亲贵族,都不敢乘驿了。据文献记载,经过此次整顿,全国驿站经费,一度减少三分之一左右。"士大夫非奉尺一(古时诏板长一尺一寸,故称天子诏书为'尺一'),虽历郡国,无敢驰一轺传,县次不得续食,劳所在候望。""畿辅诸郡,十减六七。行旅初觉不便,近来亦颇相安,若小民欢呼歌诵,则不啻管弦之沸溢矣!"

改革,既然是一种利益的调整,势必触动某些官员的神经,他们跳出来反对成为必然。张居正包括治驿在内的逐项改革,也是如此。他在位时，虽有一些人反对，但形不成气候，掀不起什么大浪。等到万历十年张居正病逝，反对者很快便罗织罪名，群起攻讦，指责张居正"裁削过当""累民贫民"，要求"宽驿传之禁"，甚至"恢复旧制"，甚嚣尘上。两年之后，即万历十二年九月，神宗一道令下，"追抄故相张居正，并追寄放财物"。于是，张居正历时十余年的改革（包括驿政改革），宣告失败。

尽管如此，三十多年后的万历四十八年，户部给事中官应震写道："从来驿传困民，无能厘革。而张居正当国，士大夫非奉尺一，虽修涂具不得续劳……两都大臣，诸方面赴任，至僦（租赁）民舟车，就旅店食，岁省夫舆庖廪之费若干。此为清驿递以恤民劳……"（《神庙留中奏疏会要》）"清驿递以恤民劳"，诚哉斯言！亦可见公道自在人心。

张居正治驿最终失败进一步说明，这驿站真正"病"得不轻，无可救药。

蒲松龄为驿站"冒死陈情"

"罗刹国向东两万六千里，过七冲越焦海三寸的黄泥地，只为那有一条一丘河，河水流过苟苟营，苟苟营当家的叉杆儿唤作马户，十里花场有诨名……"

2024年初，刀郎的一曲《罗刹海市》风靡世界，而刀郎的这一专辑名字叫作《山歌寥哉》，其中共有十一首歌曲，均来自蒲松龄的《聊斋志异》。《山歌寥哉》的爆火，也将中国古典名著《聊斋志异》翻出来再度在现代社会爆火——连同作者蒲松龄老家的淄博蒲松龄故居。

《聊斋志异》是清代著名作家蒲松龄创作的短篇小说集。书名的意思，就是在他自己的书斋里记录鬼怪的奇异故事。通过这些故事，他揭露社会的黑暗统治，鞭挞腐朽礼教，抨击罪恶制度。刊行后，曾风行天下，仿效之作丛出，造成了志怪传奇类小说的再度繁荣。

蒲松龄，字留仙，一字剑臣，别号柳泉居士，世称聊斋先生。

第三章 "邮"胜劣汰 裁驿归邮

早年热衷功名，十九岁接连考取县、道、府三个"第一"，受到山东学道施闰章的奖誉，名震一时。但此后时运不济，省试屡应不第，七十一岁才援例成为贡生。他的一生绝大部分时间都是在家乡做塾师，生活穷困潦倒。唯一的例外是，他曾应邀到江苏做驿站幕宾。

幕宾是个什么官？明清时期，地方官吏上自督抚，下至州县，都可以聘请幕宾佐理公务。这些人没有政府编制，工资由主管官吏支出。不过主管官吏的薪水里，就包括这一项开支。他们被称作幕宾、幕友、幕僚、师爷等。帮着处理驿站事务的称驿幕，除管理驿站的日常事务外，还要兼管政府摊派的其他事项。

康熙九年（1670年）秋，蒲松龄的同窗好友孙蕙出任江苏省宝应县知县，特聘请蒲松龄为幕宾一同前往。转年春天，孙蕙调署高邮州，蒲松龄随行，于三月二十八日来到高邮。

高邮因邮得名，因邮而兴，地处南北要冲，人文荟萃之地，是文化名城。宋代，高邮出了个文化名人秦观。历史上南来北往的文人墨客如苏轼、王安石、文天祥、岳飞等，均在此地路过、驻足，是一个妥妥的文化重镇。高邮驿（也称盂城驿）水驿、马驿相兼。其建筑规模、人员配备、任务繁忙程度，在全国都是数一数二的。

然而，到晚清时，随着邮驿制度的整体没落，各地驿站出现严重的败落景象。政府官员贪腐成性,横行霸道,肆意摧残,几使各地驿站陷入万劫不复之深渊。对此,蒲松龄随孙蕙在宝应时就曾有代写给江苏布政使的信。信中称:"索夫马者一日而数次,折夫马者,一差而几百",官员到驿站索勒马匹一日数次,马匹不足,干脆按马匹数折合成钱拿走。"意外飞差骤如风雨,夫马供应动计数百","勘合日夫十名,而索则索数十名。勘合日马十匹,而索则索数十匹","稍拂其意,呵骂不啻奴仆"。孙蕙到高邮一看,情况更糟。

去高邮的船上,蒲松龄陪孙蕙站在甲板上,望着高邮湖一望无际的水势,看着南来北往的船只如梭,心情很不错。他随口吟起民间俚曲《采莲曲》:"两船相望隔菱茭,一笑低头眼暗抛。他日人知与郎过,片言谁信不曾交。"茭,茭白,高邮湖上一种水生植物,可食用。

上得岸来,看到大运河两旁、高邮城内外,到处哀鸿遍野、满目疮痍,两人不禁心凉了半截。再看看高邮的驿站,银库库底朝天,驿马骨瘦如柴,驿务一塌糊涂……不啻是给主管驿务的州官孙蕙和该驿驿幕蒲松龄的当头棒喝。孙蕙一筹莫展,蒲松龄更是无计可施。没有办法,孙蕙只得叫蒲松龄代为起草一份呈文给扬州府,如实汇报。于是,经过一番调查了解,蒲松龄秉笔直书,代拟《高邮驿站》一文,"冒死陈情",为挽救高邮驿而大声"鼓

第三章 "邮"胜劣汰 裁驿归邮

与呼"。

《高邮驿站》约一千三百字。不分段落,一气呵成。

该文开门见山,陈述事由:"为站银毫厘莫办,差使斯须难支,下吏穷于吁请,倒废在于呼吸,谨沥血呕心,仰求宪鉴,伏祈早画长策,以救一线危驿事。"接着便晓以利害,强调时不我待:"但粉身不足充夫马之度支,剉(同锉)骨不足救驿站之倒毙,若不早为决策,妄自苟延,恐后日贻误地方,即席藁(坐卧藁上是古人请罪的一种方式,因以指请罪)待命,已为朝廷之罪人矣。""驿站之倒废,非极廉大爱之所能救,非劳亡苦死之所能兴,实他日不起之重疾,当前危机之笃症,故不得不摇尾乞救于宪台之前,乃为公起见,非仅洒伤心之泪,冀帷盖犬马之恩而已也。"

呈文先称"高邮当水陆之冲,南北差使,势若云集",强调高邮驿责任重大。接着,直斥当地官员在驿站的为所欲为,横行霸道,"头站已到,家丁四出,登堂叫骂,鸡犬不宁。夫船有供应矣,而又索勒马匹,廪给有额规矣,而又索勒折干。稍不如意,凶焰立生。轮鞭绕眶,信口喷波。怒发则指刺乎睛,呵来则唾及于面",以致"朝廷之职官,竟吞声受之而不敢辞……愤恨几不欲生"。面对惨状,蒲松龄反问:"此等苦状,亦谁念之而谁知之?"即便如此,蒲松龄还是表示:"然辱可以免供应,辱之可也；死可以当夫马，死之可也。"充满了无助与无奈！

《高邮驿站》写道，高邮是"疲难之要邑"。前知州佟有信在任时，已经把高邮州搞得人财两空，疲惫不堪。驿站马匹"自佟知州在任，蒙驿道查点，二月内已缺额三十余匹，然尚有中膘三十匹，以竭蹶供应；而及卑职莅任，膘者已瘦，而瘦者已死矣。只今合驿不上瘦马三十匹，谓可以供七冲之差使否乎？"驿马"有使无养，有毙无补，势不至于死尽不止耶！"驿站，国家的通信命脉，竟惨到如此地步，但凡有一点责任心，怎能不如此呼天抢地？

"按新例：应付稽延，纤夫缺数者，降；驿马缺额，不行买补者，革。卑职宁能神输而鬼运哉？是则万苦千辛，而参罚终所不免，回头一想，着甚来由！"蒲松龄自问自答："如以卑职为不肖耶，即不必转委于此，而使造孽乎斯民。如以为有片长之可录耶，乃使坠落火坑，坐受参罚，而莫之救，则天下之实心任事者惧矣。"如果认为我不行，就不该把我放到高邮，造孽此地百姓；如果认为我还有一技之长可用，却把我扔进火坑还不救，则让天下实心做事者寒心害怕——这叫什么事呀！

蒲松龄认为："宝之驿倒，是卑职之过也，卑职不敢辞；在宝而受参罚，是卑职之命也，卑职不敢怨。乃似谓一宝不足坏卑职，而又益一高以坏之，固宪台之所不忍出，亦卑职之所不敢服

第三章 "邮"胜劣汰 裁驿归邮

也。"如果说宝应驿站倒闭，是卑职之过，进而被罚，那是卑职之命；如果认为仅仅一个宝应驿还不足以"打倒"卑职，所以再加一个高邮，宪台您固然不忍心这样做，即使做了卑职也决不接受。以退为进，绵里藏针！

"观今南北供应，如遭兵火，典衣鬻物，括凑数金，如火燎毛，一烘而尽。倘大差复到，挞辱当前，既不堪其叱詈（责骂），又无以作应酬，势非投环刎颈，而他无所复之矣！"当下的高邮驿，如遭战火一般，穷途末路。如果遇上大差（接待过往重要官员及使臣的差事），既不愿忍受责骂，又没办法应付，那卑职除了上吊抹脖子，还能做什么！

即便如此，接下来，蒲松龄还是大声疾呼："关于卑职之性命者犹小，而系乎驿站之倒毙者实大。"走投无路，迫不得已，致"今日抢地呼天，冒死陈情，所望于宪台者，一则另委闲员，以分重责，一则速谋通融，以保危驿。不则早赐罢斥，别调贤能，庶地方不致贻误，而卑职尚得生全耳"。其心苍天可鉴，其情感人至深！

至清代，古老的驿站制度已然每况愈下，且回天无力。面临倒毙之危的，又岂止是高邮驿一家！为救驿屡屡上书者并不鲜见，而似蒲松龄这样"抢地呼天，冒死陈情"者，着实少见！

陉山驿八苦详文

关于驿弊，多少年来，不断遭到人们口诛笔伐。如唐代杜牧"一骑红尘妃子笑，无人知是荔枝来"（《过华清宫绝句》），宋代范成大"露叶枫枝驿骑传，华清天上一嫣然"（《妃子园》），元代贡师泰"遥闻彻夜铃声过，知进六宫瓜果来"（《滦河曲》），清代吴嘉纪"打鲥鱼，供上用。船头密网犹未下，官长已备驿马送"（《打鲥鱼》）。与这些宏观的"檄文"相比，《陉山驿八苦详文》可说是一本流水细账。

陉山驿，位于河北省西部边陲的井陉县。井陉之道，地势险峻，山路崎岖，坡陡沟深，悬崖峭壁，即便是驰道、驿道，也以"车不得方轨，骑不得成列"（《史记·淮阴侯列传》）著称于世。井陉县始置于秦代，属恒山郡，自东汉至北魏沿袭不变。北齐时改置井陉县于石邑，废故县以入。隋复置，宋改置天威军，金天威中置威州，元徙天长镇，明清时隶正定府。

据雍正《井陉县志》载，明代，陉山驿设在井陉旧城（今天长镇）

第三章 "邮"胜劣汰 裁驿归邮

察院东，设驿丞一人，有驿马五十六匹。永乐年间，站银岁有增加。嘉靖初，每匹马年领银四十两，隆庆六年（1572年）增至七十两。驿站下设递运所，在城东门外路北，设夫一百五十四名，每夫年工食银十三两八钱七分；有骡三十头，每头年草料银三十四两一钱三分三厘。万历二十八年（1600年）裁夫一百零四名，准夫三十名，共计夫八十名，裁骡二十头，余十头。

《畿辅通志》载：清代雍正时，陉山驿设马八十四匹，马夫四十六名，传递马夫五名，兽医一名，轿夫八十名，书手、背柴担水夫、听事买办夫各一名，接递皂隶二十名，走递牌夫十五名。

井陉驿路，东连获鹿，西接山西柏井驿，全程皆崇山峻岭，石路峭岩。有些路段甚至"马难站脚，险隘如同蜀道"。因此，驿马奔驰竟日，往往蹄破筋疲，倒毙在中途者，时有所见。

井陉山区，砂石危坡遍野，可供种粮的土地极少且薄，所供驿马的草料，大都从外县或山西买来，价格较贵，是故驿马难养，屡次购买补额，亏累之数甚多，每年由县衙支垫。特别是顺治十六年（1659年）陉山驿驿丞被裁，驿务归知县代管后，更是屡屡令知县苦不堪言。雍正《井陉县志》载："曾令受缳首之诛，储令甘雉经之惨，王通判支吾不及两月，而毙命于忧劳；陶知县任事四年，通身债负，以致妻孥留滞，累债难归：皆驿递急迫剜肉所致。此案牍可稽，行路共知者也。""缳首"即绞刑，

"雉经"乃自缢。如此,这知县也因代管驿站而成"高危"职业,难以想象。

据史料载,井陉知县周文煊于康熙二十一年(1682年)上呈《灾邑利弊》,康熙二十五年再呈《驿务六则》《详革西安车辆文》,翌年又呈《九驿偏枯》;康熙四十年任知县的高熊征上《乞除修铺远役并革抽税滥规以苏民困事》;康熙五十五年知县吴茂陵呈《陉山驿八苦详文》;雍正二年(1724年),知县钟文英上《陉山驿增马详文》。这些呈文,多列举了陉山驿路之苦、难、灾、祸,以及井陉连值灾旱,赋简邮荒,丁鲜户少,供需浩繁,实难支付等情况,为民请命。"驿站之苦,至陉山极矣!"信然。

吴茂陵的《陉山驿八苦详文》开门见山,"为山驿偏苦实甚,沥恳恩免协马,以苏困全公事","窃照调马协济上关公务,力稍可支,何敢告免。但卑县陉山一驿,马虽设有八十六匹,与正定、栾城等驿,不甚相远。然额赋不及正定、栾城等驿之半,而站远途险,则有倍于各驿之苦"。此种情况下,维持日常之差使已属难堪,而一经调协(支援他处驿站),则苦累难支。因此,"不得不披沥上陈,以哀吁矜免者也"。

"夫驿设夫马,全赖工料充足,方可饱腾。查陉驿前朝额赋几及八千两……及屡奉裁复,不知当时何以蒙蔽,仅存额

第三章 "邮"胜劣汰——裁驿归邮

四千七百余两。"工料不敷,其苦一也。

"查正郡九驿,除伏城系腰站……亦额设工料银五千七百有奇。他如正定等驿,俱额设工料银一万有余……惟陉驿工料银仅四千七百余两,不及各驿十分之四五。"额设不均,其苦二也。

"查各驿相去率皆四五十里,俱平坦大道,夫马朝去夕返,喂可回槽,马鲜伤损。惟陉驿东至获鹿县七十余里,西至山西柏井驿八十余里,皆高山峻岭,乱石悬崖,马匹俯仰奔驰莫舒喘息,其伤残踣(跌倒)毙者,殆无虚日……且夫马往返必须两日,其在交卸之处,赁房草料种种诸费赔累,又不只倍于他驿。"站远途险,其苦三也。

"栾城、赵州、柏乡等驿,为南路之冲,陉驿为西路之冲。同属冲途,而额赋判若霄壤……是差实不减于南驿,而赋大不及于南驿。"差大赋小,其苦四也。

"查南驿各马九十匹,杠轿夫九十名,额赋九千三四百两不等,是一夫一马,每年约计工料银一百二十两。而陉驿亦有马八十六匹,杠轿夫八十名,额赋只四千七百两,是一夫一马,每年约计工料银五十余两。其每年应付夫马相等……而工料之悬殊若此。"额赋(工料费)悬殊,其苦五也。

"他处平原沃壤,出产草豆,价值较平,辇运亦易。惟井邑僻处万山,山多地少……且土性宜黍不宜豆,近则购自邻封,远则采买晋省。不通车道,悉皆驴驮背负,工价独多,而开销独少。"草料难购,其苦六也。

"正定等六驿,俱有额设车辆之工料……秦晋饷鞘(指缴纳税款)之夫,则又并无开销,一刻不敢不应。每年额外雇募不下几千名,岁需雇价银几百两。"车鞘赔累,其苦七也。

"皇上巡幸,例提协马。前巡道宪未及细察山驿之苦,按马派拨。但陉山残驿,本分差使尚难支持,乃裹粮往返三十余里,或千余里,协济半载有余,或数百日。其耗费几倍,及至马回,伤残倒毙,赔补更所难言。卑职于五十四年六月内到任,适逢协济热河之马三十匹,居庸关十匹,冬间又协通州二十六匹,今春又协霸州十八匹,至今奉协四处,共计马八十四匹,已赔垫银一千四百余两,皆系揭债应付。今居庸关之马,经年未回,倘再奉调协,是诚计穷力竭,残驿万万难支。"计穷力竭,其苦八也。

"八苦"已够苦了,更"苦"的是上司的只说不做。吴茂陵在"以上八苦,实同剥肤"之后写道,此前,先有"部堂"(行省总督加尚书衔者)李批示:"嗣后,凡调拨各处协济,陉山概行豁免",后有抚部院赵批,令巡宪李议覆:"以陉山驿马苦累,应请嗣后于拨协之时,量为酌减"云云,但"年来,不惟不免不减,而所拨马数更多于前。残驿困苦,何以堪此"。

此实乃第九苦了。

如果说,清初由于战争加重了驿站的负担,驿差繁重,人困马乏,再加经费不足,及各级官吏骚扰,等等,像陉山驿这样"八苦""九苦",还有些托词的话,到了康熙朝,从宏观上说,"盛世"开启,邮驿制度健全;微观上讲,针对各地驿站平险不一,远近不齐,或遇阴雨连绵,河水暴涨,途路泥泞,疾驰甚艰等情况,都有一些相应的减免规定。但这些具体到陉山驿头上,怎么就统统不灵了呢?

其实,至清代,特别是清后期,邮驿制度的弊端可谓根深蒂固,曾被概括为:"越数诛求,横索滋扰,蠹国病民,势所必至。"它的衰落诚如"古道西风瘦马",气数将尽,无可挽回。陉山驿可算是其中的一个代表。《陉山驿八苦详文》无异于古老驿站的一曲哀歌,有立此存照之效。

红旗报捷

红旗报捷，听起来像是当代词语，实则不然。作为驿递文书之一种，红旗报捷古已有之。古时战争频仍，军事行动频繁。朝廷往往急等前方军报。而遇有大捷，前方即用红旗报捷，往往以"六百里加急"或"八百里加急"驰驿直报中央。

红旗报捷源于露布。露布，泛指不封缄的诏书简牍或军中的告捷文书。类似后世的捷报、公开信，为的是广泛传播。

清代，乾隆皇帝曾两次用兵川西北高原、金沙江流域的金川县，平息叛乱，以维护西南边疆稳定。第二次金川之战，自乾隆三十六年（1771年）至四十一年（1776年），历时五年，死伤逾万人，耗银七千万两，战争之酷烈、抵抗之顽强，被史家称为"历史之谜"。战役后期，清军捷报频传，红旗报捷接二连三。对前方来之不易的胜利，乾隆帝曾多次赋诗以记之。如乾隆四十年八月二十四日有《将军阿桂奏攻克勒乌贼巢红旗报捷喜成七言十首以当凯歌》。其一："廿四中秋夜丑时，木兰营里递红旗。

第三章 "邮"胜劣汰 裁驿归邮

本来不寐问军报，孰谓今宵宛见之。"其五："红灯一点引红旗，顷刻行营人皆知。旧部新藩同贺喜，古来报捷可如斯。"而乾隆四十一年二月，为"攻克噶喇伊贼巢，红旗报捷"，再次"喜成凯歌十首"。其中有"绿柳中飞一点红""一片红旗万马飞""红旗一道入桃关"等句子。至清后期，红旗报捷制度一直延续。据《清德宗实录》记载：同治三年（1864年）六月庚寅，"以克服江南省城，红旗报捷，赏奏事处……兵部捷报处……并予沿途驿站员弁兵夫等议叙奖赏"。光绪四年（1878年）二月甲午，"谕内阁，本日左宗棠、金顺、刘典，由六百里加紧，红旗奏捷，克服南路西四城。回疆一律肃清"。

乾隆五十三年正月初九，将军福康安自台湾发六百里加急飞递宫中，转呈御前，乾隆以为是抓获林爽文的捷报，不料打开来看，却是"拿获林爽文父母家属"；紧接着又是一件八百里加急红旗报捷，呈上来的竟是一面褪色的红旗，上写"紧急军务"四个大字，旁边小字已模糊不清。于是，龙颜大怒，认为此次"台湾逆匪滋事"不过是乌合之众，即便拿获林爽文，"亦不值用红旗奏报"。当即传旨："著传谕沿途督抚于所管驿站，逐一查明，此项红旗系于何站填写给发，即将该处地方官及驿站员弁，严行查参治罪，以示惩戒。"

圣旨一下，各省官员不敢怠慢，由近及远，先直隶、再江苏，接连奏报未发现问题。而后浙江巡抚琅玕奏报：沿途挨查至龙游县驿站，据称于正月初三日接到"六百里加急"夹板，排单注有"拿获林爽文家属"字样。知道事关紧急，为引起沿途站夫注意，临时用红布制成小旗，上书"紧急军务"四字，旁书"八百里加急，此旗传至下站撤回"，随同递送。自龙游至建德各站，俱照书一旗飞递，文书传至下站，将红旗收回。逐站传递，并无差错。然传至严州府所属的桐庐县时，县令荆自新见文报紧急，不敢迟延，先行驰递。因来不及现买红布，惊慌之下，随手将床帐上三尺多长的红绫帐沿扯下，照书一旗，另行飞传，致使文报与"红旗"在传递过程中脱节。又因旗上墨迹未干，且正值雨天，致将"下站撤回"等字淋湿，模糊不清。传至杭州府富阳县，见书有"紧急军务"四个大字的红绫大旗，更是不敢稽留，径直照发前途。

浙江巡抚认为，"此事虽未迟误文报，殊属糊涂，不成事体"，就此提出对相关知县、知府等人或革职，或交部议处等处理意见上奏，一场风波才算过去。

客观来看，此次红旗报捷，纯属闹剧，惹得雷霆震怒，传旨彻查，亦在情理之中。好在没有造成什么后果，只是几个相关人员丢了乌纱帽。但其象征意义在于，随着清末吏治的腐败，驿弊丛生，事故频出，红旗报捷开始严重变味儿：驿站脱离"传宣政令，飞报军情"的轨道，成为相关官员假公因私、讨好上司甚至

第三章 "邮"胜驿汰 裁驿归邮

哄骗朝廷的工具。对此，吏部官员何德刚的记载，可谓详尽且一针见血："驿站遇军务时，每站必秣马以待，一闻铃声，立即备鞍上马接递，其忙急至于如此。然奏报中所叙战情，委曲详尽，一若好整以暇者。按之事事，种种可疑。后查知其幕府言，此等奏稿皆于未战之前，先行拟定，一得胜仗，即行发折，驰陈其当日如何冲锋，如何陷阵，贼从何地来，我从何处追，杀贼若干，获战利品若干，皆由幕府以意为之。"事关军国政务，又是六百里或八百里加急递送，相关人员竟敢如此乱来，这国家的通信命脉乱成什么样了！

一味逢迎，弄虚作假，欺上瞒下，不过是为了哄皇帝开心。但其背后，是使红旗报捷制度蒙羞，成为驿站日趋没落的见证。

中国近代邮政诞生

"烽火连三月,家书抵万金。"杜甫的经典诗句,千古传唱不衰。遥想当年,战乱不止,邮路不通,家书难得,万金换不来。其实呢,在杜老夫子那个年代,即使战争止息,一样的"家书抵万金"。为什么?平民百姓根本没有可资使用的邮路。要寄信,只有托人捎转,哪有那么多可托之人!想想该有多难!国家不是有"置邮传命"的邮驿系统吗?有,但两千多年来,它却只管"传命"而不理民间的"以信传情"。宋代虽有一段时间明令"许以私书附递",但使用范围只限于各级官员,普通百姓是没有份的。

史载,近代邮政起源于12世纪的欧洲,起初也是只供皇家使用。发展至17世纪中叶,由国家专营,官、民共享的近代邮政制度在英国和德国相继诞生。1840年,英国发行世界上第一套邮票("黑便士"),使近代邮政制度进一步完善。中国驿站的历史虽然比欧洲悠久得多,但"不理民信"这一点却相当顽固,两千余年,一次次治驿、改驿,万变不离其宗,改不掉的就是这

第三章 "邮"胜驿汰 裁驿归邮

一条，最终没有发生欧洲那样的蜕变。

清政府打破闭关锁国的政策后，陆续派遣人员出国观摩考察学习，办理中外交涉等。这些人在西洋观光时，就记录了邮政。同治七年（1868年），同文馆学生张德彝写到美国的"信局"："所收之信，随时按地而发，自本城各巷至本国各邦，以及别国，昼夜无顷刻之暇。"光绪二年（1876年），宁波海关文案李圭，被派游历日本、美国、英国、法国等国家后，写成《环游地球新录》一书，由李鸿章作序，印行三千册，其中包括大量有关邮政局、电报局的详细记载，并大胆提出将邮政制度引入中国的设想。光绪三年（1877年），跟随郭嵩焘出使英国、充任副使的刘锡鸿，对伦敦信局也有详尽具体的描绘。这些著述公开印行，"广而告之"，无疑是为在中国开办邮政所作的思想舆论上的准备。

19世纪60年代，以赫德、葛显礼为代表的在中国海关任职的部分洋人，不遗余力地鼓吹开办邮政的好处，成为最早提出引进新式邮政的一批人。咸丰十一年（1861年）五月，任中国海关代理总税务司的赫德，第一次访问北京时，即向总理衙门提出建议，设立一个国家邮政。同治五年，赫德在呈送总理衙门的《局外旁观论》中写道："外国所有之方便，民均可学而得……如，水陆舟车，工织器具，寄信电机……"当年年底，海关还尝试性介入北京和上海之间的外国邮件传递工作,史称"海关兼办邮递"。

同治十三年末，英国组织一支约两百人的武装探险队，由上校军官柏郎率领，英国驻华公使馆翻译马嘉理参加，于光绪元年正月十六日从缅甸非法越境进入云南，遭到云南永昌当地军民的顽强阻击。入侵者大部分被迫退走，马嘉理被杀死。此即所谓"马嘉理事件"。为解决这一事件，于是有了1876年7月的中英烟台谈判。

烟台谈判，中方派北洋大臣李鸿章为全权代表，中国海关总税务司赫德及烟台关税务司德璀琳为助手。谈判前，赫德一心想把与谈判内容并不相关的"通商口岸及就近地方设立送信官局，由总税务司管理"一条，纳入其中。对此，英方代表威妥玛与李鸿章事先均表同意。但谈判中及谈判后签署的《烟台条约》中，并未见"邮政"二字。尽管如此，作为烟台谈判的"副产品"，李鸿章、赫德、德璀琳在对试办邮政一事上认识基本达成一致，赫德心里有了底，并且开始行动。他多次向清政府游说，并不断介绍英国邮政的成绩。他甚至威胁说："如果中国不开办邮政，那就不怪各国越俎代庖在华设立邮局。"赫德的努力逐步得到总理衙门奕䜣和洋务派首领李鸿章的支持。

烟台谈判以后，赫德就设立送信官局一事要求各海关税务司展开调查并发表见解。光绪三年二月，赫德收到九江海关税务司葛显礼、福州海关税务司杜德维和烟台海关税务司德璀琳等的三

第三章 "邮"胜驿汰 裁驿归邮

份报告。葛显礼拟就的是《创设通商各口岸官信局节略》，鼓吹在中国仿照西法，创设送信官局，"经理商民四远寄信等事"。福州税务司杜德维，经过对福州城内外三十九家民信局和八家轮船信局的调查，拟就一份邮政备忘录，提出："要引进新的邮政体系，必须得到当地政府竭诚支持……通过某种程度的收买手段，取得现有信局的襄助。"烟台海关税务司德璀琳提出的《关于邮务方案的备忘录》，以一问一答的形式，分十七个问题，详细具体，且具可操作性，是一套完整的方案。其要点包括：信箱设置，信函分拣，邮件运输，关于垄断，与国际联邮的关系，等等。其中，关于邮政资费的内容可谓详尽具体：

一、标准。建议信件寄往地点路程在六百里（两百英里）半径之内，每重四钱或不足四钱，收邮费银三分；超过六百里，每重四钱或不足四钱，收邮费银五分。报纸重量不超过四钱，每份收邮费银一分。

二、收取办法。在获得邮票之前，邮资预付办法可自行决定。邮票采用之后，邮资预付必须强制执行。

三、邮票发行。邮票是简化账目、纠正账目的极好方法，建议立即向英国订购印制邮票的工厂设备，并将印制任务暂时委托海关造册处负责。已呈交各种邮票图案，建议邮票面值为一、二、三、四、五分银和一、二、三、四、五钱银。

在大多数国人尚不知邮政为何物的情况下，德璀琳的邮务方案，勾画了未来中国邮政的蓝图，具有奠基意义。

1876年，赫德向总理衙门建议设立送信官局。总理衙门表示认可，并于是年闰五月，在交税务司单内已有"在通商口岸及就近地方设立送信官局，由总税务司管理"之议，并函商于北洋大臣李鸿章。李鸿章不仅表示同意，并积极建议由赫德主持，以天津为中心，多口岸试办。于是，赫德开始布局。1877年9月，擢升德璀琳为津海关税务司。

1878年春，赫德因参加巴黎国际博览会并休假向清政府请假一年。3月9日，赫德在天津拜会李鸿章，并经其同意，指派津海关税务司德璀琳，以天津为中心，在北京、天津、烟台、牛庄（营口）、上海五处海关仿照欧洲办法，试办新式邮政。

1878年3月23日，津海关税务司德璀琳发布公告，海关书信馆对外开放，开始收寄华洋公众信件，中国近代邮政诞生。3月26日津京骑差邮路试跑行，4月1日正式跑行；5月1日发布公告，公布邮运时刻表与邮政资费标准；6月15日发出开始印制邮票的指令；7月24日中国第一套邮票在天津首发，当天，近代邮政的第一个代办机构——华洋书信馆在天津成立。紧锣密鼓、有条不紊，短短四个月时间，近代邮政的所有要件全部具备。

近代邮政诞生，意义重大。

第三章 "邮"胜驿汰 裁驿归邮

1878年7月24日在天津首发的中国第1套邮票——大龙邮票。

其一，既体现邮政由国家专营的原则，又将官府专用与民间通信需求相结合，成为集通政、通商、通民"三位一体"的新型公众服务体系。

其二，实现了"置邮传命"与民间"以信传情"的需求相结合，使邮政在服务社会、服务民众的同时，找到了自己安身立命的不竭源泉。

其三，激活了各种科学文化知识及社会信息的传播与交流，拉近了人与人之间的距离，缩短时间，压缩空间，成为社会近代化的助推器之一。

其四，它是混乱不堪的中国通信市场中的一抹亮色，是古老驿站的"掘墓者"，是对民间通信组织的刺激，是向"客邮"的挑战。

1878年3月23日，近代邮政以天津为中心五口试办，是中国邮政通信史上划时代的里程碑。

第三章 "邮"胜驿汰 裁驿归邮

《河西驿日记》：邮驿制度没落的历史记录

正所谓"盛极而衰"。置邮传命，是封建社会政权建设的重要内容，历史上曾起过重要作用，历朝历代无不重视。但作为封建官僚机构的一部分，它又不可避免地带有官僚系统固有的保守、封闭与落后。经过两千多年的运转，至清后期，随着封建制度的江河日下，渐趋没落，驿弊丛生，驿务荒废，积重难返。雪上加霜的是，但凡有一点权力的政府官员都视驿站为一块肥肉，不吃白不吃，于是对驿站的摧残、凌辱，令人发指。如康熙朝，剽悍的八旗官兵从不把邮驿制度放在眼里，每到一处驿站，往往强征马匹，索取财物。驿官稍有悖逆，轻则被殴，重则被杀。乾隆时期，规定奉差官员驰驿须持勘合或火牌，上面注明可动用马匹、夫役的数目，每到一处需向驿站官员出示，获得供应。然许多过站官员经常拒绝这样做，驿站官员敢怒而不敢言。至于出行官员借钦差声势骚扰驿站，随行官员、家奴在驿站讹索多端；奉调出师的官兵在沿途驿站任意搅扰，恃众滋事；地方官员滥用驿传，将私人信件、物品付入驿站驰送，甚至填发火牌，以几百里加急递送"私书贺禀"，以致有的驿站每日仅急递公文就达数百件等情况，时有所闻。

如前所述，至清末的天津武清，一方面是北运河淤塞严重，漕运不畅，严重影响河西务驿站的日常运转；另一方面，乾隆二十年推行"裁驿丞、归州县"的改革，将河西驿驿丞裁撤，驿务由河西务同知委托驿幕代理，致有"津门首驿"之称的河西务驿站从此一蹶不振。光绪十三年（1887年），直隶顺天府武清县河西驿驿幕沈侨如一部《河西驿日记》，成为邮驿制度穷途末路的记录与见证。

驿幕，是驿丞裁撤后驿站的实际主管。沈侨如所写《河西驿日记》，起自1887年八月二十五日，止于十二月二十二日，每日一记。《河西驿日记》详细记述了他自己的职责：主管驿务、接应差使、应酬往来、管理账目之外，还有"传棚匠、裱糊住房""饬木匠，修理马棚并打篱笆围墙""塞鼠洞，修门窗"等。驿夫们则有大差、紧差、小差、散差等等。按规定，接待"有钦命公干之大臣，有朝贡之蕃使，有入觐莅任督抚、提镇及巡盐、监税之部院台卿"为大差，"奉命星驰，急檄飞递，克限以赴者"为紧差，"承舍赍奏本章，佐僚代捧庆贺大计表册"为小差，"悯劳恤死，许给邮骑"为散差。规定是规定，但执行起来却不是那么回事。

光绪十三年九月十七日，山东兖沂济曹驿传黄河兵备道签发马票，派家丁杨某赴京师公干，令："沿途经过各州县一体借给自喂槽马两匹，往返骑用，免登报，毋违！"（《驿事纪略》）非法驰驿，还巧立名目曰"借给自喂槽马"，掩人耳目之外，还强调"免登报"，即不许登记上报，外加"毋违"！真正做贼心虚，外加蛮不讲理。

州县铺张迎送、破费接待之风，清朝廷虽三令五申，不仅难以禁止，反倒愈演愈烈，至清末已经到了不可收拾的地步。据《河西驿日记》记载，光绪十三年九月初八日，河西务驿站收到宝坻办差来信称，顺天府东路厅刑钱捕盗同知郝太守，初十将到河西务查看灾情。武清县署立即派人查看接待的地方——朝阳寺公馆，"候县中信再办酒席"。初九早上，县署来信，随即派人来办差。"未刻，署中办差家人王玉携厨子来，而朝阳寺照壁吹手亭（吹鼓手），业于午后催齐。"不仅设宴款待，而且还安排了迎接仪式。初十午后，沈侨如与捕盗营千总等"同至朝阳寺公馆，候接差。申刻，东路刑钱府郝太守莅此，阖镇文武进见，接攘半日"（《河西驿写真》），着实排场。

清代"裁驿丞、归州县"，目的据说是发挥地方行政机构的作用，加强管理，同时减少冗员，节省开支。但从《河西驿日记》

所记来看，恰恰相反。驿丞裁撤后，驿站开支是省了，但因投入不足，不仅人手不够，马匹也不足。光绪《武清县志》卷二《邮传》记载："河西驿……原额设马四十匹，后拨协军站，实设马三十三匹，夫十六名半。"但是据《河西驿日记》所记，河西驿实际只有马二十九匹，马夫十四名。由于投入不足，连马夫的衣服都配置不齐。时值农历十一月，天寒地冻，沈侨如夜查却发现喂马夫身无棉裤，寒冷难当。

虽说开支减少，但驿站综合事务非但没有减少，反而骤增。从《河西驿日记》看，驿站除了负责传递公文、迎来送往、运输物资三大基本任务外，还承担了更多与驿站无关的事务，如征收集市税款，修理驿站附近的道路、桥梁、寺庙，管理官府粮食、工料，协助管理治安，追缉违法之徒等。

《河西驿日记》文字不多，内容却足够丰富：横行恣肆的官吏，假公济私的驿卒，接连不断的文报稽延，以及破烂不堪的驿舍，几近倾倒的马棚，疲惫瘦弱的驿马，衣衫褴褛的驿夫……活脱脱一幅驿站的末世光景。

有趣的是，沈侨如《河西驿日记》诞生之时，近代邮政以天津为中心已经试办九年多。津京骑差邮路在杨村、河西务都设有中继站，杨村驿、河西驿仍在维持。表面看来，邮政与邮驿，大路朝天，各走半边。事实却是，新旧对立，彼消此长，留给驿站的日子已经不多。

第三章 "邮"胜劣汰 裁驿归邮

台湾全省改驿为邮

先来介绍一点常识：驿站，是古代负责传递公文、转运物资及供应来往官员食宿的机构，在不同历史时期中，其名称和功能有所不同。驿站在周代称"传舍"。在先秦时代，步递称作"邮"，以车传送称作"传"。约在汉代，以马传递称作"驿"。铺，宋代以前多与军事相联系，至元、明、清三代成为单一的步递通信组织。因台湾当地不产马，因此，那里的通信机构，只有铺递而没有驿站。如是，题目所写"改驿为邮"实则是改"铺"为邮。

台湾自古以来就是中国的领土。早在三国时期，吴国孙权就派将军率军渡海经略台湾。明末，台湾遭荷兰殖民者侵占。明永历十五年（1661年）二月，民族英雄郑成功率领将士数万人、大小船只数百艘，从厦门渡过台湾海峡，于1662年腊月初九驱逐荷兰殖民者，收复台湾。清康熙二十二年（1683年）台湾归入大清版图。接着，清政府在台设立行政建制，归属福建省，沿用大清的邮驿制度设立铺递。光绪十一年（1885年）九月，台湾单独设置行省，任命刘铭传为台湾第一任巡抚。

刘铭传，字省三，安徽合肥人。同治元年（1862年），经李鸿章招募入淮军，任"铭字营"营官。同治三年（1864年）授直隶提督。光绪十年奉命督办台湾军务，指挥当地军民抵抗法军侵略。光绪十一年至十七年任台湾巡抚。

台湾的铺递制度始于清康熙二十二年。清政府"首先在台湾（今台南）、凤山、诸罗（今嘉义）三县置铺；次及彰化县、淡水厅，以至噶玛兰厅（今宜兰）。据各县县志所载，台湾县辖四铺，凤山县辖六铺，诸罗县辖二十二铺，彰化县辖七铺，淡水辖十二铺，噶玛兰辖六铺"，共计五十七处。此外，台湾还设有汛塘。汛塘是清政府控制边疆地区的一种军事制度，汛塘的官兵在屯兵、屯田之余，也承担运送军情公文的任务。同时，铺递与汛塘分工明确，"铺递多在县治地带，传递官署文书；汛塘则在边疆沿海，传递军营文书，各有范围。全岛汛塘计有一百余处"。人员设置，铺递专为各县治间传递公文而设，"每设一县即置铺，每铺设有铺司一人及铺兵数人，多募自民间……全岛共有铺司兵约两百名，铺司管文书收发和登记循环簿，铺兵任跑递，寻常每日上下午各发班一次，有急件时不问昼夜风雨，兼程发递"。（晏星编著《中华邮政发展史》）

自康熙二十二年设立起，台湾的铺递制度曾经发挥过重要作

第三章 "邮"胜"驿"汰——裁驿归邮

用。然至晚清，它却难以适应近代化需要。沈葆桢和丁日昌等人在台湾主持洋务运动期间，都曾对台湾的通信业进行过改造，如改递铺为站书馆，铺设电报线，设立文报局等。但站书馆、文报局并不收寄私人信件，使海峡两岸民间轮船信局日渐活跃。

作为较为开明的洋务派官员，刘铭传在治台期间进行了一系列改革，如兴铁路、开煤矿、设电信、创邮政，发展航运、贸易、教育等事业，促进了台湾近代工商业的发展，台湾防务日益巩固。在通信方面，刘铭传大刀阔斧扫除旧制，积极实行改驿为邮，重大举措有三。

其一，设立台湾邮政总局。光绪十三年十二月十三日，刘铭传自拟《邮政办法条目十二条》，交予当时台湾电报总局总办张维桢，令其起草新的邮政章程，即《台湾邮政票章程》九条和《邮政条目十二条》。最后经过增删修订后正式核定《台湾邮政章程十六条》。刘铭传委派道员陈鸣志为台湾邮政总局总办。光绪十四年，台湾邮政总局发布告示，晓谕民众："本总局即于二月初十日在台北府城正式成立，开办邮政事务。其一切规则均照条目办理，并准商民人等就各邮站照章买票，附递信件。为此告示全台军民商贾人等知之。尔等由站附递信件须遵章买票，一体转递，如有贻误遗失，按站查究照赔，各宜禀遵毋违，特示。"因此，光绪十四年二月初十日，即公历

1888年3月22日，成为台湾省邮政总局的成立日。这一改革，很快得到海关总税务司认可。4月8日，总税务司发布通令称："根据刘铭传提议，在台湾设立邮政，总局设台北。"

其二，改驿为邮。邮政总局具体职责包括：制定与修改邮政业务规章制度，管理、印制、发行邮票，核定资费，核定各站人数和津贴，增设和裁撤邮站，考核稽查各站邮务、财务，财务核算。台湾邮政总局成立后即对外发布告示，改驿站为邮站，总局下辖邮站五十二处。将驿站头目、站书、兵丁改为邮站工作人员。除台北和台南原设的文报局改为邮政分局外，按路程远近分别设立正站（大邮站）、腰站（中间邮站）、旁站（小邮站）。以全长八百六十九里的干线邮路贯穿所有的正站和腰站，另设支线通向旁站。每天发运邮件时间固定，有明确的时间表。为便于与大陆联系，刘铭传建立海上邮路，购买两艘轮船，分别命名为"飞捷号"和"南通号"，固定于至福州和至上海的航线上，往来运送邮件。同时，委托厦门文报局代台湾收发往来公文。

其三，发行邮票。《台湾邮政章程》规定："所有各署、营、局所发递全台公文，概须粘贴邮票，所有文信只凭邮票传递。如无邮票，虽各衙门印封排票单，概不代为传递。"商民信件"如路在一站以内，信重在一两以内者，粘票一张，票价取钱二十文"，"腰站不计"，递远递加。

第三章 "邮"胜驿汰 裁驿归邮

据此,台湾邮政总局在1888年5月前发行过两种邮票:官府使用的记重量不计邮费,标有"台湾邮票"字样,由总局编列字号分送各衙门;供私人使用的标有"邮政商票"字样,记重量也计邮费。两种邮票都有发送年、月、日、时空格,以备用时填注,不盖邮戳。

1889年,台湾还出现过一种带面值的邮票,票面上半部分是龙,下半部分是马。因种种原因未在邮政部门流通,后用以代替火车票使用。改驿为邮一年多以后,1889年10月,刘铭传正式向朝廷上《台湾驿站改办邮政片》,报告了改驿为邮的做法:"台湾旧设驿站五十处,办理废弛,文报往往迟延贻误。经臣督饬司道量加整理,将原设正腰各站核实裁减,并于旁通暨新设各县分添旁站,仍不过原设站数,所有原用站夫一律撤去,由各营汛分拨兵丁,酌给津贴,责令传递。各站另雇书识,专司站务,仿照外洋邮政方法,委令道员陈鸣志督办。自光绪十四年二月初十日起,试办已过一年,南北文报毫无稽迟,所在称便。统计一年需

光绪十四年(1888),台湾邮政总局发行供官府使用的"台湾邮票"和供私人使用的"邮政商票"。

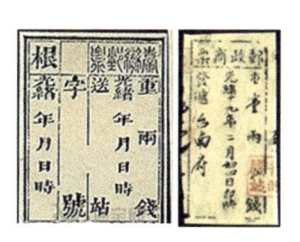

用经费，约在一万两上下，比较台防旧章全年需用一万五六千两，实可撙节五六千两。"（《光绪朝东华续录》卷九十七）

甲午战败后，清政府于1895年4月17日与日本签订《马关条约》，割台湾岛、澎湖岛给日本。消息传出，台湾军民义愤填膺，奋起反对日本占领，成立抗日政权。1895年5月25日，台湾抗日义军在台北宣告成立抗日地方政权——台湾民主国。8月中旬，民主国邮政正式开办，并发行邮票一套三种。邮票图案为溪流虎啸，习称"虎图邮票"。邮票的印制亦采用手工方法，逐枚盖印而成。该票先后印制过四次。前三次均正式发行。第四次印好后，未能发行。

台湾省改驿为邮，虽较中国近代邮政以海关试办晚了十年，但一省之内，以如此完备的模式运行，无疑是近代邮政史上一次意义重大的实践。

第三章 "邮"胜驿汰
裁驿归邮

胡燏棻大声疾呼：创邮政以删驿递

中日两国一衣带水。大约自秦汉开始，两国即有密切交往。此后近两千年的历史中，除元朝时有过对日本的征伐举动外，其余时间再无动武之事。但日本对中国却素有侵略之野心，挑衅不断。然从历史上看，直至中日甲午战争之前，中国一直保留着对日本的优势心理。以大国自命的清政府，称日本偏于一隅，不过"一蕞尔小邦"；倘若与中国交战，必败无疑。

然而，1894至1895年的甲午之战，中国败于"蕞尔岛国"日本的严酷现实，使朝野震惊，国人蒙羞！北洋水师全军覆没，签订丧权辱国的《马关条约》：割让台湾岛及澎湖列岛，赔款白银二万万三千万两……甲午战败，标志着历时三十余年的洋务运动的失败，打破了近代以来中国人民对民族复兴的追求，中国的半殖民地化大大加深。

深重的民族危机，激发了新的民族觉醒，中国人民掀起了爱国救亡运动的高潮。一些谋求国家富强的人士又一次积极倡导创办国家邮政，取缔"客邮"。1895年5月，康有为等人公车上书，"举国皆行邮政以通信"的呼声言犹在耳；6月9日，广西按察使胡燏棻又谏书上九重，以一纸《变法自强条陈疏》大声疾呼："创邮政以删驿递！"

胡燏棻，安徽泗州（今泗县）人，祖籍浙江萧山，字芸楣。同治进士，选庶吉士。光绪二年（1876年）署理天津道。光绪十二年，原任天津道离任，他受李鸿章密保接任。光绪十七年升任广西按察使。光绪二十年中日战起，胡燏棻进京朝见光绪帝，受命主持练兵。从此，他仿照西法改革军制，在天津南郊马厂编练新军，开首练新军之先河，史称"小站练兵第一人"。光绪二十一年闰五月，甲午战败，胡燏棻结合危急局势向朝廷进谏，上《变法自强条陈疏》，分析战争失败的原因，条陈治国富强之策，包括开铁路、制机器、整海军、设学堂、创邮政、办实业等十件大事，得到皇上的赏识，陆续将其建言变为实际政策。朝廷委任其为监修卢沟桥到天津铁路的督办。此后，他还任过总理衙门大臣及邮传部侍郎等职。《变法自强条陈疏》不仅体现了他的拳拳报国之心与经世致用的能力，同时也是晚清历史上的一份重要文献，具有破旧立新的时代意义。

八千余字的《变法自强条陈疏》开宗明义，以"应时变法，力图自强"立论，纵论国是，无所顾忌。尽管被日本战败，但能

第三章 "邮"胜劣汰 裁驿归邮

平心静气,以日本为例来反镜以观,借鉴日本明治维新的成功经验,寻求中国自强之路:"日本一弹丸岛国耳,自明治维新以来,力行西法,亦仅仅三十余年。而其工作之巧,出产之多,矿政邮政商政之兴旺,国家岁入租赋共约八千余万元。此西法之明效也。"他主张,面对现实,中国必须"卧薪尝胆,求医疗疴",不可稍缓须臾!"微臣早夜相思,今日既孔孟复生,舍富强亦无立国之基,而舍效行西法一途,更无致富强之术。"因此,他"不揣冒昧,就管见所及……敬为我皇上缕析陈之"。

"创邮政以删驿递",列十条治国富强之策之第七。在该条,胡燏棻从驿站与民间信局两个方面入手,分析各自弊端,各省驿站"每年支销钱粮计三百余万金。其实各省之奏牍公文所递有限,而仕宦往来之所扰滋多……民间所开信馆,索资既巨,又多遗失,此公私两阻也"。据此,他明确提出学习泰西,开办国家邮政:"查泰西各国莫不由国家设立邮政局,无论一体,权其分量之轻重,定给递费之多寡,由邮部刊刻信票印花出售。凡寄信预先购买,用时取粘信角,投入信箱收取。且此法不但省驿站之费,而且岁获盈余,为泰西各国进项之一大宗,应仿照办理。"

如何"仿照办理"?胡燏棻提出三条建议:

第一,沿海沿江,借招商局与民间信局一起收寄公私信件。"先借招商局为发轫之始,每船各派专司文报一人,通商十人,九岸均悉分局管理，公私信件，则究合民局各信局而为之。内地各码头各市镇，令信局一家承包。"

第二，借电报为推广之路。凡有电报地方，亦派一人在局，专司文报，代为递送。至未设电报各处，亦照前法，令信局一家承包。

第三，俟火车畅行，再借铁路公司为往来之总汇。凡干路支路，火车停卸之处，以派一人在局专司其事。至将来欲遍行内地各镇各埠，尽先各设分局，派人经理。

轮船、电报、铁路，皆近现代国家交通动脉。邮政假此三个网络，传递公私信件，不啻是为自己装上了翅膀，"若网在纲，无远弗届"。胡燏棻所言，皆真知灼见，振聋发聩。

"现在地球各国，其邮政章程，通为一例，到处流行。"中国"急宜参考西制，从速举办"。作为清代正三品官员，胡燏棻的呼吁，在朝野有一定的代表性。且高屋建瓴，颇有见地，更具说服力与影响力。

面对救亡图存的强大舆论，1895年7月19日，光绪皇帝发布上谕，令各省将军督抚对时务"悉心筹划，酌度办法，限文到一月内分晰复奏"。所谓"时务"即包括"创邮政"一项。受此鼓励，一直在与总理衙门讨论邮政开办事宜，"面商屡屡"，又一而再再而三地被"札行"的赫德，乘势而上，于1895年8月

第三章 "邮"胜驿汰 —— 裁驿归邮

14日复奏总理衙门,再次施压:"窃惟中国开办邮政之事,于三十三年前已有此议,其如何举行,如何推广,奉札详为筹议。总税务司遵即迭经筹拟章程,而究竟能否照办,迄今尚未成议。"但是,急惊风遇上慢郎中,赫德这边心急如焚,总理衙门那边却迟迟没有下文。8月23日,赫德又主动上门,拜谒总理衙门,与两位新任大臣翁同龢、李鸿藻长谈一次,又一次失望而归。尽管如此,胡燏棻"创邮政以删驿递"的大声疾呼,还是给赫德以极大的鼓舞。他还是一如既往、锲而不舍地做着"创邮政"的事儿,至于"删驿递",他才不着急呢!

晚清驿站的末世光景

小时候，背诵白居易的《卖炭翁》："卖炭翁，伐薪烧炭南山中。满面尘灰烟火色，两鬓苍苍十指黑。"想不到，前几年读到清代秦松龄《点夫行》中"奔疲面目黑，负背形神枯。水深泥没踝，衣破肩无肤"时，感慨系之：卖炭翁"十指黑"，驿夫更"面目黑"，敢情这"黑"是封建社会最底层劳动者的代表色。

卖炭翁"十指黑"好理解，那驿夫的"面目黑"所因何故？当然要从清末驿站说起。

置邮传命的驿站制度，至清代嘉庆、道光以后，犹如"古道西风瘦马"，每况愈下。至清末，政治腐败，军备废弛，经济衰落，再加列强入侵，更是一蹶不振，驿站顽疾已然无药可救。主要表现在：

第一，传命不畅，事故频出。

（1）谕旨密寄，屡遭泄露。置邮传命，保密为第一要务。然包括皇上谕旨在内被屡屡泄密，成为大忌。同治九年（1870年）

第三章 "邮"胜"驿"汰——裁驿归邮

六月,为处理天津教案,给刘坤一的一道谕旨,竟为驻九江外国领事官所得,经英使威妥玛照会总理衙门。同治十三年三月,军机处封发谕旨,密寄沈葆桢,内容关系中外交涉事件。不几日,却被上海新闻纸披露刊刻。

(2)私拆文报,窃取内件。按《清律》:"军营台站往来报匣、夹板及兵部加封事件,事关军务,如有擅敢拆动,以致漏泄事情者……均即按军法从事。"嘉庆十一年(1806年)四月上谕:"近日以来,甘省至新疆各台站,屡有迟误遗失之事,甚至颁赏食品,匣破无存,额运绸缎,多被偷窃。"嘉庆十五年六月上谕:"驿递批折包封,屡有私折痕迹。"

(3)延误积压,屡禁不止。嘉庆十一年九月,兵部文件到达江西省会时,延误八十余日,二十六封计三百余件。咸丰十一年(1861年),兵部受命核查军报延误情况得知,仅三月二十七日、二十九日两天,各处奏报很多延迟数日,最严重的竟迟到三十多天。同治二年四月,一件"五百里加急"谕旨,五六日路程,竟然走了两个月!

第二,管理失控,乱象丛生。

(1)滥行驰驿。同治以后,滥行驰驿情况愈演愈烈,危害严重。特别是在边疆地区,按规定,京城往返边疆台站,驰驿官员自京城出张家口,由兵部发给勘合;从张家口外返回京城,由各城将军、大臣自发传单。勘合和传单中必须注明驰驿官员的姓名和应该使用的马匹数目,不准多带。然蒙古台站向来是用骆驼运送行李,而兵部勘合仅有马匹数目,这就给官员滥用骆驼提供了方便。如光绪十六年(1890年)春,乌里雅苏台将军托克湍赴任时,使用骆驼八十八只,远远超过台站的承受能力。

(2)摊派严重。尽管驿站有经费来源,但往往差多"肉"少,再加各级官员无端的克扣、勒索、挤占、挪用等,用于驿站的所剩无几。于是,形式多样的摊派从天而降:一是赋役,驿站的马、骡、车、船消耗,人员食粮供应,驿使及过境官吏食宿费用,都由所在地州、县编派民户支应。二是力役,如铺司兵、驿夫等都由百姓按田按户按丁轮流充当。三是银差,由应役户缴银,官方招募他人充当徭役。

(3)官吏贪腐。据《裁驿站议》载:"通二十一行省计之,国家岁耗银三百余万两。"如此高额的投入,使驿站成为官吏贪腐的重灾区。官吏"视台站为生财之薮",甚至"州县官得缺时必先探询驿费之多少,其多者则为之欣然色喜焉"。晚清驿递官员不仅私自买卖驿马,有的专门购买劣马以充好马,将划拨购买良马的费用纳入自己囊中,至"马类皆疲瘦不堪骑"。

(4)管理废弛。清代自嘉庆、道光以来,邮驿法制涣散,

第三章 "邮"胜驿汰——裁驿归邮

有章不循，有法不依，各行其是，从根本上动摇了邮驿赖以存在的基础，破坏了邮驿的整体性和统一性。光绪三十二年三月，兵部在奏折中写道："（邮驿）日久弊生，驿铺废弛，夫役工食、马匹草干、棚厂车船之需，廪粮口给之用，均系按年循例开支，其实克扣浮冒半归中饱。近年以来，河南、江苏等处铺递公文既多遗失，山东、广东、云南、京口、荆州、密云、盛京等处马递公文，亦多遗误。"

（5）虚报冒领。清代地方吏治腐败，各省驿站吃空额、虚报冒领的情况时有发生。康熙六十年（1721年）都察院左都御史朱轼奏称：各省县驿站站夫，大半虚名假冒，在供役者，不过十之二三，遇有大差，即雇募民夫应用。雍正六年（1728年），广西按察使郭鉷（hóng）上奏提到，额设站夫在地方，有应役之日，亦有不应役之日。不应役之日率皆游手养惰，一岁之中靡费之食，约占大半。大差到来，临时雇募，官有赔累之烦，民苦雇值之少。

第三，驿站老朽，难以维持。

（1）驿路梗塞。同治光绪年间，清廷用兵西北，阿尔泰军台差徭繁重，骆驼、马匹倒毙情况严重，各台勉力维持。乌里雅苏台所属南路台站，自同治九年闰十月瘫痪，到次年二月仍未畅通，基本物资如驼马、帐房、米面等准备不足，守台官兵为数不多，遇警溃散，造成台站阻滞不通。光绪五年，张家口至赛尔乌苏间数台，不但驻马缺乏，当差官兵，竟有本人远避，雇人看守者。

（2）经费不足。咸丰四年（1860年），兵部将各省有驿州县的铺递经费裁减80%，无驿州县的铺递经费裁减60%，至铺递元气大伤，一蹶不振。铺递经费不足，设备残破不堪，导致房倒夫逃，文报积压严重。光绪三年八月，东北驿站正监督锡临泰接到驿丞报告：连年歉收，草豆昂贵，马棚、栏、槽、铡、笼缰、鞍屉等器具，向无开销，都是驿丞自行捐备，恳请驿银不要再打折扣，否则无以为继。

（3）台站废弛。递铺到清代后期几近瘫痪。在蒙古，为了维持台站运行，政府让台站沿途各盟旗拨付、派遣官兵，到台站协助各项差事，称为"帮台"。左宗棠收复新疆后，清政府的西路驿递从阿尔泰到蒙古的台站，负荷较重。蒙古民众不堪应付，以致出现乌兰察布盟所属七旗"屡经严催，抗不应付"帮台之差的情况，至此段台站废弛。

（4）驿丁马匹缺额严重。咸丰年间，东北驿丁八千余名，到光绪十八年仅剩三千人，各驿站后援缺乏，衣食不足，勉强应付差役。其间，盛京将军庆裕、裕禄多次奏请朝廷，驿站困苦，无力以支，请求增加经费和驿丁，得不到回应。直到光绪二十一年，裕禄等人再奏：倭寇窜扰，防卫事务重大，军务文报繁重紧要，如果不添加驿马、人员，驿递实在难以正常运转。东北二十九个

第三章 "邮"胜驿汰——裁驿归邮

驿站,原设驿马一千二百二十匹,仅剩九百八十九匹,难以维持,朝廷终于同意增设驿马一百八十五匹。

（5）驿夫生活苦不堪言。驿站的种种弊端,很大一部分最终都转嫁到最底层的驿夫身上。驿站经费不足,驿夫衣食无保障;官员克扣勒索,稍不如意,便对驿夫非打即骂;驿夫缺额,一个人当多人用;出事追责,先打驿夫板子……

围绕裁驿的反复较量

近代邮政自试办开始，与驿站的关系就是个绕不开的话题。这时，驿弊丛生，文报稽延，有目共睹。朝野更是口诛笔伐，几乎舆论一律。但是，国家邮政开办，胡燏棻"创邮政以删驿递"的呼吁言犹在耳，可1896年《总理衙门议办邮政折》和奏折所附赫德所拟《邮政开办章程》竟一字未提。其原因，驿站是一个赫德"怕狼"而朝廷"怕虎"的难题。而从客观上说，1896年的邮政自身羽翼未丰。集中精力，固本强身，壮大自己，先不去捅驿站那个"马蜂窝"，方是明智之举。

中国的驿站历史悠久，一直是官方唯一的通信机构。置邮传命在历史上曾为安邦治国起过重要作用。但发展至晚清，驿律失效，日暮途穷。清人汪价《驿递议》将驿弊归纳为"三病、二困、一弊"。"三病"即病国、病官、病民；"二困"即困驿、困民；"一弊"即用"折干"索贿之手段，达苛索之目的。"病国而国为之虚，病官而官为之惫，至于病民而其害可胜道哉。"当时清

第三章 "邮"胜驿汰 裁驿归邮

廷的一位官员则说:"咸同以来,西力东渐,轮船、铁路、电线相继而起,官民便之,驿站亦几赘疣矣。"

然而,裁撤驿站,清廷固然"怕虎",但随着国家邮政的发展,其观念也在渐变。1898年9月12日皇上发布上谕,"京师及通商口岸设立邮政局,商民既俱称便,亟应多设分局,以广流通;至通省府州县若能一律举办,投递文报无稽迟时日之弊,其向设驿站之处自可酌量裁撤"。对此,赫德不着急,申呈总理衙门:"至裁撤驿站归并邮政一节,其事关系递送公文并办理国家之事,是以尤为紧要,断不能轻举妄动。"(《中国海关与邮政》)怎么办呢?赫德在拟订出一套京中与通商各省一切公私文函的寄递办法后,将"皮球"踢还给总理衙门,请其直接"与兵部商酌何处驿站应行裁撤,何处驿站尚须仍旧"。

接下来,赫德不再就裁驿发言,而在邮政内部,只是唱衰驿站,只字不提"裁驿"。如1901年7月21日,海关税务司兼邮政总办阿理嗣呈给文赫德:"自有轮船以来,驾驶可到之处,地方官业已不用驿站,将来铁路遍通各处,则驿站自然一律无用。"(《中国海关与邮政》)1904年3月25日,邮政总办帛黎呈给赫德一份"节略"称:"从邮政舆图查看,则中国全境业有十三省内,局密如云,余省及东三省亦邮路接通甚长,按段派有邮差,节节投递。除甘肃兰州正在开办外,凡有局省分,久经带递文报,未闻稽迟，而驿站几成冷署。"

此后，伴随着邮政事业的大力扩充和推广，邮政与驿站之间的较量，最终升级为国家层面上的博弈。1906年朝廷预备立宪，设邮传部掌理兵部所掌之驿站，意在裁改归并。但陆军部却不愿移交。6月7日，陆军部在关于"各省驿站拟请仍由陆军部经理"的奏片中拿"军事秘密"说事："驿站之设，平时转递文件而以军报为重。现在轮船铁路未尽交通，且军事秘密遇有紧要文报，仍须由驿递送，方昭慎重，拟请仍照旧例，由陆军经理，以一事权。"光绪皇帝大概忘了六年前的谕旨，竟批示依议。于是，先有陕甘总督奏请免裁驿站，奉旨允准；再有科布多大臣上奏，新疆亟须接设驿站；1908年，乌里雅苏台参赞大臣上奏，乌里雅苏台所属军台令人满意。一时间，反对裁驿之声，甚嚣尘上。

邮传部尽管刚刚成立，也没闲着。据《北京五日报》1906年12月22日消息："邮传部最近之提议，已拟将中国邮政切实整顿，大加扩充，将于一年之内通饬各省，将所有驿站一律裁撤，以节冗费。"

1909年2月，有官员上奏称："各省驿站岁需四百余万金，自邮政畅行，各署要件多交寄递，驿站几成虚设，请将此项驿费分作四年裁减，第五年全停支发。"同年，徐世昌、周树模上奏，黑龙江驿务废弛，亟应变通办理以资整顿。风向变了。

第三章 "邮"胜劣汰 裁驿归邮

1909年2月17日,邮传部会奏分年裁驿之法,陆军部以"刻下邮局章程尚未全备""倘遇军事难以责成"为由,答以"臣等通盘筹画,惩前毖后,各省驿站委难遽议减裁,致误要公"(《中国近代邮政史料》)。然报纸舆论却并不买账。1910年9月18日《盛京时报》刊出《论裁驿站事》,呼吁裁撤驿站,"是在出以最后之决心,而不参以犹豫可也"。

宣统二年(1910年)九月初二,邮传部尚书沈云沛再奏,请求落实邮传部对地方驿站的管理权:依据八月十六日库伦办事大臣以各台驿递废弛,奏裁驿站,改设文报局,转送邮局投递,业经陆军部核准在案;南北洋暨东三省亦改设文报局,交邮局转递,先后均已通行等情,说明"裁撤驿站归并邮局为及时应办之事"。宣统皇帝朱批:"着陆军部研议奏报。"对此,十一月一日陆军部上奏,先是以"若遇战时,凡属交通事宜,权尽归军界范围之内,各国办法莫不皆然"为托词,又一次老调重弹,以"现在轮路既未全通,邮政尚未完备"为借口,坚持"驿站不能遽裁"。拖了三个多月,至宣统二年(1910年)十二月二十日,陆军部见大势已去,无奈奏请"将驿站全体事宜划归邮传部管理"。宣统皇帝朱批"依议"。裁驿归邮,最终得到了清政府的正式批准。

无可奈何花落去

在裁驿归邮问题上，总邮政司赫德的"怕"也好，"踢皮球"也罢，其实，在他那里，不说是稳操胜券，起码也成竹在胸。放眼海外，近代邮政制度日益发展，中国近代邮政从试办伊始，即一直受到万国邮联的关注；再看国内，随着大清邮政的10年推广（从1896年到1906年），邮政已经成为社会生活的一部分，"寄信到邮局"正在成为社会共识。1906年以后，邮政则驶入发展的"快车道"，蒸蒸日上。这些，都是传统驿站难以匹敌的。

具体说来，第一，局所建设。据《大清邮政事务情形总论》载，1904年全国共划分邮界、副邮界（其中设总局、副总局）40处，还设有邮政分局352处、代办所927处，总计邮政局所达1319处。此后几年，局所增加步伐加快，到1911年邮政局、分局及各等支局达957处，代办支局达5244处，总数为6201处。

第二，邮路拓展。大清邮政的邮路主要有邮差邮路、轮船邮路和火车邮路等三种。全国邮差邮路1907年有181500里，

1911年达到319000里；轮船邮路1908年为25745里，1911年略有下降，为25000里；火车邮路1908年为12500里，1911年达到17000里。另有民船邮路，1907年为18500里，1911年达到20000里。1911年，全国邮路总长度为381000里。

第三，业务发展。首先，是业务种类不断增加。大清邮政开办后，先后增加邮资明信片、邮政汇兑、双挂号信函（以上均为1897年）、包裹保险及代收货价（1898年）、官报寄递及代售（1903年）、立券及总包新闻纸、快信（1905年试办，1909年推广）、保险信函（1910年）等。其次，业务量的增长更是喜人。从1907到1911年，全国邮件总量，由16800万件增加到42100万件，增长1.51倍。包裹由192万件增加到423.7万件，增长1.2倍。汇兑由关平银442.5万两增加到792.02万两，增长0.79倍；快信由1909年的22.1万件增加到1911年的269.2万件，增长11.18倍。

第四，边疆地区推广。这一点始终与国家主权、国防安全联系在一起，跟帝国主义客邮的斗争无可避免。再加上边疆自然条件和社会环境相对较差，其难度可想而知。尽管如此，在政府相关官员及总邮政司领导下，经过相关地区邮政人员的艰苦努力，东三省（从1900年开始）、内蒙古地区（从1902年开始）、外蒙古地区（从1909年开始）、新疆（从1909年开始）、西藏（从

1909年开始)、云南(从1901年开始)、广西(从1899年开始)等边疆各地,到1911年都挂出了白底黑字的"大清邮政局"牌匾,实现了邮政的全覆盖。

第五,经营情况。虽未查到确切数据,但从总邮政司赫德、副总税务司裴式楷、邮政总办帛黎等人与政府的往来公函估算,从1903年到1908年,大清邮政每年亏损约30万两,加上隐性成本,如总税务司及各税司兼办之公务管账帮办总巡以及外班人员等,并不另支薪金;邮政办公及居住房屋多处,不收取租费;海关造册处制作各项图册之工料,不取分厘,据总办帛黎预算,统共每年约25万两。这样,到1911年5月邮传部接管邮政时,全国邮政一年的亏损总额约55万两,且总体发展趋势向好,至民国初年,即实现收支平衡。如是,邮政每年55万两与驿站300万两,孰优孰劣,清政府自然明白。

到1911年,放眼全国,由国家邮传部领导下垂直管理、自成体系的全国邮政管理体制正常运转,星罗棋布、遍布城乡的邮政网络布局完成;适应需要、结构合理的邮政业务框架业已建立;全国统一、相对低廉的邮政资费体系已经形成;注重考试录用、高薪养廉的人事制度,统收统支、规范有序的财务制度,高度统一、追求效率的综合管理制度,都已推行并初见成效。如此一座利国便民的邮政大厦,一个全民性的公共行业,已然耸立于华夏

第三章 "邮"胜劣汰 裁驿归邮

大地。

1912年，全国邮政局所共计6816处，其中直隶（北京）539处，天津304处。另据粗略统计，清代承担公文寄递的驿站、塘、台、所共计有2000余处。京师设皇华驿一所，直隶的驿站共185处。孰强孰弱，泾渭分明。

不比不知道，一比吓一跳。大清邮政如此的规模、实力，岂是一个垂垂老矣、半死不活的驿站所能比拟的。"邮"胜劣汰，势所必然。

于是，经过政府层面的几年博弈，一直反对裁驿归邮的陆军部终于认怂，于宣统二年（1910年）十二月二十日上奏将驿站事务改归邮传部管理，宣统朱批"依议"。至此，裁驿归邮的法定程序完成。

不久，江西巡抚奏请裁驿添邮，并附《赣省裁驿添邮议定暂行试办条款一十五则》，于1911年5月22日奉宣统皇帝朱批，由此拉开了地方裁驿归邮的序幕。1911年8月23日，邮传部上奏，定于该年8月24日接管驿站，并电告各地："本部已接收驿站，并将陆军部捷报处改设邮报处。"（《近代中国史料丛刊三编》）然至当年年底，只有广西一省率先完成。

1912年元月，中华民国在南京建立。六月，中华民国交通部决定，所有在京各衙门外发公文，由各署自行送交北京邮局挂号寄递，并行文各省速裁驿站，官署公文径交邮局寄递。一声令下，各省迅速行动。据记载，1912年年内完成裁驿的是安徽、浙江、广东、陕西、奉天、黑龙江、吉林、湖南、福建、江苏、云南、山东、湖北、直隶等14省。1913年完成的是甘肃、河南、四川、山西和新疆。限于当时条件，裁驿也留有"尾巴"，即新疆于1913年5月裁撤驿站，但绥来至阿尔泰尚未开设邮局，沿途酌留驿站7处；奇台到科布多当时未通邮，沿途酌添驿站4处。

无可奈何花落去。古老的驿站，风风雨雨几千年，终于寿终正寝。

后　记

从今年年初开始，经过前所未有的几个月的暑热，至中秋假期，《山南海北话邮驿》终于完稿。掩卷沉思，想啰唆几句。

此选题从提出、进入写作过程到完稿，都是在燕山大学出版社副总编辑耿学明，"燕山史话丛书"主编谭汝为、周醉天的指导与帮助下进行的。三位先生不仅多次指导在下确立主题、确定目录等，周醉天老师还试写三篇样稿，手把手地教。今年5月下旬，燕山大学出版社的社长、总编辑并几个部门领导还亲临天津，与丛书作者面对面，提要求，重鼓励，并签订正式的出版合同。就个人经历来说，这些，都是前所未有的。在此，向出版社领导并丛书主编等表示衷心的感谢！

笔者以前也写过几本书。回想起来，那都是心血来潮，就自己所熟悉的领域，自拟书目，然后随心所欲，信马由缰写起来。相对于那种"轻松"，此次写作几乎是命题作文，难度不少。笔者这些年虽参加过《新编中国邮政通史·晚清卷》的编写，积累了一些资料，但都属宏观上的，而对于燕赵大地上的一些市、县的邮驿，以前很少关注，空白点不少。于是，临时抱佛脚，查阅相关书籍，请教专家学者，再加网上搜索，这才有了眉目。然细考之下，总觉得内容难说全面，表述未必准确，书中错谬肯定不少。恳请方家不吝赐教。谢谢！

仇润喜

2024 年 9 月 25 日

主要参考书目

1. 中国邮政文史中心编《中国邮政事务总论》（上册），北京：北京燕山出版社 2007 年。
2. 刘广生、赵梅庄编著《中国古代邮驿史》，北京：人民邮电出版社 1999 年。
3. （宋）秦观撰，徐培均笺注《淮海集笺注》，上海：上海古籍出版社 1994 年。
4. 河北省交通厅史志编纂委员会编《河北古代陆路运输简史》，石家庄：河北科学技术出版社 1986 年。
5. 唐秋涛著《秦皇岛邮政史谭》，秦皇岛：燕山大学出版社 2022 年。
6. 王国平主编《大清皇帝在滦平》，沈阳：白山出版社 2015 年。
7. 刘广生著《邮亭集》，北京：人民出版社 2014 年。
8. （清）蒲松龄著，路大荒整理《蒲松龄集》，上海：上海古籍出版社 1986 年。
9. 楼祖诒著《中国邮驿史料》，北京：北京航空航天大学出版社 1999 年。

10. 刘广生、赵俊起、宋大可编著《河西驿写真》，北京：北京燕山出版社 1996 年。

11. 谭国清主编《传世文选：晚清文选（下）》，北京：西苑出版社 2009 年。

12. 全国图书馆文献缩微复制中心《中国近代邮政史料》，2005 年。

13. 北京市邮政管理局史志办公室编《京版报纸上的北京邮政》，北京：北京燕山出版社 1992 年。

14. 刘文鹏著《清代驿传及其与疆域形成关系之研究》，北京：中国人民大学出版社 2004 年。

15. 中国近代经济史资料丛刊编辑委员会主编《中国海关与邮政》，北京：中华书局 1983 年。

16. 北京市邮政管理局文史中心编《中国邮政事务总论》（上册），北京：北京燕山出版社 1995 年。

17. 白寿彝著《中国交通史》，北京：团结出版社 2007 年。

18. 中国邮政文史中心（中国邮政邮票博物馆）编著《新编中国邮政通史》（第四卷），北京：人民出版社 2024 年。